新农经济

产业互联网视角下的农业产业升级路径研究

樊一麟 ▶ 著

中国农业出版社

北 京

图书在版编目（CIP）数据

新农经济：产业互联网视角下的农业产业升级路径研究 / 樊一麟著 . —北京：中国农业出版社，2022.8
ISBN 978-7-109-29388-5

Ⅰ.①新… Ⅱ.①樊… Ⅲ.①互联网络—应用—农业产业—产业结构升级—研究—中国 Ⅳ.① F323-39

中国版本图书馆 CIP 数据核字 (2022) 第 071556 号

新农经济：产业互联网视角下的农业产业升级路径研究
XINNONGJINGJI:CHANYE HULIANWANG SHIJIAOXIA DE NONGYE CHANYE SHENGJI
LUJING YANJIU

中国农业出版社出版
地址：北京市朝阳区麦子店街 18 号楼
邮编：100125
责任编辑：周益平　李海锋
版式设计：王　晨　　　　　责任校对：吴丽婷
印刷：北京中兴印刷有限公司
版次：2022 年 8 月第 1 版
印次：2022 年 8 月北京第 1 次印刷
发行：新华书店北京发行所
开本：700mm×1000mm　1/16
印张：18
字数：282 千字
定价：78.00 元

前 言

　　农业的安全直接影响着社会的稳定，农业发展是不断应对不确定性的过程，而要找到正确应对这种不确定性的方法，无疑是极具挑战性的。如，农业中的种植和养殖都具有周期性，这就给农业的经营和管理者带来极大的不确定性；农作物的生长需要自然环境的保障，而雷雨大风、洪水冰雹、病虫灾害等也常给农业生产带来不确定性；农产品的销售需要在市场中完成，市场价格波动又给农产品经营带来不确定性。农民需要通过劳作获取收入，而以上种种情况让农民不清楚明天的收入是好还是坏。

　　农业以乡村为载体，构成一个生态系统，其中包括自然、社会、经济三大子系统。自然子系统为社会子系统提供生态的环境，社会子系统对自然子系统产生垃圾的污染；社会子系统为经济子系统带来生产需求，经济子系统通过资源、能源和产业为社会子系统提供生活来源；经济子系统通过生产影响生态，自然子系统为经济子系统提供物质能量保障。在乡村生态系统的结构中，产业兴旺是一切的基础，经济子系统是推动产业振兴的重要底层逻辑，同时，生态和社会系统兼顾融合发展，才能实现乡村振兴。由此可见，农业农村面临的问题是极其复杂的。

　　复杂的问题要用系统化的方法解决，作为国内最早尝试通过数字经济模型助力农业高质量发展的一批人，随着对农业发展系统的不断观察和研究，自然会思考这样的问题：在"乡村振兴""数字中国""产业互联网"的时代背景下，农业、农村、农民的问题是否能够通过数字科技手段和产业互联网模式找到一个更加有效的系统化方法去解决呢？

　　为此，我们提出"新农经济"的表述以便引导持续研究。"新农经济"遵循新经济增长理论，新经济增长理论是罗默(Paul Romer)和卢卡斯(Robert Lucas)于20世纪80年代中期提出，主要观点是经济增长以技术进步为核心驱动力。"新农经济"就是要通过数字科技的手段和数字的力量，构建"农业＋产业互联网"的农业产业互联网数字经济模型来推动新经济体系的发展，为新农业农村经济的增长提供动力。现从七个方面归纳了农业产业互联网数字经济模型：产业组织、商业模式、技术架构、金融资本、创新生态、全链标准和产融数据。七个模块之间相互紧密链接，彼此作用，形成农业产业互联网模式的有机体。

　　新农经济作为一种融合性经济，以数字技术赋能农业产业中的各个主体，依托数字力量，让实体经济与数字经济深度融合，通过将新的生产力要素嵌入产业链协同之中，把农业产业链中的生产、加工、仓储、物流、销售等各个核心要素聚合到一起，构建新的生产关系，提高生产效率。新农经济在使农业的生产体系、产业体系和经营体系自身不断发展完善的同时，也将三者融汇贯通，深化农业一二三产融合，使数字化为产业服务，科技赋能产业，产业集聚金融和人才，助力农业高质量发展，提高农村和农民的经济水平，达成产业兴旺，呈现金山银山、绿水青山。

　　显然，一个复杂问题的认识、实践和解决过程是要面临诸多的挑战的，想要通过一本书给出完整的答案自然是不现实的，但是我们愿意将已经取得的一些成果分享给大家作为参考，希望能够引起更多人关注和研究乡村与农业产业互联网数字经济模型，以求找到更多更好解决"三农"问题的方法，也希望能够为想在时代大潮中不断前行的人们打通一条返乡的路。

樊一麟

2021年5月于北京

C 目 录

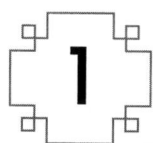

1 导论

1.1 研究背景

当前全球经济正面临百年未有之变局。党的十九届五中全会通过《中共中央关于制定国民经济和社会发展第十四个五年规划和二〇三五年远景目标的建议》，将"加快构建以国内大循环为主体、国内国际双循环相互促进的新发展格局"作为国民经济发展的战略指引，以应对新的世界经济格局变化，特别是在数字经济的时代背景下，全世界的信息空前对称，算力代替机械力成为时代演进的最大推手，因此，未来将不断出现新阶段、新格局、新理念。现在，市场竞争不是产品与产品之间的竞争，也不是企业与企业之间的竞争，而是产业链与产业链之间的竞争，是区域与区域之间的竞争，是国家与国家之间的竞争。国内大循环为主体、国内国际双循环相互促进的经济发展战略，就是为了适应新的竞争模式应运而生的。党的十九大报告中指出："我国经济已由高速增长阶段转型高质量发展阶段。必须坚持质量第一、效益优先，以供给侧结构性改革为主线，推动经济发展质量变革、效率变革、动力变革。"

基于此背景，农业高质量发展如何推动，成为各界关注的重点问题。农业高质量发展的实现是一项复杂的系统工程，要面临农业、农村、农民三个领域现实问题的制约。乡村的本质属性之一是空间属性，它是农村居民生产、生活的重要承载空间，同时也是国民经济和社会发展的重要组成部分。如何在乡村这个空间中实现振兴战略，如何实现农业产业化、改善农村生态、改善乡风、促进富裕，取决于乡村这个大空间中的内容、区位和边界，内容是空间的厚度、区位是空间的宽度、边界是空间的广度。空间的内容厚度决定了乡村是不是秀美，空间边界的广度主要影响乡村是不是可持续发展。乡村空间的打造，不仅需要有物理空间的维度，同时需要塑造虚拟空间的维度，物理空间维度是基础设施建设，虚拟空间维度是新型基础设施（新基建）。数字乡村通过5G、物联网、大数据、人工智能等先进的数字化技术，为乡村编织一张数字化网络，把乡村中的人与人、人与物、物与物相互连接，消弭城乡间的"数字鸿沟"，让乡村居民能够便捷地、多渠道地与外面的世界进行信息变革和发展经验的链接，为人的现代化、新农人的培育、乡村物理空间边界限制的突破，以及"新农经济"的发展提供了前所未有的条件。

1.2 关键概念界定

1.2.1 产业互联网

近年来，虽然产业互联网已经成为社会各界关注的焦点，但是各方对其概念仍没有统一的界定。一般而言，产业互联网是基于平台化、效率、创新、全产业链、大数据、物联网等特征，以O2O、C2B、数据驱动、生态链为原则的平台。可以把产业互联网简单地理解为服务于生产的互联网，以平台化为基础，聚合企业、生态链和金融机构提供信息的服务。消费互联网以消费者为主体，产业互联网则以生产者为主体，所有的生产活动构成产业互联网的应用。产业互联网时代的到来，意味着在所有的行业中，企业、生态链关系和生命周期实现互联网化。产业互联网思维是以生产者为用户，以生产活动为主要内容的互联网应用，涵盖了企业生产经营活动的整个生命周期。产业互联网思维便是运用互联网将产业链相关的主体聚合在一起，对产业运作流程进行互联网化的思维模式。产业互联网可定义为以新一代信息通信网络为基础，以模式协同创新为核心，以云平台构建的线上资源池（数据池）为载体，集聚产业链上下游的生产要素资源，实现产业互联、平台协同、要素融通，进而面向产业生态链、供应链的各类产业用户，提供生产全要素、制造全流程、企业全生命周期服务的产业协同互联生态网络。

本研究，综合不同学者对产业互联网的不同理解，认为产业互联网的实践过程是以生产者为用户、以生产活动为主要内容的互联网应用，涵盖了企业生产经营活动的整个生命周期，通过在设计、研发、生产、融资和流通等各个环节的互联网应用和渗透，通过互联网提供的技术、云资源和大数据分析，重构企业内部的组织架构，改造和创新生产经营和融资模式以及企业与外部的协同交互方式，改变企业的运营管理方式与服务模式，从而实现提升效率、降低成本、节约资源和协同发展的目的。

1.2.2 产业与农业产业链

1.2.2.1 三次产业

1935 年，英国经济学家费希尔（A.G.B.Fisher）在《安全与进步的冲突》一书中指出，从经济发展阶段视角对三次产业进行分类，即第一次产业是农业和矿产业、第二次产业是"将自然资源以各种方式转型"的产业（即加工业）、第三次产业是提供各种"服务"的活动。他认为，人类社会的经济发展依次经历了第一产业、第二产业、第三产业三个不同阶段。1940 年，英国经济学家柯林·克拉克（C.Clack）在《经济进步的条件》一书中，在对三次产业进行分类的基础上，进一步揭示了三次产业演进的规律，即"随着时间的延续和经济的发展，从事农业的人数相对于从事制造业的人数将下降，而后制造业的从业人数相对于从事服务业的人数将下降"。主要原因是，"当人均实际收入上升时，人们对农产品的相对需求将不断下降，而对制造业产品的相对需求先上升，然后相对于服务需求将下降"。

早在 17 世纪，英国经济学家威廉·佩蒂（William Petty）在《政治算术》一书中，就曾揭示了劳动力在农业、制造业、商业间移动的规律。他明确指出，"制造业比农业，进而商业比制造业能够得到更多的收入，这种不同产业之间相对收入上的差异，就会促使劳动力向能够获得更高收入的部门移动"。后续学者将佩蒂和克拉克的经济思想概括为"佩蒂 – 克拉克定理"，即：随着人均国民收入水平的提高，劳动力首先由第一次产业向第二次产业移动；当人均国民收入水平进一步提高时，劳动力便向第三次产业移动。

我国《国民经济行业分类》国家标准于 1984 年首次发布，分别于 1994 年、2002 年、2011 年、2017 年进行修订，我国现行的标准产业分类是于 2017 年 10 月 1 日实施的《国民经济行业分类与代码》（GB/T 4754—2017）标准。新版行业分类共有 20 个门类、97 个大类、473 个中类、1 380 个小类。规定：第一产业是指农业、林业、牧业、渔业；第二产业是指采矿业、制造业、电力、热力燃气及水生产和供应业、建筑业；第三产业是除第一、二产业以外的其他行业。在本研究的描述中，通常将农业等同于第一产业、工业等同于第二产业、服务业等同于第三产业。

1.2.2.2 农业产业链

农业产业化这一概念最早由美国的戴维斯教授和戈尔德伯格教授于 20 世纪 50 年代提出，王渭田于 1993 年在《农民日报》最早提出农业一体化概念，农业产业化通常又被称为农业一体化、农业综合经营，农业生产过程是不能独立于其他行业，要将生产、流通、销售等各个环节结合形成产供销一体化产业。基于农业产业化进一步衍生出农业产业链的系列研究。

农业产业链是一个通过企业或单元组成的设计资源市场与需求市场的网络结构，以这个结构为农业产前、产中、产后提供不同功能的服务。赵绪福、王雅鹏（2004）认为，农业产业链是由农业或农产品作为其中的构成环节和要素并与其他部门和环节发生密切的技术经济联系的特殊链条。另有学者指出，农业产业链是由具体的蔬菜产业链、棉花产业链、果品产业链等构成的总合；或认为农业产业链是由农业产业前期产业部门、中间产业部门和后期产业部门的供给与需求关联构成的网络结构，并由此提出了产业链的整合模式。产业链运行效率的提升，依靠对产业链薄弱环节的调整，是从点线面到网的全方位整合来提高产业链的竞争力。农业产业链是一个四维概念，是处于农业产前、产中和产后各相关生产环节中的不同功能的企业或产业，以农业价值链、农业信息链、农业物流链和农业组织链有机组成的网络链条结构。农业产业链与价值链的关系，农业产业价值链的构成是由位于产业链上不同环节的农业经营主体，通过特定的价值创造活动将彼此价值链联结，形成基于农业产业的产业价值链。农业产业链上的价值创造活动主要包括：科技研究—农资农机生产—种植养殖—农产品初级加工—农产品深加工—仓储物流—市场营销等环节。

综上所述，农业产业链的内涵应包含几个方面的内容：农业产业链是由各个环节上的经营主体组成，主体之间通过价值链接关系形成链条；农业产业链条与农业产前、产中和产后部门存在供需关系、价值递增过程。本研究围绕农业产业链的研究来强调农业产业链的重要性，将农业称为农业产业，农业产业包含广义农业概念中的农、林、牧、副、渔。

1.2.3 数字经济

2016 年，G20 杭州峰会通过了《二十国集团数字经济发展与合作倡议》，首次将"数字经济"列为 G20 创新增长蓝图中的一项重要议题，数字经济的概念从那时起应运而生。2017 年政府工作报告首次提出数字经济，指出要推动"互联网 +"深入发展、促进数字经济加快成长。近年来，我国深入实施数字经济发展战略，新一代数字技术创新活跃、快速扩散，加速与经济社会各行业各领域的深入融合，有力支撑了现代化经济体系的构建和经济社会的高质量发展。数字经济是一个内涵比较宽泛的概念，而且随着人类社会逐渐进入以数字化为主要标志的新阶段，数字经济的内涵不断扩展延伸。

2021 年 5 月 27 日，国家统计局正式发布《数字经济及其核心产业统计分类（2021）》（以下简称《数字经济分类》）。《数字经济分类》以相关文件为指导，结合统计工作实际，将数字经济界定为以数据资源作为关键生产要素、以现代信息网络作为重要载体、以信息通信技术的有效使用作为效率提升和经济结构优化的重要推动力的一系列经济活动。需要强调的是，数字经济紧扣三个要素，即数据资源、现代信息网络和信息通信技术。这三个要素缺一不可。《数字经济分类》从"数字产业化"和"产业数字化"两个方面，确定了数字经济的基本范围，将其分为数字产品制造业、数字产品服务业、数字技术应用业、数字要素驱动业、数字化效率提升业等五大类。其中，前四大类为数字产业化部分，即数字经济核心产业，是指为产业数字化发展提供数字技术、产品、服务、基础设施和解决方案，以及完全依赖于数字技术、数据要素的各类经济活动，对应于《国民经济行业分类与代码》中的 26 个大类、68 个中类、126 个小类，是数字经济发展的基础。第五大类产业数字化部分，是指应用数字技术和数据资源为传统产业带来的产出增加和效率提升，是数字技术与实体经济的融合，该部分涵盖智慧农业、智能制造、智能交通、智慧物流、数字金融、数字商贸、数字社会、数字政府等数字化应用场景，对应于《国民经济行业分类与代码》中的 91 个大类、431 个中类、1256 个小类，体现了数字技术已经并将进一步与国民经济各行业产生深度渗透和广泛融合。本研究中提及的数字经济符合《数字经济分类》的标准，重点涉及数字产业化部分与农业相关的数字经济类别。

1.2.4 新农经济

党的十九届五中全会审议通过的《中共中央关于制定国民经济和社会发展第十四个五年规划和二〇三五年远景目标的建议》，对新发展阶段优先发展农业农村、全面推进乡村振兴作出总体部署，为做好当前和今后一个时期"三农"工作指明了方向。党中央及国务院对农村经济问题非常重视，针对"三农"问题出台了一系列惠农政策，旨在促进农村经济大发展。改革开放以来，"三农"领域重点工作和乡村产业发展取得了积极成效，特别是在 2020 年 11 月国务院扶贫办确定的全国涉及 22 个省区市的 832 个贫困县全部脱贫摘帽，标志着脱贫攻坚的全面胜利，全面建成小康社会目标的实现。

乡村振兴战略是新时代背景下"三农"工作的总指引，2018 年《中共中央国务院关于实施乡村振兴战略的意见》和《乡村振兴战略规划（2018—2022 年）》政策性文件的发布，提出产业兴旺是乡村振兴的重点核心，是乡村振兴的首要任务，是解决农业、农村、农民，即乡村相关问题的前提。乡村产业的内涵丰富，涉及农业、工业和服务业的多种类型。乡村产业发展要集聚资源、集中力量，建设富有特色、规模适中、带动力强的特色产业集聚区。打造"一县一业""多县一带"，在更大范围、更高层次上培育产业集群，形成"一村一品"微型经济圈、农业产业强镇小型经济圈、现代农业产业园中型经济圈、优势特色产业集群大型经济圈，构建乡村产业"圈"状发展格局。要把二、三产业留在乡村，把就业创业机会和产业链增值收益更多留给农民。

2020年1月，农业农村部、中央网络安全和信息化委员会办公室印发《数字农业农村发展规划（2019—2025年）》，对新时期推进数字农业农村建设的总体思路、发展目标、重点任务作出明确部署，提出实施数字乡村战略，大力发展数字农业。数字乡村建设是在乡村振兴战略方向的指导下，建设数字中国的重要组成部分，整体推动农业农村现代化的发展进程，为乡村经济、社会经济发展提供驱动力。数字乡村已经被确定为乡村振兴战略的重要工作之一。

本研究中提到的"新农经济"是指在乡村振兴战略的指导下，以乡村为场景，以农业、农村、农民为主体，以数字科技为手段的农业农村新经济体系。"新农经济"通过"农业产业互联网"的数字乡村新经济模式，建设"新农村"、升级"新农业"、发展"新农人"，助力一二三产融合、农业产业兴旺、农业产业集群式发展、乡村区域经济发展，构建现代农业产业体系，实现农业高质量发展，探索乡村振兴新路径与新方法，提升乡村产业生态经济水平，增加农民收入，为乡村带来"新农经济"模式。

1.3　研究目的

　　"以农业为基础，以工业为主导"是新中国成立之初的发展模式，"农业支持工业，农村支持城市"将重工业发展优先级定为最高，是为了让刚刚成立的新中国立足于世界强林之中，牺牲农业、发展工业是必要的，农村担负着保障粮食安全，为工业提供原材料等生产要素的重要职责。随着经济社会不断发展，我国已经成为全球第二大经济体，从世界工场朝着世界市场转变，拥有仅次于美国的第二大消费群体，并且国人消费水平持续升级。2008年10月12日，中国共产党第十七届中央委员会第三次全体会议通过《中共中央关于推进农村改革发展若干重大问题的决定》，提出：坚持工业反哺农业、城市支持农村和多予少取放活方针，创新体制机制，加强农业基础，增加农民收入，保障农民权益，促进农村和谐，充分调动广大农民的积极性、主动性、创造性，推动农村经济社会又好又快发展。在国民经济发展的过程中，农业与工业之间的关系动态地发生变化，现在，农业成为经济发展的重要一环，不仅是"压舱石"，还要成"新动力"。为了更好地解决牺牲农业发展工业阶段导致的城乡发展失衡、城乡二元化、城乡"剪刀差"等问题，工业反哺农业阶段，需要促进新型工业化、信息化、城镇化和农业现代化"四化"同步融合，实现工农城乡的共同繁荣。

　　乡村振兴战略指出，农业、农村、农民问题是关系国计民生的根本性问题，必须始终把解决好"三农"问题作为全党工作的重中之重，实施乡村振兴战略。2020年1月20日，农业农村部和中央网络安全和信息化委员会办公室发布《数字农业农村发展规划（2019—2025年）》要求：以产业数字化、数字产业化为发展主线，着力建设基础数据资源体系，加强数字生产能力建设，加快农业农村生产经营、管理服务数字化改造，强化关键技术装备创新和重大工程设施建设，全面提升农业农村生产智能化、经营网络化、管理高效化、服务便捷化水平，以数字化引领驱动农业农村现代化，为实现乡村全面振兴提供有力支撑。2020年7月9日，农业农村部印发了《全国乡村产业发展规划（2020—2025年）》提出：要发掘乡村功能价值，强化创新引领，突出集群成链，培育发展新动能，聚集资源要素，加快发展乡村产业，为农业农村现代化和乡村全面振兴奠定坚实基础。

近年来，"三农"领域重点工作和乡村产业的发展取得了积极的成效，特别是在2020年11月国务院扶贫办确定的全国涉及22个省区市的832个贫困县全部脱贫摘帽，标志着脱贫攻坚的全面胜利，全面建成小康社会的目标实现之年。然而，在乡村振兴战略实现过程中，"三农"领域仍然存在亟待解决的问题，如新旧动能接续的有效性不足、产业链条较短协同效率低下、产业融合层次较浅、农业要素活力不足、市场化程度低、人才资源匮乏、社会资本难以进入农业农村等。

由此可见，产业兴旺是乡村振兴的重点，是解决农村一切问题的前提。乡村产业内涵丰富、类型多样，农产品加工业提升农业价值，乡村特色产业拓宽产业门类，休闲农业拓展农业功能，乡村新型服务业丰富业态类型，这些是提升农业、繁荣农村、富裕农民的重要产业。解决"三农"领域的问题，乡村振兴是抓手，农业产业发展是乡村振兴战略落地的抓手。通过研究与实践，我们发现，以农业产业升级为核心去解决问题的思路有两种方法，一种是"扎进去"，针对农业的具体问题去入手解决问题，诸多学者的研究也集中在此角度，不可否认，在"十三五"阶段"三农"工作已经取得阶段性成果，但在新阶段的挑战依旧严峻；另一种方法是"跳出来"，在具体问题具体分析的基础上，从整体去解决问题，将系统观念作为思考方向和工作方法的指引，特别在数字经济的时代背景下，数字科技手段可以使产业升级更加高效的发展，推动系统化解决问题的方法更加多样、有效，并降低风险，比如通过农业全产业链培育发展的模式去整体升级产业等。

本研究秉承"跳出来"的思路，以系统理论、产业发展理论、数字经济理论为基础，在产业互联网视域下，跳出"三农"看"三农"，又聚焦"三农"分析"三农"，将农业产业与二、三产融合作为研究角度，把农业产业放到农村一二三产和农业高质量发展的生产体系、产业体系和经营体系的整体当中，以农业全产业链发展的模式去分析，将"三农"领域中的一个点、一个村镇、一个产业环节的经营主体面临的问题放在线面上、县市里、产业链中，甚至延展到更广袤的空间、时间和数字维度中，融入中国特色新型工业化、信息化、城镇化、农业现代化道路的发展进程中，系统化探讨农业产业升级路径，尝试为农业产业升级发展提供新的思路。

1.4　研究意义

1.4.1 理论方面

本研究侧重在用系统化的思维方式，把农业产业放到农业高质量发展的生产体系、产业体系和经营体系三大体系，以及一二三产业融合的整体中研究，从整体解决农业产业升级问题的角度，在产业互联网和数字时代的背景下，探索农业产业升级的有效路径，从区域经济视角、组织制度视角、乡村产业视角和产业互联网视角进行有关新农业农村经济的理论研究，结合农业产业发展的实际情况，对产业互联网理论进行深入研究，探究产业互联网在农业领域的应用，进而提出农业产业互联网数字经济范式与模型的新理论，同时，根据国内外农业产业发展的经验，在理论的指导下，结合我国农业发展的现阶段状态，尝试分析提出农业产业发展的新路径。

1.4.2 实践方面

本研究旨在提出农业产业互联网数字经济范式与模型理论，并以此指导和总结农业产业发展升级。农业产业互联网数字经济模型是一个系统化的体系，在以产业兴旺推动乡村振兴实践的过程中，通过农业产业互联网的数字经济模型的理论指引，展望呈现如下实际成效。

（1）是实施国家乡村振兴、数字乡村战略规划的落脚点。2018 年 9 月 27 日，中共中央、国务院印发了《乡村振兴战略规划（2018 — 2022 年）》，鼓励互联网企业建立产销衔接的农业服务平台，提高农业综合信息服务水平；大力发展数字农业，实施智慧农业工程和"互联网+"现代农业行动。2019年中央1号文件，提出实施数字乡村战略文件指出，深入推进"互联网+农业"，扩大农业物联网示范应用；推进重要农产品全产业链大数据建设，加强国家数字农业农村系统建设；通过农业产业互联网体系作为数字乡村战略的落脚点，推动乡村振兴实施。

（2）是推动区域农业产业集群融合发展的支撑。通过农业产业互联网模式的创新体制机制建设，以产业品牌化为引领，以农业产业绿色支撑体系为基础，以农业产业数字化为动力，通过农业产业互联网综合服务平台落地，重构农业产业价值网，聚合特色农产品产业要素资源，形成农业产业集群，构建区域农业产业互联网生态综合体。以构建农业产业生态带动产业集群，以产业集群带动农业产业项目落地于县域，以科技、品牌、金融、人力资源赋能企业，实现交易结算中心落地区域，让税收落在区域。

（3）是打通区域农业产业链条的核心。农业产业互联网平台以交易为抓手，推动区域农业产业提高生产能效、降低流通成本、引入产业金融、强化营销和品牌传播能力。为了更好地满足区域农业的产业发展需求，需要建设以电子交易为核心的产业综合服务平台，以服务区域农业产业的生产、流通、销售、金融、消费全产业链上各个主体，实现产、销、融互见，使得产销对接更透明、高效，通过产业金融资本助力，逐步提升区域农业产业在全国市场的影响力。

（4）是实现区域一二三产业融合发展的重要抓手。通过农业产业互联网平台建设实现一二三产业互融互动，通过产业发展模式指导下的数字化技术，把种养加、产供销、贸工农、农工商、农科教一体化，把休闲娱乐、养生度假、文化艺术、农业生产加工技术、副产品、生产活动等有机结合起来，拓展现代农业产业原有的研发、生产、加工、销售产业链，发挥产业价值的乘数效应，解决区域产业发展过程中的问题，促进产业内部融合、延伸农业产业链、拓展产业多种功能、发展农业新型业态等多模式融合发展，从农业全产业链的发展模式出发打造区域农业生态体系。

（5）是"构建多层联动的产业互联网平台，为中小微企业数字化转型赋能"的实践。2020年4月7日，国家发展改革委联合中央网信办印发了《关于推进"上云用数赋智"行动培育新经济实施方案》，提出进一步加快产业数字化转型，培育新经济发展，助力构建现代化产业体系。《方案》指出，要构建多层联动的产业互联网平台，培育企业技术中心、产业创新中心和创新服务综合体。引导平台企业、行业龙头企业整合开放资源，鼓励以区域、行业、园区为整体，共建数字化技术及解决方案社区，构建产业互联网平台，为中小微企业数字化转型赋能。农业产业互联网体系是产业互联网在农业领域的深度应用，可以为广大中小微农业企业数字化赋能。

（6）是引导产业基金注入、获得产业发展资金支持的承载体。通过农业产业互联网数字经济模型指引，成立区域农业产业引导基金，引进专业投资机构作为基金管理人，政府作为主要出资方，投资机构募资一部分，对区域农业产业互联网商业模式进行针对性的打造，针对平台建设、平台总体运营及龙头企业提供资金支持。

（7）是推进区域品牌体系建设的助推器。通过农业产业互联网平台运营，建立完善的区域品牌培育、发展和保护体系，塑造区域"土"字号"乡"字号农业单品类品牌、公共区域品牌和龙头企业品牌，通过大数据、互联网等数字科技手段进行品牌营销和推广，全方位打造立体化营销渠道，扩大全国销地市场规模，做大做强区域品牌，提升国际、国内品牌核心竞争力和品牌影响力，讲好品牌故事，提升品牌溢价能力，使区域农产品实现优质优价，走出区域，走遍中国，走向世界。

总之，随着农民、政府、行业对农业数字化价值的认知全面提升，数字化深度介入"三农"领域工作的条件将越发成熟。在科技的驱动下，农业产业也将继续进行深刻的变革。在整合、管理和运营农业产业链的过程中，将更多借助科技手段，加速农业全产业链数字化，通过农业产业互联网数字经济模型作为参考，加速农业产业发展进程，使农业产业发展跟上产业互联网和数字时代的脚步，从而实现整个产业生态的快速变革，朝向智慧化、场景化等方向不断迭代升级。

1.5 研究架构

首先，进行文献分析比较研究。采用文本分析法对"十四五规划""乡村振兴战略""数字农业农村发展规划"等政策权威文本进行分析，通过查阅搜集大量的国内外相关文献，为课题研究寻找理论基础，尤其把握改革开放以来，我国乡村产业发展变化及其变化的内部与外部条件，分析研究现行农业产业存在的问题，进而研究得出农业产业体系动态化构建及发展的基本特征，分析产业发展涉及的技术、经济与制度基础，把握产业演进趋势与规律。

其次，进行规范研究理论创新。结合上述文献分析开展农业产业体系升级的基本理论研究，这是本次研究的核心之一。规范研究具体是指创建一个农业产业互联网数字经济理论模型，基于此构成本次研究的主要理论创新体系，其构成逻辑是从影响农业产业升级的要素分析，到产业体系升级演化模型，进而探讨农业产业互联网数字经济理论模型。

再次，进行理论验证实证研究。本次尝试研究的理论需要实证证明理论创新的科学性。针对本次研究的农业产业互联网数字经济模型，结合我国目前农业产业结构状况，区域产业空间结构，产业链、供应链及价值链的状况，产业政策，技术创新、市场机制、产业生态环境等资源要素的发展趋势，进行实证分析。具体采用典型案例研究，走访政府、企业、合作社等，通过现象看到问题，探寻原因与解决方法。

最后，针对问题，进行对策研究。在理论实证的基础上，进一步研究我国农业产业体系升级的制度对策的理论问题。农业产业互联网数字经济模型理论的对策体系及构成是研究的重点，特别是结合数字经济背景下，与当前经济发展阶段相匹配的产业结构、组织结构等对策体系进行研究，从而加快推动我国当前农业产业体系的调整与优化。本研究的整体框架如图 1-1 所示。

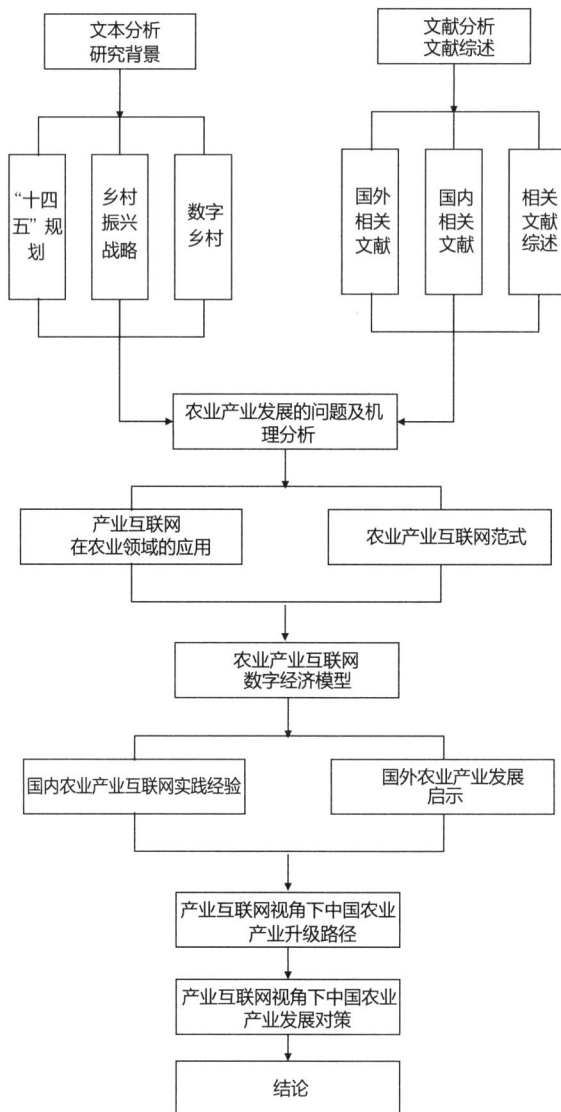

图 1-1　研究架构

1.6 研究方法

1.6.1 归纳研究方法与演绎研究方法

本研究围绕农业产业升级转型及结构调整，对国内外理论文献进行整理，通过归纳研究方法对国内农业产业互联网的实践案例和国外农业产业发展的路径经验进行分析，再通过演绎方法推演出农业产业发展规律特性，从产业互联网的视角提出农业产业互联网数字经模型与农业产业升级路径。

1.6.2 系统研究方法

本研究将农村一二三产业融合作为整体，通过系统化的思路与方法，把农业高质量发展的生产体系、产业体系和经营体系三大体系作为一个协同发展的整体去分析，针对具有复杂性的"三农"领域和农业产业升级的路径进行探索，形成系统的分析逻辑框架。

1.6.3 定性研究方法与定量研究方法

本研究主要通过定性研究方法分析农业产业升级范畴的多数问题，通过定性方法将产业发展遇到的问题现象进行深入研究，并形成理论模型。同时，在研究中结合部分定量研究。

1.6.4 案例分析方法

以糯米蕉产业为县域产业升级发展的案例作为研究对象，分析基于产业价值链的分布对于乡村产业发展结构调整和升级的影响，同时分析在数字化技术的推动下，乡村产业发展的实现路径。

2 新农经济的相关理论研究

2.1 区域经济视角

2.1.1 城乡二元经济结构理论

二元经济结构理论是研究城乡关系的主要理论之一，也是发展经济学的奠基性理论之一。刘易斯（W.A.Lewis）于1954年第一次提出发展中国家同时存在以传统生产方式为主的农业部门和以制造业为主的现代化部门。他认为农业部门中存在的大量边际劳动生产率为零的劳动力是导致发展中国家落后的主要原因。因此，他指出通过工业部门的资本积累，逐步将农业部门中剩余劳动力转移至工业部门，使二元经济结构逐步瓦解，这样发展中国家才能逐渐摆脱贫困。

党的十八大明确提出了"推动信息化和工业化深度融合、工业化和城镇化良性互动、城镇化和农业现代化相互协调"的重要战略。新中国成立之后，中国的城乡发展带有鲜明的二元经济结构特征，这是实施重工业优先发展的赶超型经济发展战略的必然结果。改革开放以来，尽管中国经济保持了持续快速增长，乡镇企业蓬勃兴起，大量农村劳动力转移到非农部门就业，但城乡二元经济结构特征却并未明显弱化。城乡二元经济结构的长期延续，一方面在实践中对"三农"发展造成了严重的消极影响，另一方面也在理论上形成了"中国城乡二元经济结构转化滞后"之谜。

研究表明，城乡部门生产要素配置与二元经济结构转化密切相关，城乡要素错配是导致我国二元经济结构转化滞后的重要原因。改革开放以来，中央政府为尽快实现经济崛起，制定了"以经济建设为中心"的发展战略，并围绕这一发展战略构建了"经济分权"与"政治集权"相结合的政府治理架构。在这一框架下，为激励地方政府加快发展经济，中央对地方官员实行以 GDP 增长为核心的政绩考核制度。在晋升激励下，地方官员把推动辖域经济增长作为主要施政目标，从而形成了地方政府之间为经济增长而竞争的"晋升锦标赛"。这一方面促成了中国经济奇迹；另一方面也对地方官员产生了有损社会总体发展目标的负面激励，其中一个重要表现就是生产要素配置的非农偏向，生产要素配置的非农偏向导致农业部门配置了过多劳动力和过少资本，非农部门则配置了过多资本和过少劳动力，这就影响了农业现代化和城乡经济协调发展，从而阻碍了中国二元经济结构转化。鉴于此，在城乡发展一体化的宏观背景下，必须改变非农偏向的生产要素配置政策，破除阻碍要素自由流动的制度障碍，实现生产要素在城乡之间优化配置，从而促进城乡二元经济结构转化。

城乡一体化应当是在生产力水平高度发达的基础上，统筹考虑经济社会发展，充分发挥城市与乡村的各自优势，逐步形成全体百姓平等共享发展成果的、融合的、协调的社会结构。显然，城乡一体化只是人类社会发展的阶段性目标。实现城乡一体化后，不再有城乡居民之分，所有公民平等分享人类发展成果。因此，城乡一体化的实现是一个渐进过程，不同国家、地区由于资源禀赋的差异，实现时间会有不同。当然，在这一过程中，城市与乡村需要共同发挥各自优势。城乡一体化实现后，城市和乡村依然都存在，二者差别也依然存在，只是这种差别不再是差距，而是各具特色。

古斯塔夫·拉尼斯(Gustav Ranis)和费景汉(John C.H.Fei)在刘易斯(W.A.Lewis)两个部门划分的基础上，认为农业部门不仅存在边际生产率为零的劳动力，还存在边际生产率大于零但小于不变制度工资的劳动力。他们认为，在工农业两个部门平衡发展的基础上，农业劳动力转移需要经历三个阶段。与拉尼斯－费景汉同时代的乔根森认为，发展中国家经济发展的关键在于推动农业发展和技术进步，生产出更多的农业剩余产品。托达

罗 (Michacl P.Todaro) 与哈里斯（Harris）针对日益严重的城市失业问题，提出大力发展农村的政策主张，形成特有的托达罗模式。20 世纪中后期形成的这四种模式成为二元经济结构理论的经典模式。20 世纪后期至 21 世纪初期，又出现多种以这四种模式为基础的二元理论，"城乡一体化"便是其中的一个。他们一致认为，发展中国家的经济系统可由界限分明的两部门组成，两部门的不均衡发展造成发展中国家落后于发达国家，而解决的措施是两个部门向一个部门的转化。"城乡一体化"理论继承了二元经济结构理论的研究方法，将结构分析作为其最主要的研究方法。

2.1.2 经济增长理论

在西方经济学中，经济增长理论的研究流派众多。西方经济增长理论的形成与演化，若从经济增长思想的理论逻辑来看，大体可以分为三个历史阶段。第一阶段包括前古典时代的经济增长思想和古典经济增长理论，此阶段完成了经济增长理论研究构架的建立。第二阶段即新古典经济增长理论时代，主要代表是哈罗德 – 多马模型（Harrod–Domar Model）以及之后的索洛 – 斯旺模型（Solow–Swan Model）与拉姆齐 – 卡斯 – 库普曼斯模型（Ramsey-Cass-Koopmans Model），这一阶段是新古典经济增长理论的黄金时代，首次建立了经济增长的数学模型以对经济增长进行数理分析和研究。第三阶段即新经济增长理论时代，主要代表包括半内生经济增长模型和内生经济增长模型，此阶段是新经济增长理论的繁荣时期，这个阶段的研究者已经开始试图将技术、知识、人力资本等因素引入生产函数，以改善新古典经济增长理论的外生性问题，使经济的增长由外生性向内生化发展。通过西方经济增长理论发展史的梳理，可以看到，对于经济增长的原因，古典经济增长理论着重强调了物质资本积累的作用；新古典经济增长理论则认为促进经济增长的关键因素是技术进步；新经济增长理论则认为技术进步、人力资本积累、劳动分工演进和制度变迁等各种因素共同促进了经济增长。

从农业、农村、农民的视角来看经济发展，围绕"三农"问题推动、深化供给侧结构性改革是满足广大农民群众日益增长升级的个性化物质文化与生态环境需求的必要过程；同时，要促进供需平衡，小农与大市场的对接是从需求侧作为发端，进行农村人口收入分配，使农民增收，缩小城乡贫富差距，促进乡村产业发展，推动县域经济升级的必经之路。

2.2 组织制度视角

2.2.1 交易费用理论

交易成本（Transaction Cost），又称交易费用，最早由罗纳德·科（Ronald H.Coase）在研究企业性质时提出，是指交易过程中发生的成本。根据交易成本理论，交易成本的变动是企业组织模式变动的原因，即"一种契约形式取代另一种契约形式"。交易成本包括谈判、签约、激励、监督履约等的费用。企业想要生存发展，需要尽可能地降低成本，提升核心竞争力，同时尽可能多地利用外部资源，然而，利用外部资源将产生大量的交易成本，这就需要一种围绕核心企业，通过信息流、物流、资金流的控制，从采购原材料开始，制成中间产品以及最终产品，最后由销售网络把产品送到消费者手中，将供应商、分销商、零售商，直到最终用户连成一个整体的功能性网链结构模式，这就是供应链。

产业结构的出现源于分工，在完全自给自足的原始生产系统中，生产和消费是统一的，单个个体就是一个完整的系统，生产系统的范围就是个体本身。随着分工的出现，生产系统也随之分化并日益复杂化，形成了产业结构，因此，产业结构的演变过程也是分工逐步深化的过程。分工可以从多个方面提高劳动生产率，但是也受到多种因素的制约，其中最重要的因素就是交易成本，因为分工产生了协作的要求，如果分工双方不能很好地协作，就必然导致分工失败，但生产者之间的协作会带来交易成本，且随着分工的日益专业化，需要协作的数量越来越多，难度越来越大，协作失灵的风险也进一步增加，这些都带来了交易成本的提高，如果交易费用的增加大于分工所带来的收益，则分工就难以实现。因此，交易成本的降低是分工深化和产业结构日益复杂化的一个基本条件。

交易成本在本质上是一种社会关系成本，在产业经济中起着"摩擦力"和"产业链粘合剂"的作用。交易成本通过内部交易成本和市场交易成本的关系决定组织边界，而内部交易成本和市场交易成本的相对变化关系将影响组织边界的变化趋势。产业链作为一种特殊的组织形式，当内部交易成本的变化大于市场交易成本的变化时，组织规模将变大，反之将变小。随着交易成本的降低与产业链的解构，商业模式将演化为"小而美"经济体的平台化运作，平台与"小而美"经济体间基于时间入口从社会关系分工和技术关系分工两个维度进行协作。

对交易成本的构成，理论界一般按照交易时序划分，包括发现交易对象和交易价格的费用，讨价还价的费用，订立交易合同的费用，执行交易的费用，监督违约并对其制裁的费用，维护交易秩序的费用，等等。农业家庭经营的市场交易成本，是农户运用市场机制组织生产、供应和销售所发生的费用。从家庭经营承受的角度，包括策划市场、执行市场和监督市场的交易成本。策划市场的交易成本指配置资源的预测和调查费用；执行市场的交易成本包括购买要素和销售过程中的寻找交易对象、讨价还价、合同签订、检验交割、贷款业务费用等；监督市场的交易成本指防止纠纷和保护权益产生的成本。收益等于收入减去固定成本和可变成本。

就农业经营而言，制约农业经营市场交易成本水平高低的因素有多种，降低经营的市场交易成本，除了培育市场、整顿市场秩序、实行公开公正透明的交易外，提高农业经营主体进入市场的组织化程度，变分散入市为有组织地入市，即发展多种形式的市场中介组织，实现小生产与大市场的整合，包括大户、家庭农场、农业企业、产业化联合体等不同类型的主体，都需要通过中介组织的方式去进一步降低市场交易成本，提高市场交易效率。

2.2.2 合作经济理论

合作，即联合行动，是人们协同、协作劳动的一种行为。合作不仅源远流长，而且构成人类社会存在和发展的最深层基础。经济合作是具有物质利益内容的合作或者是以物质利益内容为主的合作。经济合作归属于合作，在合作体系中处于基础性地位。因为合作是一种社会关系，而任何社会关系最终都可以归结为经济关系。合作经济不同于经济合作。经济合作是经济利益主体在经济活动中相互协调配合的行为，它强调经济合作行为的过程性和社会历史性，在不同历史阶段，经济合作的方式和水平不同，合作经济则是经济合作发展到近代社会才出现的一种特殊的社会经济组织现象和经济合作方式。总之，经济合作是合作经济的前提和基础，合作经济是生产力推动的经济合作发展到一定程度产生的具体的经济合作组织，而只有当经济合作组织及经济合作关系发展到一定程度时，才有特定的合作经济制度的确立。

经济合作的功能是合作在经济发展中的积极作用和效能，也是经济合作内在构成要素相互作用的机制或机理的具体体现。经济合作广泛存在于人类社会的各个层面和各个领域，不同层次、不同领域合作的具体功能不尽相同。一般而言，合作的功能主要体现在规模经济效益功能、对经济资源的优化配置功能和对经济运行的整合提升功能。经济合作是生活在现实经济社会关系中的人自觉主动联合起来追求经济利益最大化的共同行动。"人们奋斗所争取的一切，都同他们的利益有关。"这是马克思主义理论的重要思想，也是中国特色经济合作理论研究的逻辑起点。

合作经济是处于弱势地位的人们联合起来增强市场竞争力、求得生存和发展的最好形式。从生产力发展这个角度看，只要有利于生产力的发展、有利于维护广大农民的根本利益，这种合作就是必要的、合理的，就应该得到认可和支持。经济合作组织的发展完善不可能完全由主体自发完成，尤其对于中国而言，农民的天然弱质性，决定中国特色经济合作的发展与提升更加离不开国家政策引导及制度保障。

2.3 乡村产业视角

2.3.1 六次产业理论

"六次产业理论"最早由日本东京大学名誉教授今村奈良臣于 1994 年提出，他认为农业的发展需要农村一二三产业融合，农业不仅是农畜产品生产，还包括与农业相关联的第二产业（农畜产品加工和食品制造）和第三产业（流通、销售、信息服务和农业旅游），即六次产业：第一产业 × 第二产业 × 第三产业。六次产业的基础是农业，核心是充分开发农业的多种功能与多重价值，提出的目的是为了将更多的增值收益保留在农业中，促进农户收入提高，只有各产业间的合作、联合与整合，才能获得农业与农村经济发展效益的倍增。六次产业理论指导的发展理念被日本政府采纳，从理论层面逐渐在实践层面落地，2009 年 11 月日本农林水产省编制了《六次产业化白皮书》，2010 年日本出台了《六次产业化·地产地销法》。日本六次产业发展战略的核心内容就是促进"地产地销"，即将本地农产品加工、销售环节的利润保留在本地。虽然发展六次产业旨在支持农业生产者更大范围地收获农业的综合价值，但由于农业生产者资源、能力以及市场渠道的局限，单靠农业生产者自身来发展六次产业将非常缓慢，需要多元化主体的参与和联合多方力量来推进。

综上可见，我国农业发展过程中，借鉴日本农业实践六次产业化做法，应该积极培育农业新型经营主体（大户、家庭农场、农民专业合作社、农业企业等），围绕特色产业链条，以经营主体为载体，将"地产地销""以产带销""以销定产"等理念与城镇乡村、产加销、农工商等融合，同时充分利用数字化技术，积极将"互联网+"等新兴手段应用在产业发展过程中，大力培育新型职业农民，助推农村一二三产业深度融合，构建出现代化的产业链和供应链，将产业收益留在县域，帮助农民增收。

2.3.2　农业产业价值链理论

价值链理论是由美国经济学家波特（Michael E.Porter）在《竞争优势》（*Competitive Advantage*）一书中提出，书中认为人们将价值创造活动分成基本活动和辅助活动两类。基本活动与产品的制造和分销直接相关，辅助活动帮助企业完成基本活动。基本活动包括对内后勤、对外后勤、营销、生产经营、服务；辅助活动包括采购、基础设施、人力资源、研发设计。这些相互关联作用但又差异化的活动，是企业资源与能力的表现，为企业完成价值的创造过程，这些活动构成了企业的"价值链"。

在价值链的理论基础上，国内外学者基于不同的视角进行研究，产业价值链的结构由产业链内各个企业的价值链整合而成，各企业的价值链由联结点衔接。基于产业价值链的思考要站在产业层次上，为跨产业的关联和整合提供全新的价值组织形式。波特的价值链理论可以用等式进行表述：价值链=价值活动；价值链的总价值=价值活动成本+价值增值。从这两个等式可以看出，价值链管理的核心就是价值增值，而价值增值的前提应该是掌握关键的价值活动。农业产业价值链的各个组成部分是一个有机的整体，具有联动性。农业产业价值链有纵向延伸模式、横向延伸模式和网络结构模式。产业升级是对产业结构的改善和产业素质与效率的提升，对产业链的研究，得到的学术共识是，产业升级是产业由低技术水平、低附加值状态向高技术水平、高附加值状态演进的过程。价值增值是价值链管理的核心，掌握关键的价值活动是价值管理的基础动作。农业产业价值链主要由研究开发、供应、种植养殖、生长过程护理、采收、加工、仓储与物流、营销等环节组成。

2.3.3. 产业生态圈理论

产业生态圈是指某种（些）产业在某个（些）地域范围内业已形成（或按规划将要形成）的以某种（些）主导产业为核心的具有较强市场竞争力和产业可持续发展特征的地域产业多维网络体系，体现了一种新的产业发展模式和一种新的产业布局形式。

产业生态化是一种新型的产业发展模式，它遵循生态学原理与经济规律来指导产业实践，构建合理的产业结构，是一种实现产业之间发展高度耦合、产业与自然发展动态平衡、产业与社会发展逐渐协调的过程。产业生态理论是产业经济学与生态学的交叉学科，是将产业作为典型的人工生态，系统引进生态学方法，由此建构出比较完整的基于生态学方法的产业经济研究体系，从而系统地研究产业的生态现象及其规律，完成产业经济研究的范式转换和方法论变革。产业链系统与生态系统一样，其内部各要素之间也是相互竞争和协作的关系，即相互关联。产业链系统具有类似于自然生态系统的运行机制，二者在系统特性、系统运行机制、系统演化过程等方面具有众多的相似性。同时，产业链生态系统也具有自身的特点和运行规律。基于产业生态理论，将产业链看作是内部各主体之间不断交互、内部主体与外部环境之间不断进行物质能量交换的系统。在交互和能量交换的过程中，产业链生态系统不断处于平衡与不平衡的变换之中。

同时，产业链生态系统也在不断地出现"涌现"现象，即出现了系统中原本没有出现的现象。这是产业链系统创新的一个重要理论依据。产业集群作为一个有机组织，包括其内部组成的企业，也都必须从外界获得资源，同时输出产品等，也就是进行物质能量和信息的交换，并与其他经济组织进行着竞争合作，其中最重要的就是对原材料和产品市场的竞争运用产业生态理论解释产业链竞争力的演进机制，产业链系统必须具备关联性、协调性、互补性、网络性、开放性、边界性、动态性等生态特性。产业链系统的内外部要素之间是相互联系的，因此系统具有开放性，产业链中的主体和要素与外界环境不断进行物质能量的交换。最初的产业生态系统研究局限于以某一产业或企业为主体，基于资源有效利用和经济收益为前提来构建物质、能量不断循环系统。随着产业生态系统理论研究的深入，学者们发现，原来的研究对象、研究手段及研究成果还不足以解决企业或产业内部的物质和能量循环利用问题，因此研究还要涉及外部供应、外部市场需求、技术环境、经济环境、企业发展战略等各个方面。

2.4 产业互联网视角

2.4.1 竞合理论

竞合理论的代表人物是耶鲁大学管理学教授拜瑞·内勒巴夫 (Barry J.Nalebuff) 和哈佛大学商学院教授亚当·布兰登勃格 (Adam M.Branden Burger)，他们在 2000 年合著出版的《合作竞争》中指出：企业经营活动是一种特殊的博弈，是一种可以实现双赢的非零和博弈。企业的经营活动必须进行竞争，但也有合作，是一种合作竞争的新理念。"竞合理论"的目标是建立和保持与所有参与者的动态合作竞争关系，最终实现共赢局面。竞合理论提出了互补者的新概念，认为商业博弈的参与者除了包括竞争者、供应商、顾客外，还有互补者，要与顾客、供应商、雇员及其他人密切合作以创造价值，这是开发新市场和扩大原有市场的新途径。竞合理论强调合作的重要性，有效克服了传统企业战略过分强调竞争的弊端，为企业战略管理理论研究注入了崭新的理念。

竞合理论同时为产业互联网提供了很好的理论支撑。产业链中的企业通过产业互联网平台的连接协同，降低同行间的同质化恶性竞争，减少上下游之间的价格博弈，通过寻找产业外的互补者，共同推动产业生态的升级进化。在农业产业互联网设计中，通过将大量小而散的生产企业、加工企业连接协同，用产业标准加以统领，进行科学的生产管理，从而达到规模化、标准化的种植养殖规模，减少无序竞争，建设良好的产业发展环境。

2.4.2 平台经济

平台经济属于新产业体系的组成部分，是一种新的交易组织模式，通过平台能够改变传统交易主体见面的模式，改变了生产、流通与销售的组织形态与协同关系，一定程度改变了供给侧与消费端的链接。电商平台主要是流通环节的效率提升，并未延伸到研发和生产制造环节，一旦平台延伸进入到供给侧，并与物联网技术结合，将带来巨大的变革，此阶段为产业互联网形态，改变产业链的结构与状态，提升价值链的空间，影响产业中的竞争格局，进而对经济形态、产业发展产生较大影响。

对产业互联网发展另一个很有指导意义的理论是以陈威如教授和廖建文教授为代表提出的"平台生态圈"理论。平台模式的精髓，在于打造一个完善的、成长潜能强大的生态圈。它拥有独树一帜的精密规则和机制系统，能有效激励多方群体之间互动，达成平台企业的愿景。平台生态圈里的一方群体，一旦因为需求增加而壮大，另一方群体的需求也会随之增长。如此一来，一个良性循环机制便建立了。平台经济的另一个重要内涵是"共享、赋能"。平台通过连接各方，将闲散的需求和资源进行整合，并通过平台共享，不仅让每个单体企业获得规模效应的红利，更极大地提升了资源配置效率，这也是产业互联网创造价值的本质。

以上理论研究虽然都早于产业互联网经济的爆发，但仍然为产业互联网的发展提供了通用的管理逻辑思考，即产业互联网通过对产业链上的个体进行系统整合，形成新的产业链治理机制和利益分配机制，去竞争为合作、去封闭为开放，建立产业命运共同体，实现所有参与者多方共赢以及产业生态的良性治理。通过农业产业互联网平台聚集农业全产业链各主体，建立产业生态，平台是产业生态聚集的载体，产业链各主体以此实现共享、共生、共赢。作为产业互联网平台发起的主体，是站在产业的高度，输出技术和生产性服务，并获取收益，是共享、共赢和"不为我所有但为我所用"思想的体现。

3 我国农业产业发展现状及痛点分析

　　农业是利用动植物的生长发育规律，通过人工培育来获得产品的产业。农业的劳动对象是有生命的动植物，获得的产品是动植物本身。农业是提供支撑国民经济建设与发展的基础产业，是国民经济中一个重要产业。广义农业包括种植业、林业、畜牧业、渔业、副业五种产业形式；狭义农业则是指种植业，包括生产粮食作物、经济作物、饲料作物和绿肥等农作物的生产活动。

　　农业分布范围十分辽阔。在近 1.31 亿平方公里的实际陆地面积中，约 11% 是可耕地和多年生作物地，24% 是草原和牧场，31% 是森林和林地。海洋和内陆水域则是水产业生产的场所。农业自然资源的分布很不平衡。可耕地主要集中在亚洲、欧洲和北美洲，北美洲、欧洲和大洋洲的经济发达国家为人均 0.56 公顷，而亚洲、非洲和拉丁美洲的发展中国家仅为人均 0.22 公顷，其中亚洲仅人均 0.16 公顷（1984 年）。森林以欧洲和拉丁美洲的分布面积较大；草原面积则非洲居首位，亚洲其次；其中不同国家、地区之间也有很大差异。当代世界农业发展的基本趋势和特征是高度的商业化、资本化、规模化、专业化、区域化、工厂化、知识化、社会化、国际化交织在一起，极大地提高了土地产出率、农业劳动生产率、农产品商品率和国际市场竞争力。

　　仓廪实而知礼节，衣食足而知荣辱。农业作为第一产业，有很重要的作用，农业是支撑国民经济建设与发展的基础产业，就是说有农业的基础，工业才能进一步很快的发展，服务业才能随之有不断的进步。

　　改革开放以来，我国农业发展取得了丰硕成果，农业强、农村美、农民富的美丽乡村画卷已经在徐徐展开了。根据国家统计局数据显示，我国粮食总产量持续位列世界第一，粮食的总产量从 2015 年的 13 212 亿斤增至 2020 年的 13 390 亿斤，持续位居世界第一产量大国。全国累计建设的高标准农田，从 2017 年的 5.6 亿亩增至 2020 年的 8 亿亩。农业科技进步效率进步率 2020 年达到 60% 以上。农村卫生厕所普及率超过 68%、垃圾处理体系行政村覆盖率超过 90%，农村公路总里程达到 420 万公里，农民的可支配收入年年增长，从 2010 年到 2020 年 10 年的时间已经同比增长了 173.1%，农村居民可支配收入从 6 272 元增长到了 17 131 元。在数字时代，农村的网络体系，包括网络销售也有了爆炸式增长，达到了 1.7 万亿元的销售空间。

我国政府对农业的发展非常重视，连续 18 年中央 1 号文件都关注"三农"问题，特别是在 2018 年，党的十九大正式提出了乡村振兴战略总方针：产业兴旺、生态宜居、乡风文明、治理有效、生活富裕。乡村振兴战略给"三农"领域工作提供了极其重要的政策支持与目标指导。目前，国民经济和社会发展第十四个五年规划已开始实施，"十四五"期间明确提出了要优先发展农业农村，全面推进乡村振兴战略。而推动农业发展的思路是加快现代产业体系建设，推动经济体系优化升级。

3.1 农业发展现象分析

中国人口占世界总人口的五分之一，在过去几十年的经济和社会转型过程中，中国农业在提高农产品产量和满足人民多样化产品需求方面取得了显著成绩，对世界农产品市场的影响也逐步增强。尽管中国对涉及粮食安全的重要农产品一直坚持自给自足的政策，但自 2001 年加入 WTO 以来，油籽、奶制品、玉米、食糖、棉花等主要农产品的进口量大幅增加，食品零售价格自 2000 年以来明显上扬。数据显示，中国农产品需求将持续强劲增长，特别是人均热量和蛋白质的消费与高收入经济体之间的差距不断缩小。但受土地、水资源以及农村劳动力水平等情况制约，国内供给面临着很大的挑战。"十二五"规划的农业发展目标以及政策都有意识地向农业部门倾斜，一定程度上为国家粮食安全与农产品有效供给提供了重要保障。

农业发展取得了诸多方面的成就，农村、消费和经济格局快速变化，但农业土地和水资源也日趋匮乏。中国的农业产业化经营还处在初级阶段，客观上仍然存在很多问题，如农业经营分散且规模较小、加工层次低、产品不达标、农业科技含量低、信息化水平低等。同时，我们也注意不同性质资本对农业领域的关注，虽然它们的关注点存在差异，但借助资本的力量完成整体行业的转型和升级是业界共同的期望。

3.1.1 资源约束性大，规模化程度低

整体来说，中国农业资源紧缺，农业土地面积和水资源供应不足。近几年，随着全国城镇化大规模推进，大量的农田耕地被转为工业和住宅用地，

同时，城镇化推进下大量农村人口进入城市，工业生产吸收了大量农业劳动力，间接导致了农业生产劳动力资源的减少。相信随着经济发展和城镇化进程的推进，农村劳动力资源将进一步紧缩。除了土地、人口等生产资源的约束性逐渐加强外，由极端气候、自然灾害和禽畜疫情等因素引起的农业生产的风险性和波动性近年来也逐渐增加。全球气候变暖，气候变化幅度加大、不稳定因素增加，导致极端气候灾害频繁发生且危害强度加剧，给中国农业带来极大挑战。在全国范围内极端降水、暴雨洪涝等自然灾害发生频率增加，而中国农田基础设施普遍发展不足，灌溉、排水等水利设施尚不完善，难以抵御恶劣天气造成的自然灾害，这就凸显了农业的弱质性特征。此外，最近几年，中国的畜牧养殖业受到疫情影响也特别严重，尤其是家禽养殖业，多次受到禽流感疫情影响，行业产量以及出口量都受到了严重冲击。2019年的猪流感疫情使中国的养猪业遭受巨大损失，这也增加了未来中国家禽养殖业发展的风险。

中国种植业规模化程度和劳动生产率偏低，这主要是由人均耕地面积狭小且分散造成的。由于现有农地资源和规模的限制，大大拉低了中国农产品人均产值的水平。

在畜牧养殖方面，分散养殖和产出率低下的问题同样存在。由于散户饲养集约化程度低，缺乏统一的监控标准和手段，这种情况不仅无法保证市场供应，一定程度上也加剧了整体中国市场食品安全的隐患。

同时，长期以来较低的规模化程度也直接导致了农业生产环节利润水平持续低下问题。农业领域进入门槛较低，绝大多数农业生产者分散而力量薄弱，并不具备产业链的议价能力。此外，原材料、农资产品价格普涨，化肥、棚膜、柴油的价格在过去几年里都有比较明显的上涨，推高了农业生产成本。但由于农产品的民生属性，政府对终端农产品的价格增长采取调控措施，对农业整体的利润水平产生了一定的负面影响。同时，中国农产品加工比重低，加工技术落后，产品在加工过程中增值不大，因而也影响了其进入超市销售的比重。

3.1.2 生产环境和食品安全引发广泛担忧

过去几十年中，中国农业发展取得了长足进步，但是在获得较大发展的同时，农业环境却不断恶化，生态系统遭到越来越严重的破坏，农业的整体健康和可持续发展受到严重威胁。在农业资源方面，由于中国地形复杂加上开发过程中生态保护意识差，水土流失现象严重。农业用地被过度使用、无序开发，耕地土壤受到严重破坏，质量呈现退化趋势，有的甚至丧失了农业耕种价值。在生物资源方面，不合理的农业生产安排使物种多样性遭到破坏。随着中国经济社会的持续发展和人口的不断增长，农产品的市场需求与资源不足的矛盾日益突出；再加上全社会对保护生物资源的重要性认识不足，还没有形成广泛的社会共识，从业者对野生动植物资源过度乃至掠夺式开发现象普遍存在。渔业资源过度捕捞现象尤其突出，中国鱼类资源存量近年来急速下降。森林资源过度开发，也导致大量野生生物栖息地消失，一些物种濒临灭绝，生物多样性受到严重破坏。生物资源的严重衰退对农业的可持续发展影响巨大，使国家生态安全受到严重威胁。

除此之外，农业污染量占到全国总污染量的1/27~1/3，农业污染问题也日益突出。一方面，农村居民生活和工农业生产污染物排放逐年增加，废弃物处理不及时不彻底，严重影响了农业生态系统的健康。目前全国有1/6的耕地受到重金属污染；另一方面，有的从业者为追求高产量，在农业生产时使用过量的化肥农药，导致严重的农用化肥污染、农药残留污染问题，使得农产品和食品质量下降，从根本上威胁着食品安全，危害消费者健康。农产品污染不仅会对居民的健康产生巨大影响，同时也使农产品出口贸易受阻，降低中国农业的国际竞争力，造成农产品出口不畅。近年来，中国出口的农产品屡屡因为农药残留超标被退回，造成了不良的国际影响。欧盟、日本等地区和国家分别针对中国出口的农产品提高了进口要求，强化了对农产品和食品安全的检验检疫，针对中国农产品准入的国际绿色壁垒日益增高。

目前,中国的食品安全事件进入多发期,地沟油、苏丹红、毒奶粉、镉大米等食品安全问题层出不穷,涉及领域广泛,关系到农业种植、农产品和食品加工及流通等各个环节。食品安全危机的日益凸显,一方面是由于居民生活水平的提高,居民食品安全意识逐渐加强,对食品质量的要求及关注度增加,追求高质量、无公害、无污染、安全健康的食品;另一方面,快速增长的消费需求推动了农产品、食品生产和加工业的高速发展,而食品安全监管却由于生产条件的限制、检测技术的落后、监管系统的不完善以及惩治机制的不严格等因素,缺乏有效的消费者保护机制,一些食品安全问题经由媒体的报道,引发了全社会范围内民众对食品安全问题的失望和不满。

3.1.3 产量稳定增长,需求持续旺盛

自改革开放以来,虽然中国农业产量普遍保持了高速增长,但面临人均农业资源相对有限、国际粮食和能源价格上涨、气候变化环境污染问题加剧等困境,中国通过发展国民经济、加大政策支持力度、增加农业投资等方式保证了近几年粮食产量的稳步增长,基本上维持了粮食的自给自足。

中国农作物和农产品产量的高速增长得益于国家在农业领域持续大力的投资,在大量投资的支持下,现代农业生产体系得以逐步完善,中国的农业机械化程度提高了7倍多,灌溉与水利等基础设施条件有了显著的改善。现代农业技术和一些高新技术的普遍应用,解决了生产难题,优化了生产流程,有效地提高了生产效率,促进了农业领域的可持续发展,提升了资源利用率。

近年来,随着中国经济的不断发展和居民收入水平的不断提高,国内农产品需求持续旺盛,农产品消费量增速明显,增长势头强劲。人口增长是推动农产品需求增长的最基本和最重要因素。尽管中国人口年均增长速度近年来有所回落,但是由于人口基数大,生育政策变化,每年的人口增量依然很大。人口增长导致的农产品需求增长是刚性的,长期以来一直影响着中国粮食及其他

农产品的供求关系，表现为农产品总体消费规模不断增长。而除了人口因素外，居民收入水平的上升也是导致农产品消费总量持续扩张的重要因素之一。近年来，随着中国经济实力的提升，城乡居民收入水平不断提高，消费能力不断增强，以食物为代表的农产品整体需求被不断推高。

在农产品消费总量扩张的同时，消费结构也发生着快速变化。随着经济社会发展和中等收入人群比例增大，居民消费的农产品更多样化，对加工食品以及其他高价值产品的需求增长加快，更具营养和附加价值的高消费层次农产品将进一步替代低消费层次的初级农产品。同时，国内消费者对于一些非中国传统食品（如松露、鱼子酱等）的需求也随着生活水平的上升逐渐增强，此类食品的需求弹性较大，但是增长趋势却不明显。

3.1.4 贸易逆差扩大，对外依赖度增强，而出口面临严重挑战

我国自 2001 年加入 WTO 以来，在坚持保证重要粮食产品自给自足的基础上，逐步开放了某些农产品市场，使得农业产品贸易额大幅增加，而随着国内生产资源约束性增强以及国内消费需求的强劲增长，近几年一些主要农产品的进口量大幅增加，进口依存度提高了一倍。同时，农业贸易依存度增加了50%。中国近年来进口剧增的主要原因之一是农产品需求的持续扩张，消费量增长普遍快于产量增长，产消不平衡加剧。同时，最近几年，异常气候频繁出现，各地自然灾害频发，耕地质量下降，耕地面积不断减少，一些农产品的总产量和单位面积产量都有所下滑，进一步加剧了供求紧张局势。根据世界粮农组织对未来 10 年中国农产品消费和供给的预测，大部分农产品的供给速度将低于需求速度，因此将进一步加大中国的农产品对外依赖程度。

此外，随着中国农产品市场的逐步开放，国内农产品面临低价进口产品的冲击。国内外农产品差价近几年急剧增大，部分农产品的国内价格远远高于国际价格。价格劣势导致国内农产品的竞争力不强，大量消费依赖进口。农产品价格过高是由下列多种因素导致的。

（1）中国农业生产成本较高，生产效率低下，许多现代化农业技术的普及度较低，加之近年来劳动力成本的明显上升，导致很多农民和农产品生产厂家不得不提高价格以减免亏损。国家为了稳定物价保障农民生活，对众多农产品进行高价收购和财政补贴，导致价格扭曲，使得农产品价格维持在过高的水平。

（2）人民币近年来升值压力较大，汇率持续上浮，进一步增强了进口产品的价格优势。

（3）较低的农业产业化和集约化水平制约了农产品出口，我国农产品组织化程度低，缺乏龙头企业。众多中小企业市场开拓能力弱，信息渠道不畅，诚信意识、质量意识不高。

（4）出口农产品竞争力弱，虽然近年来我国农产品对外贸易快速发展，但贸易逆差日趋扩大，农产品出口额在总出口中比重略有下降，进口比重却不断上升，农产品对外贸易竞争力显现下降趋势。

（5）农产品出口企业抗风险能力差，从企业角度来看，我国农产品对外贸易缺乏国际营销理念和经验，缺乏对国际贸易规则的深入研究，不善于运用合法手段保护自身利益，抗风险能力差。具体表现是多数国内企业在遭到进口国反倾销投诉时放弃应诉权力，拱手让出苦心经营的市场，造成巨大的利益损害，中国企业不应诉或应诉不力，给国外同行造成可趁之机。因此针对中国农产品的反倾销案件呈不断增加的态势。

（6）贸易壁垒越来越高，农产品出口难度大。随着我国农产品贸易的快速发展，农产品出口面临着越来越多的障碍，从反倾销、保障措施、特别保障措施等贸易救济措施，到检验检疫、技术标准、认证程序、进口配额管理制度等贸易壁垒，贸易摩擦涉及的农产品范围日趋扩大。由于不同国家技术进步程度不同和消费者喜好的差异性，其所制定的技术壁垒形式也不同。从目前技术性贸易壁垒发展趋势来看，发达国家贸易保护主义抬头，因此，有强化技术性壁垒的倾向。

除了需求规模扩张和价格优势丧失之外，消费结构的变化也推动了农产品的进口增长。随着城乡居民收入水平的不断提升，中产阶级力量不断扩大，消费能力不断增强，人们对高层次、高质量的食品和农产品的需求不断增加，这其中包括非中国传统类食品如黄油、奶酪、培根等产品的消费需求激增，由于这类产品的国内生产规模较小、生产能力较差，所以大量消费依赖于进口。同时，近年来，由于食品安全隐患问题越来越严重，公众对于国内产品质量和安全的信任度下降，导致进口产品市场份额增加，需求量增大。

3.2 农业产业发展过程中存在的问题

中国社会生产方式的变革，是农业产业布局变化的主要决定性因素。以社会生产方式的发展演变为依据，可以概括地将中国农业产业布局演变过程分为以下两个阶段四个时期：第一阶段，旧中国的农业产业布局，它又分为1840年以前漫长的封建经济时期和1840—1949年半封建半殖民地经济时期；第二阶段，新中国的农业产业布局，它分为1949—1980年和1981年到现在两个时期。公元前8世纪之前，中国农业产业分布分散，总体上呈均匀分布状态，基本上没有产业集聚；至12世纪，农业产业集聚开始得到发展，但直到1840年，农业产业集聚程度还很低，且农业产业布局呈小面状分布特点。至1949年，虽然农业产业集聚度仍不高，但农业产业布局开始呈现出典型的面状分布特点。到1980年，农业产业集聚程度进一步提高，农业产业布局仍呈现出典型的面状分布特点。1981年以来，农业产业集聚发展迅速，农业产业也开始出现与其他产业融合发展的趋势。虽然在一些经济发达地区农业产业开始出现一些分散倾向，但农业产业集聚仍是主流，面状分布的农业产业布局特点没有根本改变。

农业产业发展的空间布局促进了我国农业产业的发展，但随着外部市场、技术条件等因素的变化，我国农业产业发展中的一些问题也逐渐显露出来，突出表现在以下几个方面。

（1）农业种植效率低、标准程度低。中国目前农产品特别是种植好的农产品大多来自小户农民和规模较小的企业，规模化程度低，对于各种农业技术的运用较少，使得农业产业化的发展滞后，农业产业标准难以制定实施。农业生产受季节性气候、虫害影响大。目前的农业种植智慧化程度仍较低，灾害监测预警信息化程度不足。

（2）农业产业中科技应用不高。在某种程度上说，现阶段我国高新技术产业的发展水平，决定着我国农业产业横向融合的发展水平。20世纪80年代以来，伴随着高新技术的发展，我国农业产业开始出现横向融合，产生了精确农业、工厂化农业、分子农业、太空农业等，增加了农业产业的横向增值机会，但由于受到体制、资金、技术、人才等方面的制约，我国的农业产业横向融合仍处于起步阶段，技术与产业处于脱节状态，产业与技术"两张皮"如何融合到一起，这是需要持续突破的问题，分子农业、快速农业、白色农业、蓝色农业等高科技农业仍有很大的发展空间。

（3）农村基础设施不完善。当前农村网络与物流体系建设仍不完善。一方面，农业用网需求尚未得到满足，农产品产地商品化处理能力和设施使用效率较低；另一方面，农村快递物流还未铺设完全，生鲜冷链运输体系不完善，一定程度上制约了农产品走出去。

（4）农业生产与市场信息不对称。目前农村互联网普及程度仍不够，农民种植与市场需求相互割裂，产销对接容易出现问题，往往会导致"双柠檬市场"的困境：农户无法获取相应的市场信息，导致小农户与大市场之间脱节，菜贱伤农；消费者无法获取优质农产品的信息，优质优价的农产品无法有效投放到餐桌上。信息的不对称，导致劣币驱逐良币的现象发生。农业的产业链条实际上非常复杂、冗长，商品在流通过程中经过产业链中的每一道环节无形中增加了销售成本，从而增加了产业链成本，降低产业链流通效率，增加了整个农业产业链条的风险。

（5）农业产业集群处于初级阶段，集群水平还不高。由于农业产业集群受到资源、市场、区位、技术、环境、政策等诸多因素的影响，在我国独特的自然资源和区位、不太成熟的市场、相对落后的农业技术、社会主义市场经济体制下的政府制度安排等因素的共同作用下，使改革开放以后我国形成了水稻、小麦、玉米和大豆四大粮食作物九大农业产业区的农业产业空间布局，但就整个农业产业集群发展阶段来看，我国的农业产业集群还处于产业集群的初级阶段，农业生产优势区域的规模化、专业化、市场化和产业化水平还比较低。主要表现在：农业产业基地集聚种植已经初步形成，但规模还不大；农作物大部分以未加工的形式直接进行销售，附加值还比较低；粮食、棉花、油料、糖料、水果、肉类、鱼类等优势农产品生产集聚得到加强，但产业集中度仍不高，农业产业带影响力不大；农业产业集群发展很不平衡，相比较而言，沿海发达地区农业产业集群发展较快，内地粮食主产区农业产业集群发展明显滞后，西部偏远地区农业产业集群发展差距更大。

（6）农业一二三产业融合仍有不小的发展空间。虽然我国农业产、加、销、融，以及农、文、旅、教等环节融合持续进行，农业上、中、下游开始进行业务关联，从生产、加工、储运到市场的产业链基本形成，但是生产环节比重依旧很大，加工类、仓储物流类企业规模小、数量少。另外，农业产业链中的各个环节联系松散，未能形成产业的集聚效应，无法形成高效的协同合作态势，产业对外抵抗风险能力不强，产业发展的价值体系依旧处在初级阶段。农业产业化发展过程中，一二三产业融合是将农业产业从低价值拉伸到高价值发展阶段的必经之路。

（7）农业产业化经营主体带动性不强。农业产业化发展过程中，农业经营主体是推动农业产业化发展的重要角色，包括大户、家庭农场、专业合作社、农业企业和产业化联合体等，经营主体带动产业发展已经成为各地区推动产业升级的主要方法之一，但是，经营主体与产业增值的关联关系，即利益联结机制的设计还存在很大的问题。同时，我国农业产业化龙头企业、中介组织等虽不断发展，但普遍存在实力弱小、规模数量小、自身发展情况差导致辐射带动能力不足的问题，与现代农业发展的要求依旧存在差距。另外，从政策体系上对经营主体的支撑不到位，严重影响了经营主体的发展与农业产业化的发展进程。

4 我国农业产业发展的政策指引

4.1 乡村振兴战略视角

乡村振兴战略是习近平总书记 2017 年 10 月 18 日在党的十九大报告中提出的战略。十九大报告指出，农业农村农民问题是关系国计民生的根本性问题，必须始终把解决好"三农"问题作为全党工作的重中之重，实施乡村振兴战略。

2018 年 1 月 2 日，国务院公布了 2018 年中央 1 号文件，即《中共中央、国务院关于实施乡村振兴战略的意见》。2018 年 3 月 5 日，国务院总理李克强在《政府工作报告》中讲到，要大力实施乡村振兴战略。2018 年 5 月 31 日，中共中央政治局召开会议，审议《乡村振兴战略规划（2018—2022年)》。2018 年 9 月，中共中央、国务院印发了《乡村振兴战略规划（2018—2022 年)》，并发出通知，要求各地区各部门结合实际认真贯彻落实。乡村振兴的总要求：产业兴旺、生态宜居、乡风文明、治理有效、生活富裕。其中，实现乡村"产业兴旺"，是乡村振兴的核心，也是我国经济建设的核心。现阶段农村发展落后，资源分布极不均匀，收入低直接导致农民背井离乡，外出打工，村里只留下空巢老人和留守儿童，村子自然就演变成"空心村"。唯有乡村产业兴旺，才能从根本上解决农村的社会问题，走上可持续发展的道路。

在乡村振兴战略的 20 字总要求中，产业兴旺居第一位。产业振兴是振兴一切的基础，按照 2018 年中央 1 号文件要求，农业高质量发展要构建现代农业的产业体系、生产体系、经营体系，三大体系彼此联结、相生相伴，共同构成现代农业的体系支撑。

4.1.1 产业体系拓展，农村一二三产业融合

做强一产、做优二产、做活三产，推动农业由平面扩张向立体拓展，形成资源有效利用、功能充分发挥的现代农业产业体系。产业体系拓展的压力来自农业效益倒逼。近年来，受国际大宗农产品价格下行影响，国内农产品价格持续走低；同时，农机作业费用、生产资料价格上涨，人工费用、土地租金上升。很多农民感受到，成本"地板"和价格"天花板"的双向挤压越来越重，大路货不好销了，通过产业体系拓展来提高农业效益的需求十分迫切。因此要顺应农业功能转变要求，做强现代农业的产业体系。产业体系聚焦农村各产业的产业布局和总体架构，主要涉及"生产哪些产品"和"承载哪些功能"。当前要农牧渔结合、种养加循环，一二三产融合，按照"做强一产、做优二产、做活三产"的原则，推动农业由平面扩张向立体拓展，形成资源有效利用、功能充分发挥的现代农业产业体系。

4.1.2 生产体系调优，双新双创

农业具有明显的"周期性"特征，动植物的生长需要一定的周期，现代农业生产体系建设，要能够抗"周期性"，通过现代化的农业科技服务手段，优化生产方式，改造农业，提升产能。特别是通过"互联网+"等数字科技的使用，进一步促进农业供给侧结构性改革，激活要素、市场和主体，通过生产体系作为基础流激活农业产业发展的内生动力。

4.1.3 经营体系放活，小农转型

经营体系聚焦主体及其经营方式，事关"谁来生产"和"怎么组织生产"，是产业兴旺的组织支撑。长期以来，农业效益低被认为与经营分散密切相关。一是规模小，二是经营主体能力不强。如何实现小农户与现代农业发展有机衔接？自2016年起，国家着力推动土地流转发展适度规模经营，构建起

新型农业经营体系。小农经济的农业经营方式在发生变化，家家种地、户户养猪正成为历史，种养大户、家庭农场、合作社、农业企业等新型经营主体大量涌现。要推动乡村产业振兴，紧紧围绕发展现代农业，围绕农村一二三产业融合发展，构建乡村产业体系。农业产业化龙头企业对于推动农业产业化和现代化、带动农民群众致富增收具有重要的作用。

综上，按照党的十九大提出的决胜全面建成小康社会、分两个阶段实现第二个百年奋斗目标的战略安排，中央农村工作会议明确了实施乡村振兴战略的目标任务：到 2020 年，乡村振兴取得重要进展，制度框架和政策体系基本形成；到 2035 年，乡村振兴取得决定性进展，农业农村现代化基本实现；到 2050 年，乡村全面振兴，农业强、农村美、农民富全面实现。从实施乡村振兴战略"三步走"时间表来看，基本实现农业农村现代化是乡村振兴的具体目标，是当前时期阶段的农业产业发展重点。可围绕产业体系拓展，农村一二三产业融合；生产体系调优，双新双创；经营体系放活，小农转型，通过生产体系、产业体系和经营体系的协同发展，以农业高质量发展为目标，以产业兴旺为抓手，促进推动乡村振兴战略的落地。

4.2　现代农业发展视角

农业经济学和发展经济学根据农业发展对生产要素的依赖程度不同、生产采用的技术手段和工具不同、生产的组织方式不同，把农业发展划分为传统农业发展阶段、农业现代化发展阶段和现代农业发展阶段。

现代农业是在现代工业和现代科学技术基础上发展起来的农业，是萌发于资本主义工业化时期，而在第二次世界大战以后才形成的发达农业。其主要特征是广泛地运用现代科学技术，由顺应自然变为自觉地利用自然和改造自然，由凭借传统经验变为依靠科学，成为科学化的农业，使其建立在植物学、动物学、化学、物理学等科学高度发展的基础上；把工业部门生产的大量物质和能量投入到农业生产中，以换取大量农产品，成为工业化的农业；农业生产走上了区域化、专业化的道路，由自然经济变为高度发达的商品经济，成为商品化、社会化的农业。作为发展经济学概念的现代农业指智慧农业，是与工业4.0或后工业时代对称的农业现代化。现代农业不同于农业产业化，也不同于农业工业化，而是智慧农业，是以智慧经济为主导、大健康产业为核心的自动化、个性化、艺术化、生态化、规模化、精准化农业。

现代农业是健康农业、有机农业、绿色农业、循环农业、再生农业、观光农业的统一，是田园综合体和新型城镇化的统一，是农业、农村、农民现代化的统一。现代农业是现代产业体系的基础。我国农村一二三产业融合发展正处于由起步阶段向加速阶段迈进的关键时期，在促进农业增效、农民增收、农村繁荣方面的作用和效果日益显现，但仍面临不少问题和挑战。比如，农户与新型经营主体之间的利益联结机制还不够紧密，农户不能充分分享二、三产业增值收益；产业融合发展层次仍然不高，不少农村产业融合企业数量小而散，农产品加工深度不足，产品质量和档次有待提高，产品品牌竞争力不强。

国家发改委、农业农村部、财政部等相关部门陆续出台了多个推动现代农业发展的政策，大力推进现代农业发展建设。主要的政策性文件有：

（1）《关于全面深化农村改革加快推进农业现代化若干意见有关政策措施分工的通知》；

（2）《关于印发全国现代农作物产业发展规划（2012—2020年）的通知》；

（3）《关于支持农业产业化龙头企业发展的意见》；

（4）《关于推进农村一二三产业融合发展的指导意见》；

（5）《关于落实中共中央、国务院关于积极发展现代农业扎实推进社会主义新农村建设的若干意见有关政策措施的通知》；

（6）《关于落实中共中央、国务院关于加快发展现代农业进一步增强农村发展活力若干意见有关政策措施的通知》；

（7）《中共中央、国务院关于积极发展现代农业扎实推进社会主义新农村建设的若干意见》；

（8）《关于选择部分国家现代农业示范区开展农业改革与建设试点的通知》；

（9）《关于印发〈"互联网+"现代农业三年行动实施方案〉的通知》；

（10）《关于开展国家现代农业产业园创建工作的通知》；

（11）《关于创新农业社会化服务加快农垦现代农业建设的指导意见》；

（12）《关于认定第三批国家现代农业示范区的通知》。

4.3 数字经济战略视角

现代农业的发展是农业一二三产聚合的发展，产业贯通和链接、产业上下游的信息对称离不开数字化手段，数字与产业融合不仅提高了生产效能，更衍生出了新的经营模式。

当前，全球经济越来越呈现数字化特征，人类社会正在进入以数字化生产力为主要标志的新阶段。党中央、国务院高度重视数字经济发展。习近平总书记多次强调，要构建以数据为关键要素的数字经济，在创新、协调、绿色、开放、共享的新发展理念指引下，推进数字产业化、产业数字化，引导数字经济和实体经济深度融合。李克强总理指出，要壮大数字经济，坚持包容审慎监管，支持新业态新模式发展，促进平台经济、共享经济健康成长。党的十八大以来，我国数字经济蓬勃发展。数字技术已作为新一轮技术革命和产业变革的重点方向，数字转型为培育经济增长新动能提供重要引擎，数字经济成为构建现代化经济体系的重要内容。据有关机构测算，近三年我国数字经济总量年均增长达 20%。

数字乡村是伴随网络化、信息化和数字化在农业农村经济社会发展中的应用，以及农民现代信息技能的提高而内生的农业农村现代化发展和转型进程，既是乡村振兴的战略方向，也是建设数字中国的重要内容。为贯彻落实《中共中央、国务院关于实施乡村振兴战略的意见》《乡村振兴战略规划（2018 — 2022 年）》和《国家信息化发展战略纲要》，中共中央办公厅、国务院办公厅于 2019 年 5 月印发《数字乡村发展战略纲要》，明确提出实施数字乡村战略的十项重点任务，其中指出要大力发展农村数字经济，夯实数字农业基础，推进农业数字化转型，创新农村流通服务体系，积极发展乡村新业态。

目前，我国数字农业农村发展总体滞后，面临诸多挑战。发展基础薄弱，数据资源分散，重要农产品全产业链大数据、农业农村基础数据资源体系建设刚刚起步。数字产业化滞后，数据整合共享不充分、开发利用不足，数字经济在农业中的占比远低于工业和服务业，成为数字中国建设的突出短板。农村数字基础虽有不足，但未来潜力巨大，将对促进农村改革发展产生重大影响。

首先，数字经济可以推进乡村产业质量变革。这有赖于夯实数字农业基础，构建和完善卫星、航空、地面无线传感器等"天空地"一体化的数据采集系统，加快建设农业农村数字资源体系。另一方面，也有赖于推进农业数字化转型，包括加快推广云计算、大数据、物联网、人工智能在农业生产经营管理中的运用，促进新一代信息技术与种植业、种业、畜牧业、渔业等全面深度融合应用，从而加速一二三产业融合，让农民合理分享全产业链增值的收益。其次，数字经济可以推进农村经济效率变革。长期以来，农产品多依靠农贸市场解决渠道问题，但随着拼多多等新型电商出现，人们拥有了不受时间和地域限制的"24小时市场"。而且通过凝聚需求，农民更清楚该生产什么。小农户对接大市场，不仅有利于创新农村流通服务体系，也有利于培育一批叫得响、质量优、特色显的农村电商产品品牌。此外，借助互联网，创意农业、认养农业、观光农业等新业态也在不断吸引人们前来。

综上所述，"十四五"时期是推进农业农村数字化的重要战略机遇期，农业产业的发展应顺应时代趋势、把握发展机遇，加快数字技术推广应用，大力提升数字化生产力，抢占数字农业农村制高点，推动农业高质量发展和乡村全面振兴。

4.4　农业产业互联网视角

产业互联网是互联网、大数据、人工智能与实体经济深度融合的产物，是数字经济发展的高级阶段，欧美发达国家纷纷把发展产业互联网作为重塑数字经济时代国家竞争力的战略举措。农业产业互联网是产业互联网在农业领域的深度应用。

习近平总书记从战略的高度，提出要"推动产业数字化，利用互联网新技术新应用对传统产业进行全方位、全角度、全链条的改造"。国家发展改革委和中央网信办等部门十分重视产业互联网发展。于 2019 年 10 月联合发布的《国家数字经济创新发展试验区实施方案》要求"以产业互联网平台、公共性服务平台等作为产业数字化的主要载体"。2020 年 4 月又联合印发文件，把"构建多层联动的产业互联网平台"作为推进"上云用数赋智"行动的主要方向。产业互联网具有连接类型多样、行业应用广泛、流程再造深度等特点，日益成为经济增长的重要驱动力，在提高现有产业劳动生产率、培育新市场和产业新增长点、实现包容性增长和可持续增长中发挥着重要作用。加快发展产业互联网，是我国经济高质量发展的必由之路，也是应对新冠肺炎疫情冲击的现实之需。国家将产业互联网放在新一轮科技革命和产业变革的历史大潮中来谋划，从引领产业未来发展的战略高度来重点推进，加快制定实施产业互联网国家战略，推进农业产业互联网化步伐。农业产业互联网的相关的政策主要有如下几方面内容。

（1）关于供给侧结构性改革政策。2015 年 11 月中央经济会议提出"当前我国农业面临的主要矛盾已经由总量不足转变为结构性矛盾，突出表现为阶段性，结构性供过于求和供给不足并存，主要矛盾在供给侧"，这是中央首次提出农业发展的供给侧结构性改革方向。2016、2017年中央各文件一再传达农业要实施供给侧结构性改革的导向，2018年提出深化供给侧结构性改革。

（2）关于"产业互联网"。2018年《政府工作报告》明确指出，推进农业供给侧结构性改革。培育新型经营主体，加强面向小农户的社会化服务。发展"互联网＋农业"，多渠道增加农民收入，促进农村一二三产业融合发展。2020年4月7日，国家发展改革委联合中央网信办印发《关于推进"上云用数赋智"行动 培育新经济实施方案》的通知，提出进一步加快产业数字化转型，培育新经济发展，助力构建现代化产业体系。《方案》指出，要构建多层联动的产业互联网平台，培育企业技术中心、产业创新中心和创新服务综合体；引导平台企业、行业龙头企业整合开放资源，鼓励以区域、行业、园区为整体，共建数字化技术及解决方案社区，构建产业互联网平台，为中小微企业数字化转型赋能。

（3）关于数字农业建设。2018年6月27日，国务院常务会议强调，推进农产品全产业链大数据建设，使互联网成为助力农村一二三产业融合发展的重要设施。

（4）农产品质量安全政策。农业农村部把2018年确定为农业质量年。李克强总理在十三届全国人大一次会议上作《政府工作报告》时再次强调，要大力实施乡村振兴战略，依靠改革创新壮大乡村发展新动能。从适应我国社会主要矛盾变化、适应我国经济转向高质量发展阶段需要、适应我国农业农村发展阶段性特征来看，实施乡村振兴战略，产业兴旺是基础，促进农业高质量发展，关键是要把质量兴农、绿色兴农、品牌强农作为核心任务，推动提高农业供给体系质量和效率。

（5）关于农业产业扶贫政策。2018年6月15日，《中共中央国务院关于打赢脱贫攻坚战三年行动的指导意见》文件指出："将贫困地区特色农业项目优先列入优势特色农业提质增效行动计划，加大扶持力度，建设一批特色种植养殖基地和良种繁育基地。支持有条件的贫困县创办一二三产业融合发展扶贫产业园。组织国家级龙头企业与贫困县合作创建绿色食品、有机农产品原料标准化基地。推动批发市场、电商企业、大型超市等市场主体与贫困村建立长期稳定的产销关系，完善新型农业经营主体与贫困户联动发展的利益联结机制，推广股份合作、订单帮扶、生产托管等有效做法，实现贫困户与现代农业发展有机衔接。"2018年9月27日，《财政部贯彻落实实施乡村振兴战略的意见》文件指出："支持深化农业供给侧结构性改革。统筹考虑区域生产力布局和市场化导向，支持调整优化农业结构，加快构建粮经饲统筹、种养加一体、农牧渔结合的现代农业结构。稳步推进国家现代农业产业园创建，打造质量兴农的引领示范平台。支持实施产业兴村强县行动，促进农村一二三产业深度融合。"

（6）关于国家农业产业园的规划和政策。2018年9月26日，中共中央国务院印发《乡村振兴战略规划（2018—2022年）》，提出要打造新载体新模式，指出："依托现代农业产业园、农业科技园区、农产品加工园、农村产业融合发展示范园等，打造农村产业融合发展的平台载体，促进农业内部融合、延伸农业产业链、拓展农业多种功能、发展农业新型业态等多模式融合发展。加快培育农商产业联盟、农业产业化联合体等新型产业链主体，打造一批产加销一体的全产业链企业集群。"2018年9月30日，《农业农村部关于印发〈乡村振兴科技支撑行动实施方案〉的通知》指出，要打造1 000个乡村振兴科技引领示范村（镇），"依托国家现代农业示范区等，建设一批推动我国农村产业兴旺的科技引领示范村（镇）。依托国家现代农业产业园、国家现代农业示范区等区域发展中心，以现代产业发展理念为指导，坚持城乡统筹，立足区域优势特色产业，以规模化种养基地依托、产业化龙头企业带动、现代生产要素聚集为重点，以集约化高效生产、智能化设施装备、绿色化精深加工等重大关键技术为核心，发展农业产业化联合体，推进区域乡村主导产业全产业链开发和一二三产业融合发展，充分发挥科技引领示范作用，推进农业由增产导向转向提质导向，实现农业农村发展动能转换，打造一批产业特色鲜明、设施装备先进、生产方式绿色、经济效益显著、辐射带动有力的现代农业科技引领示范村（镇）"。

（7）关于农业产业服务的规划和政策。2017年8月，农业部、发改委和财政部联合印发了《关于加快发展农业生产性服务业的指导意见》，鼓励农产品批发市场积极提供农产品预选分级、加工配送、包装仓储、信息服务、标准化交易、电子结算、检验检测等服务。完善农产品物流服务，推进农超对接、农社对接，利用农业展会开展多种形式的产销衔接，拓宽农产品流通渠道。积极发展农产品电子商务，鼓励网上购销对接等多种交易方式，促进农产品流通线上线下有机结合。鼓励具有资质的服务组织开展农产品质量安全检验检测，推动农产品质量安全检测结果互认，为生产者和消费者提供准确、快捷的检测服务。推动基层农产品质量安全监管机构提供追溯服务，指导生产经营主体开展主体注册、信息采集、产品赋码、扫码交易、开具食用农产品合格证等业务。引导龙头企业通过基地建设和订单方式为农户提供全程服务，发挥其服务带动作用。搭建统一高效、互联互通的信息服务平台，加快建设和汇集各类农业重要基础性信息系统，为农户和生产主体提供农产品生产状况、市场供求走势、资源环境变化、动植物疫病防控、产品质量安全以及服务组织资信等信息服务。

4.5　农业全产业链培育视角

2021 年 5 月，农业农村部在河南省漯河市召开全国农业全产业链建设现场推进会，会议强调，要深入学习贯彻习近平总书记关于发展乡村产业，特别是延长粮食产业链、提升价值链、打造供应链的重要指示精神，加快农业全产业链培育发展，为全面推进乡村振兴、加快农业农村现代化提供有力支撑。随后，农业农村部发布《关于加快农业全产业链培育发展的指导意见》（以下简称《意见》），《意见》旨在加快培育发展农业全产业链，指出以习近平新时代中国特色社会主义思想为指导，全面贯彻党的十九大和十九届二中、三中、四中、五中全会精神，深入贯彻新发展理念，紧紧围绕"保供固安全、振兴畅循环"，以完善利益联结机制为纽带，推进延链、补链、壮链、优链，从抓生产到抓链条、从抓产品到抓产业、从抓环节到抓体系转变，贯通产加销、融合农文旅，拓展乡村多种功能，拓展产业增值增效空间，打造一批创新能力强、产业链条全、绿色底色足、安全可控、联农带农紧的农业全产业链，为乡村全面振兴和农业农村现代化提供支撑。

《意见》中提出农业全产业链是农业研发、生产、加工、储运、销售、品牌、体验、消费、服务等环节和主体紧密关联、有效衔接、耦合配套、协同发展的有机整体。近年来，我国农业全产业链发展加快，但仍存在不少短板和薄弱环节。到 2025 年，农业全产业链标准体系将更加健全，农业全产业链价值占县域生产总值的比重实现较大幅度提高，乡村产业链供应链现代化水平明显提升，现代农业产业体系基本形成。粮棉油糖、肉禽蛋奶等重要农产品全产业链基本建成，国内生产供应体系安全可控。果菜菌茶、水产品、特色农产品全产业链不断健全。培育一批年产值超百亿元的农业"链主"企业，打造一批全产业链价值超百亿元的典型县，发展一批省域全产业链价值超千亿元的重点链。《意见》提出的重点之一是要延伸产业链条，构建完整完备的农业全产业链，要聚焦规模化主导产业，建设标准化原料基地，发展精细化综合加工，搭建体系化物流网络，开展品牌化市场营销，推进社会化全程服务，推广绿色化发展模式，促进数字化转型升级。与此同时，要完善支撑体系，提升全产业链稳定性和竞争力，强化保障措施，促进全产业链素质整体跃升。

根据国际和国内现代农业产业体系建设的经验，推动农业与其他产业的融合，关键在于构建一个产业融合平台，并使三次产业能够在这个平台上按照现代农业产业体系发展和运行的规律进行有机的融合。因此，打造农业全产业链，是增强农业现代化发展程度与可持续发展能力的重点举措，农业一二三产业融合是农业农村现代化的基础，同时也是现代农业持续发展和解决问题的关键点。

5 农业产业互联网模型范式研究

旧石器时代，人类主要通过采集和收集自然界中可食用的东西来满足生存需要。随着发展演进，人类获取食物的方法从徒手采集到使用简易工具，再到新石器时代使用经过打磨的石头做成的工具，逐渐开始分化出种植为生的栖息部落和依靠狩猎为生的游牧部落。工具的使用让生产力得到提升，同时产生了剩余的劳动力，除了种植、狩猎等既定的劳动，剩余的劳动力开始进行手工作业，由此逐渐出现了手工业，即是二次产业的雏型。随后，劳动力的剩余越来越多，这个时候出现了一种不进行生产而仅靠"交换"生存的人，这种人就是"商人"，这个阶段是三次产业的雏型形成。一次产业、二次产业、三次产业的形成有一定的先后顺序，由此可见，我们对于第一产业、第二产业和第三产业的划分是具备科学性的。农业在不同时期起到的作用不同，人类刚刚存在的时候只有农业，随着发展演进，逐渐分化出第二产业和第三产业。在国民经济发展初期，农业起到的作用是为第二产业和第三产业提供支撑，是经济发展的底座，第二产业通常是拉动经济发展的核心动力；第三产业为第一产业和第二产业服务，第三产业往往在国民经济发展中后期带来大量的经济增长。

5.1　产业互联网在农业领域应用研究

5.1.1　产业互联网的发展背景

5.1.1.1　中国经济进入高质量发展阶段

中国经济经历近 40 年高速增长，连续跨越贫困陷阱，2019 年人均 GDP 达到 1 万美元。按照世界银行的分类，中国进入了上中等收入国家行列。学界的共识是，中国经济要继续保持发展，就要由高速增长迈向高质量可持续的发展，而面临的一个挑战是所谓的中等收入陷阱。历史上有许多国家或者经济体，在整体度过经济发展的初级阶段，进入中等收入阶段以后，经济增长失去动力，持续在中等收入阶段徘徊数十年。中国经济的体量，已经是全球第二，为世界经济增长提供了 1/3 的动能。这样一个经济体，如果陷入中等收入陷阱，对世界经济的发展当然不是好消息，对中国自己的发展、对中国人民生活水平的提高，无疑也是一个巨大的悲剧。这也是近些年来该领域的学者念兹在兹、不断研究的关键问题。大家的共识，就是创新：将经济发展由更多依靠土地、劳动力等基础要素的投入转移到依靠创新上来。日本、韩国、新加坡以及中国台湾地区等少数跨越了中等收入陷阱的经济体，其成功经验即是创新。

5.1.1.2　技术革命引起的经济范式的变迁

新技术革命和产业革命交织在一起，形成技术—经济范式的变革。技术—经济范式包括一系列相互依存的技术、产业组织、商业模式以及管理创新，这些彼此关联的因素相互影响、反馈循环、持续演进。英国苏塞克斯大学科技政策研究所（SPRU）根据创新对社会的影响程度，依次将其划分为渐进创新、重大创新、技术系统变迁以及技术—经济范式的迁移。所谓"技术—经济范式的迁移"，是指在通用技术取得关键性突破后，相互关联的"技术族群"出现大规模创新，并在各产业渗透，其影响可扩展到经济的方方面面，并最终改变社会制度结构，完成新的产业革命。

在人类产业发展的历史上，此前由技术—经济范式迁移引发的产业革命有三次：机械化革命、电气化革命和信息化革命。每次产业革命虽然发端于技术，但其影响所及，远不止技术系统的变化，更重要的是，在技术系统的支持下，整个社会的生产结构会向新的产业范式转轨。新的技术应用、新的生产关系慢慢孕育成型，并大规模地扩散，最终导致整个社会结构的变迁，并在这个过程中产生新的生产方式、新的产业结构、新的商业形态、新的社会组织方式，甚至新的社会生活形态。

第一次产业革命让人类生产摆脱了对人力和畜力的依赖，蒸汽机的发明和大规模应用，实现了生产的机械化，机器为主的现代工厂取代传统的手工工场，原材料、工厂、贸易商之间形成初步的分工和协作体系，这一体系在以纺织为代表的新兴产业得到发展和完善。第二次产业革命诞生了电力、汽车、化工新产业。电的发明和广泛应用实现了生产的电气化，同时，零部件标准化及流水线模式改变了生产组织方式，使得分工效率大大提升。大规模生产方式向其他产业扩散，带来了物质的极大丰富，社会进入消费时代。第二次产业革命形成了规模化生产、大规模同质消费的模式。第三次产业革命不仅孕育了电子信息、计算机、互联网等新产业，还构造了一个新的全球化世界，其影响延宕至今。随着计算机、通信和互联网技术的普及，产业活动得以全球分布，一方面，促使先进技术和管理方式在后发国家本地形成溢出效应，从而带动后发国家产业能力的提高；另一方面，促进产业分工的深化，使得产业价值链结构在全球呈现碎片化的网状分布，形成了全球产业你中有我、我中有你，彼此相互依存的格局。

信息化革命的结果，就是在全球形成了分布式生产、差异化消费的产业基本格局：在供给端，产业价值链在全球碎片化分布，每一个国家和地区，按照自己的资源和能力禀赋，各司其职，形成了全球价值网；在需求端，为了尽可能满足不同消费者的需求，厂商往往开始做市场细分，给身处不同发展水平国家的消费者群体提供不同的产品。

产业革命时期，一旦发生范式变迁，则新范式下的领先者不一定是原有范式的领跑者，而有可能是抢先完成范式转移的跃迁者。也就是说，在产业革命引发范式转移的历史时期，存在着不连续的、结构化的机会。究其原因，主要在于，产业革命发生时，创新要素往往是围绕需求活跃区域聚集的。产业革命虽然发端于技术，但技术落地离不开具体的市场需求与应用场景。更重要的是，几乎所有产业革命发生时，相对于原有的社会结构来讲，技术都是过剩的，市场需求因而成为稀缺资源。新技术需要市场需求的"培育"，也需要一系列面向未来的配套制度改进，才能以商业的方式，推动制度改进和产业变迁。

总而言之，技术是内嵌于已有社会结构之中的，通过企业家的创新，技术能够创造性地改变社会的生产方式，催生一系列新产品、新行业。这些新产品、新行业的诞生，必然会导致社会组织、冲突协调等产业和社会治理机制随之改进，从而从根本上推动人类社会进入新阶段。

5.1.1.3 智能化革命来袭

随着物联网、大数据、云计算和人工智能等新一代信息技术的发展，一场新的产业革命在全球初现端倪。这是一场基于智能化的产业革命，以巨大的需求规模做支撑，足够多样化的产业网络节点为基础，生产设施在社会中网状分布，产能被多个商业主体共享，从而既能大规模生产又能按需定制。最终将形成一个用新型互联网技术连接的、辐射全球的新产业网络，为全球消费者提供他们需要的产品和服务，在整个社会形成智能化生产、个性化消费的新范式。

所有国家和经济体，无论转型早晚、快慢，最终都将卷入这场产业范式变迁的大潮流中，而这次产业革命，也为后发经济体提供了一个从追赶跃迁至领先行列的机会窗口。在经济转轨的当下，我们能否把握这个历史机遇，实现产业转型升级，从而跨越中等收入陷阱，进入发达经济体行列？

中国抓住智能化产业转型的机遇，有这样几个有利条件。

首先，在这场新科技革命和产业变革到来的时候，中国刚刚完成由低收入国家向中等收入国家的转型。中国经济的产业结构比较均衡，还有全球规模最大的制造业体系。与其他国家相比，我国产业结构门类齐全、体系完整，这意味着几乎所有领域的技术创新都可以形成与中国制造能力的连接。

其次，在产业转型之前，中国已经完成了科技起飞：中国的研发强度在2000年首次超过1%，到2013年就超过2%。2018年研发经费占GDP的比重达到2.19%，是仅次于美国和日本的第三大研发投入国。如今，中国是全球研发工程师最多的国家，专利和科技论文产出一直在全球名列前茅，尽管质量和人均水平还有待提高。但这是中国产业中蕴涵的巨大的创新能力要素，这些能力要素能够发挥出来，在全球范围内寻找应用和市场，就能极大地推动中国的产业升级。

需求乃创新之本，创新的产业生态往往最容易在需求最为旺盛的地方出现。任何创新，都需要一定规模的需求做支撑，否则企业的创新投入没有回收的可能，企业就可能在创新上停滞不前。有别于成熟发达的欧美市场和相对狭小的日韩市场，中国作为一个新兴的发展中大国，各个领域巨大的市场需求，为企业新技术的孕育提供了必需的需求规模。另外，在中国市场上，不同消费者群体差异很大，不同产业主体技术水平也参差不齐，在未来一段时间都要升级，但升级导致的需求重点会有差异。中国市场上这种需求的差异性，将提供多样化的应用场景，让不同的技术方案和升级路径都可以得到探索、试验。在全球范围内，中国规模巨大、差异也巨大的市场需求，会成为全球创新产业生态系统演进的巨大动力。

过去 20 年，中国在消费互联网领域，形成了全球最大的电子商务网络，基本完成了消费端的数据化迁移。通过这一过程，我们积累了庞大的数字技术使用人群，具备用新的信息技术对产业进行改造的经验，以及行之有效的产业创新系统。把这个系统与中国多样化的产业结构相结合，使新的智能化技术由消费端向产业端迁移，完成对供给端的改革、改组和改造，将有助于推动产业范式的变迁。

5.1.1.4 产业互联网：智能化革命的抓手

各个国家原有的产业基础不同，经济发展水平以及社会文化制度体系存在差异，因此，产业转型的路径和方式，也可能具有显著的不同。庞大的消费互联网和体系全面的制造业结构，是中国当下产业结构的两大独特优势，也预示着中国将走出不同于其他国家的产业范式变迁的路径。具体来说，即在全世界率先演进出一个以互联网为"连接"、深度融合传统产业且与之共生的新生态，这个生态体系，可以称作"产业互联网"。

有意思的是，产业互联网的这个发展方向——互联网技术从消费端向产业端的迁移，是业界最先提出的。王兴在 2016 年的一场演讲中提出中国的互联网产业进入了下半场，其实质是"各个行业从上游到下游的产业互联网化，不是仅仅停留在最末端做营销、做交易那一小段，而是真正能够用互联网、用信息技术全面提升整个行业的效率"。2018 年，腾讯董事会主席兼首席执行官马化腾则进一步指出，"移动互联网的主战场，正在从上半场的消费互联网，向下半场的产业互联网方向发展"，他认为互联网将全面渗透产业价值链，对生产、交易、融资、流通等环节进行改造升级，最终对整个经济产生全方位、深层次、革命性的影响。

值得注意的是，马化腾、王兴等中国企业家提出的"产业互联网"这一升级路径，与美国和德国提出的升级模式有重要的区别。德国和美国率先提出并实践的是 B2B2C 的道路。德国提出的"工业 4.0"、美国通用电气（GE）等企业提出的"工业互联网"，其本质是一样的，都是希望通过新的信息技术对生产过程进行数据化和智能化改造，形成更有效率的生产系统，从而升级和改造已有的制造体系，并由此扩展到与生产相连的供应、配送、运行、维护以及设计、开发等环节，形成全新的从生产到配送再到消费的体系。在这个体系中，生产是核心，从生产过程的数字化和智能化，向外扩展到整个产业体系。在国内，也有一些产业人士称之为"工业 + 互联网"的演进路径。

另一些人士认为，产业互联网的发展应该走 C2B2B 的道路，即从需求端出发，逐渐往上游扩展对生产端的各个环节，逐步进行扩散和改造，最终对整个产业的各个环节（包括生产制造环节）进行彻底的重构，形成全新的以新的智能技术武装、覆盖从原料到消费服务全链条的新产业结构。在这一思路来看，中文语境下的工业互联网，是产业互联网的一个子集，车间端的产业互联，则是产业智能化的最后一公里，而不是起点。

无论哪一种想法，最后都是要应用新的互联网技术，对产业进行全面改造，打通从原材料到用户服务的全价值链，实现企业内部和企业间产业活动的有效连接；这样的连接能够在更大的范围内实现网络协同，并实现决策上的数据智能。因此，不仅仅是面对消费者的一端，也不仅仅是对企业的服务，更基础的是企业的内部管理、业务流程在线化，也包括线下实体业务环节（制造加工、用户服务）的数字化，以及产业链上下游企业间的数据传递、活动协调与价值分配。无论哪一种方式，都必然重构现有的产业链，创造新的产业逻辑。

5.1.2 产业互联网是数字经济的有效载体

我们正处于两个世界：物理世界和比特世界。在这两个世界中对应两种经济逻辑，一种是实体经济，另一种是网络经济。实体经济背后的逻辑是规模效应，简单的说，就是当某个产品生产和销售达到一定的规模，成本降低利润增加，通过规模要效益，是实体企业的最主要经济逻辑。互联网经济背后的逻辑是网络效应（network effect），又叫网络外部性，通过互联网连接的用户越多，产生的价值就会越大，比如微信连接8亿用户，产生巨大的网络效应，通过连接要效益，是互联网企业的主要经济逻辑。实体经济与网络经济叠加融合后出现的是智能经济，智能经济的核心是闭环效应，能够实现一种自我生长的闭环正反馈效应，这种效应将会使商业组织达到一种飞涨的状态，进而快速进化。实体经济与网络经济深度融合达成智能经济，智能经济进一步深入到产业中推动数字经济。

互联网巨头百度、阿里和腾讯把产业互联网称为互联网的下半场。工业互联网、工业4.0、中国制造2025，产业互联网的发展如火如荼。产业互联网是相对于消费互联网而言，消费互联网是面向C端个人，现在已经发展得相对成熟，资本热度在减弱。产业互联网是面向B端企业级服务，产业化之下的某个产业链很长，处在高速发展资本关注的阶段。阿里早就提出这样的理念：消费互联网是产业互联网的前奏，两者并不是取代关系。C端市场为B端市场培养了用户，沉淀了技术。未来C端和B端会进一步打通。

产业互联网的本质："产业链的全要素"通过信息和产业链服务整合，从而降本增效。某个具体的产业链很长，我们把一个产业链切上几刀后，拆分为几个核心环节：产品设计、原料采购、生产加工、仓储物流、订单管理、经销批发、终端零售。每个环节都有各自的痛点，如产品设计同质化严重，原料采购产能过剩，生产加工人力成本高，仓储物流产品损耗、库存率高，订单不成体系，经销批发大量加价，零售找不到客户，等等。通过产业互联网来解决产业链的整理痛点，助力产业升级。在这个过程带来的不仅仅是经济效益，还有社会效益。再聚焦产业链面向市场的一个重要环节"终端零售"。现在的消费者已经从有无的需求转到好坏的需求了，越来越多的人要有品质保障的好东西，价格已经不是最优先考虑的了。因为市场的需求改变，所以终端零售的环节也要随之而变。很多研究者都在研究如何去获取客户，如果从一个企业的角度来说，2C，现在最有效的方法是社群营销，要构建全场景的体验式营销体系，来支撑社群营销。2B，也要参考2C的逻辑，因为企业的决策人员也是人，但是更重要的是，能够持续地提供高品质的供应链服务。新零售就是应对市场变化而生的，同时考虑到产业的上下游关系而形成的高效的新零售体系。产业互联网已经开始影响我们的生活，只不过很多人并没有感知到是产业互联网的模式带来的改变。

在当前数字时代，实体经济和网络经济通过先进的数字技术手段越来越充分地融合，"互联网+""+互联网"等概念都是实体与网络的结合，要特别关注的是，近几年网络经济与实体经济进行深度融合的体现即"产业互联网"。产业互联网的核心就是形成数字化供应链，通过数字化的能力，让产业中的相关企业协同起来，大幅度地降低产业的成本、提高产业的效率，以此推动整合产业的升级。产业互联网将实体经济与网络经济深度融合，通过产业的数字化贯通，进而拉高到数字经济的范畴，是数字经济的高级形态，达到智能经济的状态。新基建是路，数据是油，产业互联网就是行驶在数字经济之路上的车。产业互联网这台车，能够承载商业组织进行智能化经济，飞快前行。在推动实体与互联网经济融合，朝向智能经济的过程中，数据是核心的要素，产业互联网达成了先进的数字化技术的融合应用，大数据、物联网、5G、云计算、人工智能、区块链等技术通过产业的场景使用，得到很好的落地与实践，有了机会让技术与产业深度融合，避免了技术仅仅是技术的尴尬。

产业互联网能力的体现一定要与产业中的实体充分结合，实体包括政府、企业和金融机构，最主要的是企业，产业互联网可以覆盖一二三产业，也就是农业、工业和服务业，在其中的实体经济企业都有机会与产业互联网深度融合，被赋予网络经济的能力，具有智能经济基础，让企业发展带动产业升级，直接推动产业数字、数字化治理、数字价值化，间接拉动数字产业化，大力推动数字经济。在第一产业农业中能够与网络经济融合的实体经济企业有：种植养殖企业、初深加工企业、冷链物流企业，以及农产品的商超、零售、电商企业等。在第二产业工业中能够与网络经济融合的实体经济企业有：原材料的生产供应企业、制造企业，仓储物流企业，工业品代理渠道企业等。在第三产业服务业中能够与网络经济融合的实体经济企业有：营销服务企业、渠道企业、终端零售企业，以及与衣食住行、吃喝玩乐相关的服务企业等。数字经济时代的发展浪潮之中，在"产业互联网"这个有效抓手的承载下，网络经济与实体经济的融合会越来越深入，越来越广袤，智能经济时代越来越近，这是数字经济浩浩荡荡而来的大势所趋！

5.1.3 产业互联网的定义及内涵

目前对于产业互联网的定义并没有完全统一的说法，但是业界的讨论有很多共识性的观点，产业互联网要以数字科技为引领，数字赋能为主线，带着价值释放的核心思路，将实体企业上下游（产业链上下游）数字化后进行重塑，提升产业效率。

整合不同学者的观点，可以用以下三方面来描述产业互联网的内涵。

第一方面，数字经济是社会经济发展的高级阶段。首先从相对宏观的高位角度讲，为什么现在中国经济的主导方向是内循环加上内外双循环？实际上其中的底层逻辑，是围绕产业互联网做的事情都在这"数字经济"上，包括数字产业化、产业数字化、还涉及数据治理、数字化价值等方面，产业互联网正在为数字经济贡献自己的力量。

从社会经济的发展视角来看，数字经济是社会经济发展的高级阶段，现在正处在数字经济的一个红利期，机会在传统与新兴产业的动能接续的关键时期。我国经济正处于增速换挡期，效率成为传统产业进一步发展的瓶颈，而新兴产业面临流量红利的终结，需要找到新的市场增长点，产业互联网就是有效的抓手，通过产业互联网，传统产业可以利用新兴产业的技术突破效率的瓶颈，提高产品的质量与附加值；新兴产业可以借助传统产业的升级开拓新的市场，进一步与实体进行融合，提高技术的应用效益。

第二方面，产业互联网是数字经济的高级阶段。社会经济的高级阶段是数字经济，产业互联网又是数字经济的高级阶段，产业互联网的概念是相对于消费互联网而言的，之前经常讲消费互联网改变的是衣、食、住、行等方面的数字化，然后基于数据产生新的盈利模式，通过服务给大家带来便利，所以在消费互联网时代成长起来了一系列的巨头公司，每个互联网企业背后都有盈利模式，是因为通过互联网的这套技术体系能够形成盈利的商业模式，才可以称之为互联网经济。

产业互联网要向生产端，也就是供给侧去延伸，数字化怎么为供给侧和产业链提供一种新的体系价值。从另外一个角度来说，消费互联网更多的是把信息的传递效率提升，这就是互联网企业商业模式的基础。产业互联网未来一定要与实体进行深入结合，通过数字化去改变实体，帮实体变得更有效率、更有价值，最终让产业出现新的经济模式。

第三方面，生态化是产业互联网的高级阶段。围绕产业互联网发力的企业都已经开始布局，最终产业互联网一定是形成生态化，不可能由个别企业自身完成，产业互联网是一个体系，需要更多的资源和主体在产业链上相互配合，效率才能提高。

产业互联网的模式是不断演进的，首先是 C2C/B2C（用户→用户/企业→用户），是以通信和社交为核心实现人与人之间的信息高效交互，此阶段的模式是"互联网"阶段；其次是 B2B2C（企业→平台→用户），连接人和企业服务，实现服务高效便捷传递给用户，此阶段是我们说的"互联网+"阶段；最后聚焦到产业互联网的模式，即 C2B2B2C（用户→平台→企业→用户），连接渗透到各个企业和机构内部，实现用户需求和生产运营高效协同。

产业互联网是"互联网+"的延伸和深化，企业内外部的链接都聚焦于此，目的是实现由需求主导的 C2B2B2C 闭环的商业模式，由客户的个性化需求为发端，再由平台进行需求的拆解和分配，交由能够提供有效交付的企业进行生产或服务，最后将需求的产品或服务交付给客户。产业链实现柔性化生产，各企业进行有效分工和高效协同，低成本地满足客户的个性化需求，同时不产生存货挤压。产业互联网对产业的渗透与影响就要比"互联网 +"更深。

数字商业旨在通过数字化手段来提升商业效率，数字商业依然要遵循商业的本质，商业的本质是交易，伴随商业的是商贸流通，产业链上的商贸流通体系可以切割成三个部分：生产体系、流通体系和终端体系。

技术、全球化和社会责任作为外部的驱动力，正在加速商业环境的演进，在进入数字时代的商业过程中，由生产体系、流通体系和终端体系组成的供应链显得越来越重要且面临着很多变化。传统的供应链，无论是线段性还是中心型商业基本的业态表现为新市场、土作坊。市场一直都在，市场空间很大且不停在变化，但是供应链条上的很多企业规模很小，往往状况是就某一类产品来看毛利润貌似很高，但是企业的利润率却非常低。是什么原因造成如此的状况呢？

随着商业的发展，越来越多的企业认识到这样一个问题，企业把产品和服务传递给客户后，与客户之间就没有更多的关系了，这样是一种单次的接触。甚至，很多企业不知道使用自身产品的客户是谁，更难以获取客户使用产品或服务后的体验与想法。对于企业所处的上下游产业链相关环节，企业之间只是"一纸合约"的交易关系，企业与企业之间的边界非常清晰且相互封闭，下游客户的个性化需求和实时的反馈不能及时地传递上来，即使传递了需求，上游也会因为规模化生产的成本限制等因素难以满足需求。

互联网和商业结合的伊始是通过解决信息的不对称形成盈利模式，是建立在工业化大生产思路上的一种逻辑，通过规模化生产标准化的产品以满足用户的标准化需求，互联网实际上提供一种渠道。要求企业先要找准自身的目标客户，通过互联网这种新的渠道可以减低信息的不对称，消费者可以通过更加高效的方式得到产品。此阶段的互联网不关注客户的需求和产业链整体的效率。产业互联网通过产业数字化，折叠产业链，提升产业协同效率，把从前的刚性、冰冷的工业流水线，变成现在的柔性、感性的产业流水线，帮助企业更高效地获取收益，提升产业链的整体绩效，推动区域经济的发展。

综上，我们在此对产业互联网的定义进行尝试性描述，即利用数字技术把产业各要素、各环节全部数字化网络化，推动业务流程、生产方式重组变革，进而形成新的产业协作、资源配置和价值创造体系。

产业互联网是在垂直行业里处于产业生态各节点上企业依托互联网和数字化技术形成的新型协作网络，由行业中的骨干企业牵头建设，以共享经济的方式提供给产业生态中广大的从业者使用。通过从整个产业链角度的资源整合和价值链优化，从而降低整个产业的运营成本，提高整个产业的运营质量与效率，并通过新的产业生态为客户创造更好的体验和社会价值。产业互联网本质是提供服务，要义是连接、协同、智能、赋能，通过全场景、全链条的数字化、互联化、智能化，改变产业生产关系，让生产关系从博弈到共赢。

5.1.4 农业产业互联网的应用内涵

农业农村农民问题是关系国计民生的根本问题，"三农"是影响经济社会发展的重要工作，需要统筹谋划和推进。因此，"三农"问题亟待解决，包括如何升级乡村产业问题，如何解决生态环境问题，如何解决农村基础设施问题，如何解决乡风文明和治理问题，如何解决农民脱贫增收致富问题，等等。为解决以上问题，国家、省、市，各个县、乡、村都在不懈努力，改革开放以来，我国"三农"领域的发展取得了瞩目的成果。但与此同时，我们发现以往更多的是通过"点"的方式去解决"三农"问题，例如，为了增收，农户看到往年什么好卖今年就种什么，看到什么值钱就养什么，结果发现自身与市场相比太过于渺小，市场上一阵价格波动的风吹过就把千千万小农户辛苦投入一年甚至更久的收成全部吹得灰飞烟灭；为了改善生态环境，政府做了很多努力去要求农户减少农药化肥等的使用，但是农户为了眼前收益更好，过度使用农药而不顾长期后果，以上问题都可以归结到农业效率低下的问题，为了让农户脱贫增收，国家投入了大量的资源，确实取得了奇迹般的成效，832个贫困县已经全部脱贫，这是我们的骄傲，但接下来要解决的问题是如何脱贫不返贫，如何提高农业发展由于效率低下引发的各种问题？

"三农"问题具有复杂性，找到有效的抓手去突破问题是首先要做的事情，在"十四五"期间，乡村振兴是解决"三农"问题的抓手，产业振兴是乡村振兴落地的抓手，乡村产业的发展是一切的基础。围绕着农业产业如何高效升级的大课题，近些年我们在田间地头做了大量走访，研究了农林牧副渔各类产业，调研了一二三产业的各个维度，田野观察看到了大量的现象，也获取了丰富的一手资料。以乡村产业为抓手去尝试逐步解决由于效率低下引发的"三农"相关问题，我们发现有四个谜团亟待解开。

（1）谜团一：如何"跳出来"发展乡村产业解决问题？

产品的背后是产区，产区的背后是产业，产业的背后是产值。未来的竞争不是农产品与农产品之间的竞争，也不是农业企业与农业企业的竞争，更多的是一个特色农业产业链条与另一个特色农业产业链条的竞争。"三农"的问题是复杂的，面临的挑战是持续的，并且，我们可以发现诸多问题的背后都有一个共性，就是"效率低下"，跳出"点"去看问题与解决问题，从"点"到"线"到"面"再到"体"是提高效率的关键。农业的高效发展势必需要规模化，需要连"点"成"线"地去进行规划和组织，不是某个农户怎么样，而是很多农户一起怎么样；进一步追求农业的产业化，这就需要从产区的视角把"线"组成"面"；再进一步朝着农业农村现代化去发展，就不仅要从农业本身去思考，更要用一二三产业融合的全局视角去看问题，构"面"

成"体"。复杂的"三农"问题，除了就具体问题去解决问题，还需要"跳出来"去解决。

问题现象：乡村振兴要一盘棋、一张网通盘全局考虑，乡村产业振兴同样要规划先行，很多区域政府有非常明确的规划意识，甚至做了很多相关的规划，但是如何能够结合产业的特点找抓手、搭载体、建平台和创机制，为乡村产业发展找到真正好的、适合的方向、方式和方法，挑战依旧存在。

（2）谜团二：如何充分利用数字技术去解决问题？

2019年5月，中共中央办公厅、国务院办公厅印发《数字乡村发展战略纲要》，明确将数字乡村作为乡村振兴的战略方向，加快信息化发展，整体带动和提升农业农村现代化发展。2021年中央1号文件提出，实施数字乡村建设发展工程；推动农村千兆光网、第五代移动通信（5G）、移动物联网与城市同步规划建设；完善电信普遍服务补偿机制，支持农村及偏远地区信息通信基础设施建设；加快建设农业农村遥感卫星等天基设施；发展智慧农业，建立农业农村大数据体系，推动新一代信息技术与农业生产经营深度融合；完善农业气象综合监测网络，提升农业气象灾害防范能力；加强乡村公共服务、社会治理等数字化智能化建设。

政策引导的背后是数字经济与农业农村的深度融合，农业的数字化程度与其他产业相比依旧薄弱，当前，应重点关注的主流数字技术为35iABCD（3S，即RS、GIS和GPS；5G；物联网；人工智能；区块链；云计算；大数据）。加大数字领域基础研究投入推动农业农村领域数字产业化，同时，结合农业、农村和农民的实际情况，不能为了技术而技术，要找到切实可行的方案去解决产业发展的问题，关键是技术与产业融合创新。

问题现象：政府和企业投入大量人力、物力、财力做智慧农业，但发现建设了大量的物联网设备和软件平台等信息化设施后，对乡村产业的发展帮助甚微。

（3）谜团三：如何自上而下与自下而上结合地解决问题？

　　乡村产业作为落地乡村振兴的抓手，国家围绕着"三农"有大量的政策扶持去推动问题的解决，由于农业的周期性，农业产业的发展和"三农"问题的解决都需要政策的支持。通过政策引导，大量的资产、资源和资金向农业涌入，政策需要层层落地，从国家到省到市再到县域乡村，每一层的落地都需要过程，每一个阶段的实践都需要因地制宜的方法，这是自上而下的过程。紧密跟随国家政策的引领，同时，通过适合区域特点、符合农业产业禀赋的方法按照政策的方向，细化落地并且创新，这是需要自下而上地去实现的。县域是农业发展的基本单元，自上而下与自下而上相互挤压，在中间位置就会找到资源最优的聚合点，产业的发展本身就是中观经济的视角，同样，农业产业的升级要更多地围绕中观进行思考与实践问题解决的方法。

　　问题现象：国家通过大量优质政策支撑乡村产业发展，但是，县域政府和企业却无法有效地对接上政策，即使政策对接上，最后的项目管理、实施和验收效果不及预期，政策支持的项目并未在推动产业升级方面起到有效的作用。

　　（4）谜团四：如何符合时代趋势，把资源和能力都留在区域（省、市、县域）去解决问题？

　　在当下的信息时代，我们无时无刻不被数字包裹和渗透着。计算机的出现开启了数字化，静态的数字化让物理空间与数字空间开始链接；互联网的出现开启了网络化，可交互的动态数字化让物理空间与数字空间开始交互；人工智能的出现开启了智能化，自学习的数字化让物理空间与数字空间深度融合。电商平台对农业的发展带来非常多的助力，帮助工业品下行到农村，让农民提升了生活便利，帮助农产品上行，让农民能够增加收入。电商平台是消费互联网，更多的是把流通环节进行了优化，为个人用户服务。随着时代从互联网化到智能化的演进，消费互联网的下一个阶段是产业互联网，产业互联网更加强调的是为供给侧进行服务，为企业级用户服务，能够帮助农业更好地把生产端做好，同时，打通农业全产业链条各个环节，将乡村产业作为一个整体去运营。当乡村产业通过产业互联网的加持成为一个有机的整体，产业的能力不断提升，为自己"造血"的同时，也使资本、人才、科技等资源能够通过有效的载体流入县域，为乡村产业的发展持续"输血"，让农业产业发展，形成新农业农村经济业态。

问题现象：以区域政府为主，包括企业、社会资本，主动为乡村产业的发展投入资源，但是成效不大；同时，要素无法被聚集到区域中来。其中的原因是乡村缺乏内生动力，看似每年销售非常多的农产品，但是税收等并没有留在县域，农户的增收有限，不能够有效地参与到产业的发展增值过程中。

为更好地解开以上谜团，在产业互联网时代背景下，结合多年的乡村产业发展实践，我们将"中观"的产业组织视角与"微观"的经营视角结合，横跨产业经济学、微观经济学和管理学等相关领域，通过具体案例分析，理论与实践结合，提出农业产业互联网数字经济范式（以下简称"范式"）。

在此我们尝试对农业产业互联网的内涵进行描述，即通过云计算、物联网、人工智能等先进数字技术将特色农业全产业链各要素大数据贯通，包含种植养殖、农资农机服务、初精加工、仓储冷链物流、大宗采购批发商、终端零售等，使产业链上的各个环节和要素全部数字化，推动产业链重构，进而更加高效地协同，以此提升产业链协作和资产配置效率，实现价值增值，达到产业升级的状态，创造新农业农村经济业态。

范式由农业、产业、互联网3个核心要素组成：①农业＋产业＋互联网3个核心要素结合农业产业发展的特点，形成了模式②农业＋产业互联网；模式③农业全产业链＋互联网；模式④农业产业互联网，三种不同的模式阶段。如图5-1所示。

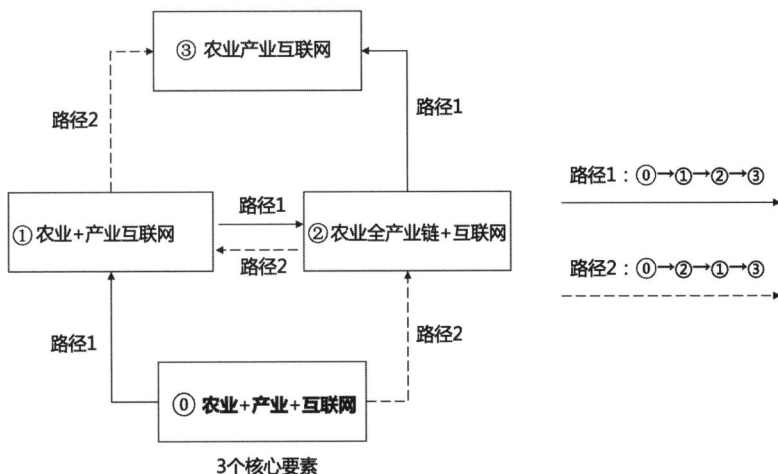

图 5-1 农业产业互联网数字经济模型的构建路径

要素链接：农业 + 产业 + 互联网，作为范式的三大基本要素，以农业为基础，以产业为载体，以互联网为手段，首先将农业产业数字化，将线下的产业要素线上化，让产业链中的各个环节具备了要素链接的基础，此阶段商业模式围绕传统农产品买卖塑造，通常对外呈现为数字农业；数据互融：农业 + 产业互联网，强调的是通过产业互联网模式在农业领域的深度应用，结合农业、产业和互联网的要素进行互动，线上优化农业产业上、中、下游各个主体的协作关系，此阶段商业模式开始围绕线上产品销售 + 线上生产配套服务塑造，通常对外呈现为智慧农业；产业激活：农业全产业链 + 互联网，重点在于通过线上和线下优化模式后引导线下农业全产业链进行重构与优化，构建现代化产业与供应链，将资源聚合到产业中，系统化发展促进产业升级，此阶段商业模式围绕产品服务（生产销售 + 产品配套服务）塑造，对外呈现类似于物联网农业或精准农业；价值共创：农业产业互联网，核心是通过线上与线下对于产业链的链接、互动与重构，将有利于产业发展的资源同步聚合到产业体系中来，形成一二三产业融合模式，各个产业中的环节主体形成一张价值网络，进行价值共创，让产业具备持续创新与发展的内生动力与外部资源，此阶段商业模式围绕产业综合服务塑造（线上线下融合服务），对外呈现为数字乡村。

　　根据不同区域的自然禀赋、产业基础、资源条件等，农业产业互联网数字经济模型的构建路径有两条，第一条路径为①→②→③，从数字链接到线上互动再到线下重构，最后到农业产业互联网的价值共创；第二条路径为②→①→③，从数字链接到线下运营再到线上互动，最后到农业产业互联网的产业重构与价值共创。综合以上研究，我们进而提出农业产业互联网数字经济模型，模型框架由七部分组成，分别是产业组织、商业模式、技术架构、金融资本、创新生态、全链标准和产融数据。

5.2 要素链接：农业＋产业＋互联网

5.2.1 农业：从农业看农村和农民

广义的农业分为农、林、牧、渔和副业，根据国家统计局的数据，2017年农、林、牧、渔、副业等的总产值占比分别为53%、4%、27%、11%和5%，农业（种植业）、牧业（畜牧业）、渔业（水产）三者的总产值占比超过了农林牧渔总产值的90%，本书主要研究农业信息科技如何应用于这三大领域。农作物又包括粮食作物、经济作物、蔬菜作物等，而经济作物又包括棉花、油料、水果等作物。根据国家统计局统计的2016年中国农作物的播种面积占比数据，粮食的播种面积占比为67.6%，其次是蔬菜，播种面积占比为13.1%。中国农作物种类多种多样，而由于技术以及成本等原因，当前的农业信息技术还未应用于全部的作物，只是应用于粮食、棉花以及部分蔬菜、水果以及油料等作物上。通过实际的田野观察和调研工作，发现农业农村有如下四个现象。

（1）"乡村候鸟"现象。农村很少看见50岁以下的青年人，村里更多的是老人、妇女和留守儿童，也就是俗称的"993861部队"，年轻人出村进城务工，只有春节的时候，这一群体才像候鸟一样回到家园，很多人称之为农村的"空心化"。

（2）劳动密集现象。"中国制造"产品遍布全世界，这些产品很多都是由农民工（即进城务工的农民）生产出来的，"中国制造"享誉全球是因为劳动密集性劳动力廉价的红利。然而，随着我国劳动力成本的提高，与很多中东国家相比竞争优势降低，很多生产制造的劳动密集性工作从我国迁移出去，大量的农民工丧失了就业的岗位，问题是这些农民工还有没有持续转移至工业或服务业上就业的空间呢?

（3）"石油农业"现象。石油农业亦称石油密集农业、化学农业、无机农业或工业式农业。是世界经济发达国家以廉价石油为基础的高度工业化农业的代称。改革开放后中国经济得到迅速发展，在 20 世纪 70 年代化肥工业进入到农业生产当中，包括种子技术的进步，农业科技不断突破，农业产量得到迅速提升，但是由于过量使用农药化肥，很多区域的土壤、水质、环境出现了不同程度的污染，直到今日，此类农药化肥的使用依然存在。

（4）粮食安全问题。中国是人口大国，如何保证自己的粮食安全问题?我国大豆年进口量超过 1 亿吨，占全球出口量的三分之二，中国是全球最大的大豆买家。海关总署数据显示，中国 2020 年进口大豆 10 032.7 万吨，较 2019年的 8 851.3 万吨增加 13.3%。不进口大豆，自己种植将占用 8 亿亩耕地，为保障粮食安全，国家要求耕地红线是 18 亿亩，我国已经用全球 7% 的耕地养活了全球 22% 的人口。

以上问题的解决需要坚持走中国特色新型工业化、信息化、城镇化、农业现代化道路，把"三农"问题作为一个整体统筹考虑去逐步解决，因此，我国农业产业竞争力的持续提升，也是解决农业、农村、农民问题的关键。

回顾 2019 年，受贸易摩擦、地缘政治和经济衰退等重大不确定因素的共同影响，世界经济增速降至 2008 年国际金融危机以来的最低水平，世界农产品产量增速放缓。中国国民经济运行总体平稳，发展质量稳步提升，主要预期目标较好实现；农业发展稳中有进、稳中向好，粮食产量连续 5 年站稳 1.3 万亿斤台阶，棉油糖生产保持稳定，果、菜、茶供应充足，生猪生产止降回升。

谷物种植结构调整继续推进。2019 年，稻谷播种面积和产量持续下降；小麦、玉米种植面积下降，单产及总产增长。稻谷、小麦和玉米产量分别达到2.10亿吨、1.34 亿吨和 2.57 亿吨。三大谷物总消费量达到 6.12 亿吨，较 2018 年增长0.41%。其中，稻谷消费平稳略增，小麦消费小幅增长，玉米需求整体放缓。贸易方面，稻米出口九年来首次超过进口，小麦、玉米进口呈增长态势。

2019年大豆振兴计划实现良好开局。大豆生产继续回升，产量达到1 810万吨，同比增长13.5%；油菜播种面积和产量继续下降，花生产量持续增加。受非洲猪瘟疫情影响，豆粕饲用消费同比下降11.47%。大豆、油菜籽进口增加，花生净出口放缓。其中，大豆进口量达到8 851.1万吨，同比增长0.5%。

其他作物产量基本保持稳定，棉花产量下降。马铃薯产量维持在1亿吨以上，出口总量超过50万吨；受自然灾害等不利因素影响，棉花单产同比下降3.1%，总产量下降3.5%，净进口量达到179.8万吨，同比增长16.2%，美棉进口比例显著下降，巴西成为中国最大的棉花进口来源国。糖料、蔬菜、水果产量稳定增长；鲜或冷藏蔬菜出口量同比增长3.5%，按人民币计价出口额同比增长24.9%；鲜、干果及坚果净进口量由2018年的224万吨增至2019年的348万吨，按人民币计价贸易逆差同比增长63.4%。

猪肉产量大幅下滑，鸡肉产量增长明显。由于非洲猪瘟疫情延续，2019年生猪存栏同比下降27.50%，猪肉产量4 255万吨，同比下降21.26%，但从下半年开始生猪存栏量开始环比上升；牛肉产量同比增长3.56%，牛源供求依然趋紧，犊牛价格不断上升；肉羊养殖积极性高，生产规模持续扩大；肉鸡生产大幅增长，白羽和黄羽肉鸡鸡肉总产量同比增长11.40%，产能居历史高位；鸡蛋产能提升明显，产量同比增长5.78%，蛋价及淘汰鸡价格高位盘整；奶业生产结构逐步优化，奶类产量保持增长；水产品产量基本稳定，七大重点流域禁渔期实现全覆盖，国内捕捞量下降明显，全国水产品养捕比达到78∶22。

根据国情分品种制订农业产业竞争力目标，从更广的视角看待中国农业产业竞争力。按照传统观点，一个产品在国际竞争中具备比较优势可以被认为具备竞争力。据此，2018年中国谷物、油料作物和畜产品（不含禽类产品）的显示性比较优势指数均小于0.8，即不具备国际贸易比较优势；园艺作物和禽类产品具备出口比较优势。但是部分农产品具有较强的基础性、公益性、社会性，不能仅以显示性比较优势等经济学指标来评判竞争力。

守住"口粮绝对安全，谷物基本自给"的战略底线是中国谷物产业最根本的竞争力目标。谷物是关乎国计民生的重要农产品，也是国际贸易比较优势较弱的农产品。但是中国谷物产业的竞争力目标是守住"口粮绝对安全，谷物基本自给"的产业安全底线，并不是促进出口、参与国际竞争。2019 年，稻谷、小麦和玉米三大谷物的自给率达到 98.75%，为经济社会稳定发展和抵御突发事件冲击提供了坚实保障，这也是中国谷物产业竞争力的现实反映。

从成本竞争力来看，中国主要农产品生产成本快速增加，人工成本和土地成本是推高农产品生产成本的最主要原因。1992—2018 年，剔除物价上涨因素，中国小麦每亩人工成本实际增长了 1.7 倍，每亩土地成本实际增长了 6.2 倍。其中，2005—2018 年，中国小麦每亩人工成本实际增长了 1.06 倍，每亩土地成本实际增长了 1.91 倍。2018 年，水稻、小麦和玉米的人工和土地成本占总成本的比重分别达到 57.94%、63.27%、55.55%。三大谷物生产成本构成与净利润情况如图 5-2 所示；其中 1992—2018 年中国小麦生产成本变动趋势，如图 5-3 所示。但是生产过程中的人工成本和土地成本均转换为农民收入，生产过程中的人工成本也反映出农业作为就业"蓄水池"的重要作用。牺牲部分产业竞争力换取农民增收和社会稳定，在经济增速放缓、制造业由劳动力密集型向技术密集型转变的转型期，具有重要的社会效益。

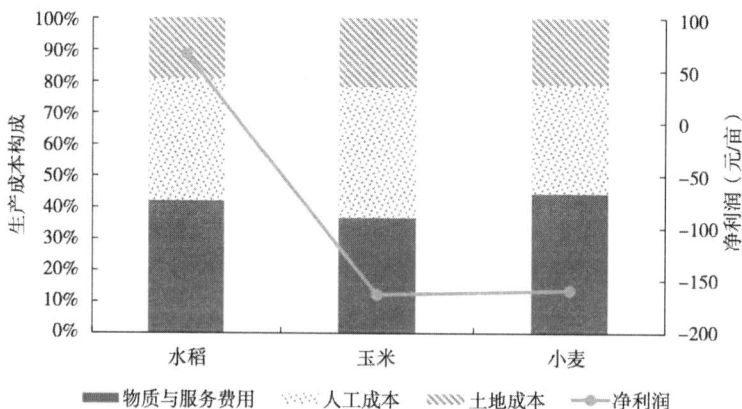

图 5-2　2018 年三大谷物生产成本构成与净利润

资料来源：2019 年《中国农村统计年鉴》

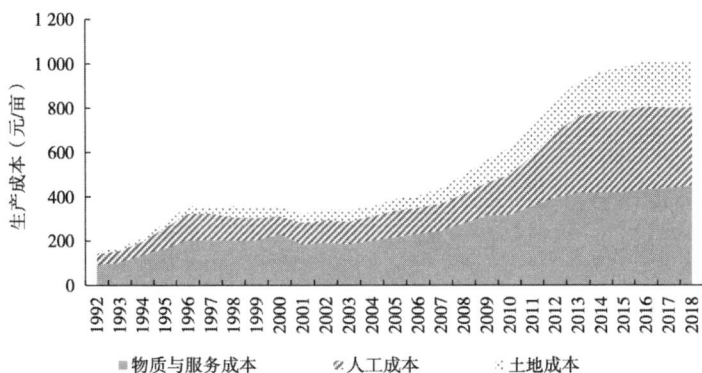

图 5-3 1992—2018 年中国小麦生产成本变动趋势

资料来源：历年《中国农村统计年鉴》

从全要素生产率来看，改革开放以来，技术进步是中国农业全要素生产率提升的主要驱动力。1978—2018 年，中国农业全要素生产率指数（TFPI）增长 2.61 倍，年均增长 3.26%。其中，体现技术进步的技术变化指数（ETI）增长 2.03 倍，年均增长 2.81%，对农业全要素生产率指数增长的贡献约为 78%；体现效率提升的技术、规模和混合效率指数（TSMEI）增长 18.88%，年均增长 0.43%，整体情况如图 5-4 所示。

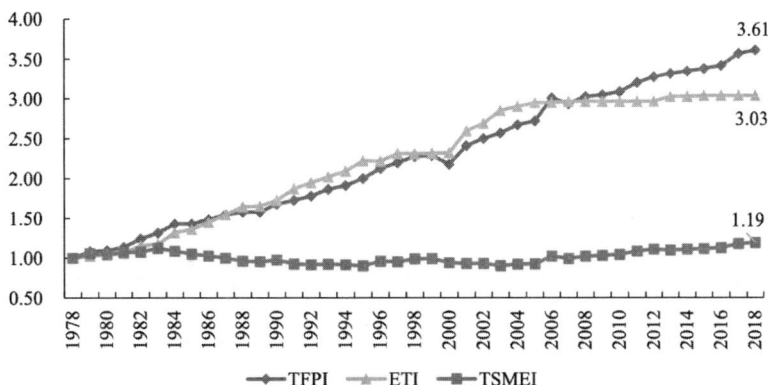

图 5-4 中国农业 TFP 指数（TFPI）的分解（1978 年 =1）

资料来源：根据全国省级农业统计数据计算得到

2005 年以来农业科技进步面临瓶颈，效率提升成为农业 TFP 的主要增长来源。以 2005 年为界，1978—2005 年中国农业全要素生产率指数（TFPI）增长 1.72 倍，年均增长率为 3.77%。其中，技术变化指数（ETI）增长 1.95 倍，年均增长 4.08%，对农业全要素生产率指数增长的贡献超过 100%；技术、规模和混合效率指数（TSMEI）下降 7.71%，年均降幅为 0.30%。2005-2018 年，中国农业全要素生产率指数（TFPI）增长 32.72%，年均增长率为 2.20%。其中，技术变化指数（ETI）增长 3.03%，年均增长 0.23%，对农业全要素生产率指数增长的贡献仅为 10.45%；技术、规模和混合效率指数（TSMEI）增长 28.82%，年均增幅为 1.97%。

5.2.2 产业：乡村产业发展研究

产业演进过程如同糖葫芦和珍珠项链，产业初期往往从横向发展开始，企业在产业中某个环节做自己的事情，很多企业分散在不同的环节，各做各的事情，呈现小散乱、大市场小作坊的状态，如同一颗颗"山楂"。随着经济社会发展，企业把那些不得不做，而非自己擅长做的环节卸掉，产业开始纵向发展，分工开始细化，有些企业逐渐做大做强，形成了另外的一颗"山楂"，一颗颗的"山楂"出现。越来越多的"山楂"和细致的分工，带来的是专业化和协同的需求，"山楂"纵向排列后需要进一步聚合，要一颗颗地串起来，产业互联网就是串起"糖葫芦"的关键，以此，进一步降低产业的社会综合交易成本。

产业发展的本质规律是社会综合交易成本最小化。交易成本直接决定商业组织的边界。在产业链中有三种组织形态，分别是企业、市场和介于两者之间的中间组织，企业的组织形态会带来更高的效率，市场的组织形态会带来更好的效益，中间组织则可以带来更好的综合性收益，效率和效益更加平衡。产业互联网就是中间组织，起到"无形的手"的类似效果，串起"糖葫芦"。

更关键的是，产业互联网的模式助力产业升级的过程就是"糖葫芦"跃迁的过程，一颗颗"山楂"在产业体系的能力支撑下快速发展，进化成一颗颗珍珠，产业互联网是串起珍珠的线，"糖葫芦"跃迁成为"珍珠"，"糖葫芦"

好吃但会吃完，"珍珠项链"更加贵重且越来越珍贵。"糖葫芦"的形成是产业的发展过程，"珍珠项链"的形成是产业升级的过程。连接一颗颗珍珠的线是产业发展的关键，维护珍珠的时候还要保护好线，防止断裂珠散落，甚至要想方设法让项链变得更结实，然后就有了更多机会让更多的珍珠上链。

在当下数字经济时代，组织要逐渐清晰自身在产业链中的定位，定位直接决定了发展的空间和势头，无论是创业或是投资，产业发展仍然处于演进过程当中，让我们有机会去找到珍珠，有机会通过产业互联网构建更多的"珍珠项链"。珍珠很贵重，链起来更值钱。

5.2.2.1　农业产业发展研究

2019 年 6 月，国务院印发《关于促进乡村产业振兴的指导意见》，并召开全国乡村产业振兴推进会，对乡村产业振兴做出全面部署。2020 年中央 1 号文件提出："支持各地立足资源优势打造各具特色的农业全产业链，建立健全农民分享产业链增值收益机制，形成有竞争力的产业集群，推动农村一二三产业融合发展。"2020 年 7 月，农业农村部印发《全国乡村产业发展规划（2020—2025 年）》的通知，指出产业兴旺是乡村振兴的重点，是解决农村一切问题的前提。乡村产业内涵丰富、类型多样，农产品加工业提升农业价值，乡村特色产业拓宽产业门类，休闲农业拓展农业功能，乡村新型服务业丰富业态类型，是提升农业、繁荣农村、富裕农民的产业。2021 年 2 月，农业农村部印发《2021 年乡村产业工作要点》的通知，指出要打造农业全产业链，提升乡村产业供应链现代化水平，促进农村一二三产业融合发展，丰富乡村经济业态，构建现代乡村产业体系，拓宽农民增收渠道。

《全国乡村产业发展规划（2020—2025 年）》中强调，产业振兴是乡村振兴的首要任务，必须牢牢抓住机遇，顺势而为，乘势而上，加快发展乡村产业，促进乡村全面振兴。其中提出乡村产业的发展目标是：到 2025 年，乡村产业体系健全完备，乡村产业质量效益明显提升，乡村就业结构更加优化，产业融合发展水平显著提升，农民增收渠道持续拓宽，乡村产业发展内生动力持续增强。具体指标围绕农产品加工业持续壮大、乡村特色产业深度拓展、乡村休闲旅游业优化升级、乡村新型服务业类型丰富、农村创新创业更加活跃五方面，目标发展如表 5-1 所示。

表 5-1　全国乡村产业发展指标

指标	2019 年	2025 年	年均增长
农产品加工业营业收入（万亿元）	22	32	6.5%
农产品加工业与农业总产值比 [1]	2.3∶1	2.8∶1	［0.5］
农产品加工转化率（%）	67.5	80	［12.5］
产值超 100 亿元乡村特色产业集群（个）	34	150	28%
休闲农业年接待旅游人次（亿人次）	32	40	3.8%
休闲农业年营业收入（亿元）	8 500	12 000	5.9%
农林牧渔专业及辅助性活动产值（亿元）	6 500	10 000	7.5%
农产品网络销售额（亿元）	4 000	10 000	16.5%
返乡入乡创新创业人员（万人）	850	1 500	10%
返乡入乡创业带动就业人数（万人）	3 400	6 000	10%

注：［　］为累计增加数。

[1] 农产品加工业与农业总产值比＝农产品加工业总产值/农业总产值，其中农产品加工业总产值以农产品加工业营业收入数据为基础计算。

党的十八大以来，习近平总书记作出我国经济发展进入新常态的重大判断，提出创新、协调、绿色、开放、共享的新发展理念。党的十九大明确我国经济发展已由高速增长阶段转向高质量发展阶段。促进乡村产业高质量发展至关重要。习近平总书记指出："高质量发展，就是能够很好满足人民日益增长的美好生活需要的发展，是体现新发展理念的发展，是创新成为第一动力、协调成为内生特点、绿色成为普遍形态、开放成为必由之路、共享成为根本目的的发展。""新时代新阶段的发展必须贯彻新发展理念，必须是高质量发展。"

乡村产业高质量发展，就是能够很好满足市民和农民日益增长的美好生活需求的发展，是体现新发展理念的发展，是创新成为第一动力、协调成为内生特点、绿色成为普遍形态、开放成为必由之路、共享成为根本目的乡村产业发展。

2021 年是"十四五"开局之年，做好乡村产业工作具有特殊的重要性，其总体思路是：坚持以习近平新时代中国特色社会主义思想为指导，坚持稳中求进工作总基调，立足新发展阶段，贯彻新发展理念，构建新发展格局，以推进高质量发展为主题，以深化农业供给侧结构性改革为主线，以农村一二三产业融合发展为路径，围绕"保供固安全、振兴畅循环"，依托乡村特色优势资源，强化创新引领，聚集资源要素，纵向拓展农业增值增效空间，横向拓展农业功能价值，打造农业全产业链，构建现代乡村产业体系，把产业链主体留在县域，让农民更多分享产业增值收益，为乡村全面振兴和农业农村现代化提供有力支撑。

近年来，随着农业、农村和农民各方面条件的不断改善，新的产业与业态大量涌现于乡村之中，乡村产业发展取得了积极的成效，各区域在促进乡村产业发展中积累了丰富且宝贵的经验。2019 年，农产品加工业营业收入超过 22 万亿元，规模以上农产品加工企业 8.1 万家，吸纳 3 000 多万人就业；创响了 10 万多个"乡"字号"土"字号乡土特色品牌；休闲旅游农业接待游客 32 亿人次，营业收入超过 8 500 亿元；各类涉农电商超过 3 万家，农村网络销售额 1.7 万亿元，其中农产品网络销售 4000 亿元；农业产业化龙头企业 9 万家，其中，国家重点龙头企业 1 542 家，农民合作社 22 万家，家庭农场 87 万家，带动 1.25 亿农户进入大市场；各类返乡入乡创新创业人员累计达到 850 万人，利用"互联网 +"创新创业的超过 50%，在乡创业人员超过 3 100 万人。

乡村产业发展的成果是有目共睹的，然而乡村产业发展面临的困难和问题依然存在，主要集中表现在发展质量仍然不高、产业链条相对较短、要素供给缺乏保障和农民作用发挥不够四个方面。

（1）发展质量仍然不高。多数乡村企业科技创新能力不强，工艺水平落后于发达国家，发展方式较为粗放，产品供给仍以大路货为主，优质绿色农产品占比较低，休闲旅游普遍存在同质化现象，缺乏小众类、精准化、中高端产品和服务，品牌溢价有限。

（2）产业链条相对较短。总体上还是以第一产业为主，二、三产业产值规模明显偏小，产业体系不健全，产业链条延伸不充分。农产品精深加工不足，副产物综合利用程度低，农产品加工转化率仅为68%，比发达国家低20个百分点。

（3）要素供给缺乏保障。乡村产业稳定的资金投入机制尚未建立，资本下乡动力不足，金融服务仍明显缺乏。农村土地空闲、低效、粗放利用和新产业新业态发展用地供给不足并存。农村人才缺乏，科技、经营等各类人才服务乡村产业的激励保障机制尚不健全。

（4）农民作用发挥不够。乡村产业发展主体还是以工商企业为主，绝大部分农民只能作为原料提供者和打工者参与其中，难以真正融入产业价值链，分享产业发展的增值收益。

这些都严重制约着乡村产业的发展，必须高度重视，切实加以解决。由此可见，乡村产业转型升级任务依旧艰巨。

5.2.2.2 中国农业产业发展的五个阶段

农业产业化（Agriculture Industrialization）是以市场为导向，以经济效益为中心，以主导产业、产品为重点，优化组合各种生产要素，实行区域化布局、专业化生产、规模化建设、系列化加工、社会化服务、企业化管理，形成种养加工、产供销、贸工农、农工商、农科教一体化经营体系，使农业走上自我发展、自我积累、自我约束、自我调节的良性发展轨道的现代化经营方式和产业组织形式。农业产业化实质上是指对传统农业进行技术改造，推动农业科技进步的过程。这种经营模式从整体上推进了传统农业向现代农业的转变，是加速农业现代化的有效途径。

中国农业发展有五个重要的时间节点，分别为 1949 年、1978 年、2000 年、2017 年和 2019 年，以这五个时间节点，我们将中国农业产业发展分为五个阶段：

第一个阶段（1949—1978 年）：新中国刚刚成立时，在经历了兵荒马乱的年代后，百废待兴，中国人民勤劳勇敢，开始建设自己的农业体系，不论是电气、水利、化肥、机械都经历了从无到有的过程，解决粮食生产是首要问题，要有东西吃，这个阶段是人民公社"大锅饭"、计划经济统筹发展，一切朝着粮食看，新中国经济很差，但是粮食生产在这 29 年里打下了夯实的基础，农业生产力初步形成。

第二个阶段（1978—2000 年）：改革开放以后，我国经济迅速发展，农业生产主体从公社化到社会化经营主体，加工厂随着经济发展如雨后春笋般出现，中国农业从有粮食吃到老百姓能吃饱的这一阶段，中国粮食产量有了质的飞跃，农业具备了市场化特征。在此阶段，中国农业产业第一次发生了生产关系的改变，这是市场化推动产业发展的阶段。

第三个阶段（2000—2017 年）：到 21 世纪初时，我国农业产业雏形已经呈现，生产加工、流通农旅、信息技术互联网（互联网＋）等都在农业产业中有了基础，农业开始呈现多业态，人们对于农业产业也开始了更多的发展思考。在粮食稳定生产的基础上，中国农业的多业态有了很多的实践，农业加工业在这个阶段朝气蓬勃地开始发展。此阶段是农业产业第二次生产关系的调整，这是产业化激活发展阶段。

第四个阶段（2017—2019 年）：2017 年 10 月 18 日在党的十九大报告中，习近平总书记提出乡村振兴国家战略，在此以后，中国农业产业进入发展快车道，特别是农业功能的转变，从物质供给转变为非物质供给功能，比如文化、生态、农旅等功能成为农业产业的重要功能。中国农业产业已经从简单的物质供给转化为非物质供给功能的延展，文化、环境生态等功能也开始提出。在这个阶段，政府陆续出台了系列政策支持农业产业发展，国家在这个阶段进行了体制机制改革，2018 年 3 月不再保留农业部，正式组建农业农村部。此阶段开始为第三次生产关系调整蓄势。

第五个阶段（2019 年至今）：此阶段是中国农业发展的重要阶段，特别是《国民经济和社会发展第十四个五年规划和 2035 年远景目标纲领》的推出，标志着农业产业化全新阶段的开始。在此阶段，我国开始真正地去深化农业产业从单一的物质供给功能，朝着提供物质供给的同时向非物质功能延伸发展；绿色农业、生态农业开始从理念引导到实操落地。农业产业要从各个单点的发展到产业链条核心要素的聚合，真正形成农业产业，"农业 + 互联网"通过数据信息化技术，让农业产业的核心要素真正聚合。此阶段是农业产业第三次生产关系的调整，通过全产业链聚合全面激活产业升级。

中国农业产业逐步发展经过五个阶段，在国家系列政策引导下，特别是乡村振兴战略的提出，进入到"十四五"阶段，更加要求从点到线到面地进行农业产业地持续发展和升级。可以看到，接下来中国农业产业的发展升级，需要在提高生产力的基础上，通过生产关系的改变、调整来激活产业的进一步发展。

5.2.2.3 现代化农业产业体系的运行机制

美国数学家柯布（C.W.Cobb）与经济学家保罗·道格拉斯（Paul H. Douglas）共同探讨投入和产出的关系时创造的柯布－道格拉斯生产函数，是在生产函数的一般形式上作出的改进，他们引入了技术资源这一因素。这一函数是用来预测国家和地区的工业系统或大企业的生产和分析发展生产的途径的一种经济数学模型。柯布－道格拉斯生产函数指出实体经济的增长主要依赖技术、劳动力和资本等要素。

在乡村振兴战略背景下，现代农业产业体系是与党的十九大提出"现代化经济体系"相呼应的，十九大报告指出实体经济的转型升级要依托科技创新、现代金融和人力资源等优质要素的协同与支撑进行。科技创新是发展的第一动力，是产业发展升级的持续驱动力，同时是建设现代化产业体系的重要动能；现代金融通过灵活充分的融资为经济转型提供服务，是建设现代化产业体系的重要保障；人力资源是知识和技术的主要载体，是经济活动的主导要素，是建设现代化产业体系的重要支撑。以乡村为载体的现代化经济体系从四个维度构建，省级构建大型乡村产业经济圈，主要体现为特色优势产业集群，产值1 000亿元；县市构建中型经济圈，主要体现为现代农业产业园区、现代农业加工园，一县一业，产值100亿元；乡镇构建小型经济圈，主要体现为农业产业强镇，一镇一特，产值10亿元；村构建微经济圈，主要体现为一村一品示范村镇，产值1亿元。

乡村振兴战略逐步实施的过程就是现代化农业产业体系构建与运行的过程，是"找抓手、搭载体、建平台、创机制"的过程，是在乡村振兴战略指导下，以县域作为载体，通过平台集聚资源、资源带动产业，构建利益机制，借力集群效应、形成规模优势的过程，进而通过乡村产业的发展留人招人，吸引更多的社会资源、金融资本参与到产业发展过程中，推动农业农村高质量发展，助力乡村振兴。

现代化农业产业体系是一个全局系统，具有目的性、集合性、相关性、层次性、环境适应性、动态性等基本特征，由产业体系、科技创新、现代金融和人力资源四个核心子系统构成。现代化农业产业体系是一个动态发展的系统，各个子系统具备自我发展的能力，同时，根据系统整体的发展目标，能够调整优化发展方向和主要功能，并且充分利用相互作用、相互影响的协同关系，推动现代化农业产业体系高质量发展，形成整体发展效应。

产业体系进一步可区分为主导产业、新兴产业和传统产业，三者之间通过产业链的结构进行关联，产生协调、关联与互动。同时，产业体系作为实体经济，应当主动与数字化科技革命进行融合，互联网、大数据、人工智能开始与农业产业体系各个环节进行全方位的渗透与融合。科技创新是现代化农业产业体系的第一动力，科技创新的投入、创新效率和科技成果转化等为农业实体经济转型升级提供战略支撑，科技创新与农业经济实体深度融合将产生更多具有优势的产业发展机会。现代金融是促进经济发展的血液，社会资本进入农业农村依旧具有挑战性，但是现代化农业产业体系中实体经济的发展是知识、技术与资本密集型的，需要相适应的金融服务、融资渠道和融资模式构建的现代金融体系进入到农业农村，通过金融体系对农业实体经济进行输血。人力资源是经济社会发展的第一资源，人力资源的规模、水平和配置都会直接影响实体经济的发展，人才是创新的第一资源，没有人才优势，就不可能有创新优势、科技优势、产业优势。人才振兴是乡村振兴的支撑和基础，人力资源为现代化农业产业体系的发展提供智力支撑。加速各类人才与乡村产生关联流动，改善乡村人才的质量和数量，为农业产业的创新与转型升级提供高素质和实用性型人才，从而进一步优化乡村人才对农业实体经济的支撑作用。

在科技创新、人力资源、现代金融和产业体系融合过程中，结合数字经济的时代背景，使产业互联网真正成为现代化农业产业体系的催化剂，产业互联网不同于消费互联网，要围绕农业全产业链条进行数字化，深化农业产业供给侧的结构性改革，通过数字技术进行深入的生产管理，同时要为产业打造盈利模式，将产业发展的各个要素集聚共同推动产业发展。现代化农业产业体系中的产业体系、科技创新、现代金融和人力资源各个子系统是相互依存的有机整体，某一方面出现问题或成为短板，都会影响现代农业产业体系的发展水平，只有把人才、资金、科技等要素组合协同，均衡有序地投入到产业体系中去，才能够实现现代化农业产业体系的全面发展和整体升级。

5.2.2.4　农村一二三产业融合发展路径

2015 年中央 1 号文件中首次提出"农村一二三产业融合发展"至今，结合乡村产业发展，对这一概念的理解和实践有很多不同的路径。新中国成立之初主要实行农业支持工业的"重工业优先发展战略"和"城乡隔离政策"。在经济发展的早期，工业从农业无偿取得资源的积累是普遍现象，资源的积累从农业向非农业产业流动，从农村向城市流动。随着国民经济的发展，农业与工业协同发展，2008 年党的十七届三中全会提出"工业反哺农业，城市支持农村"的发展方针，通过经济发展逻辑的转变，缩小农村与城镇发展的差距，也预示着农业产业发展将进一步加速。

20 世纪 90 年代，日本东京大学今村奈良臣看到日本农业发展的诸多问题，第一次提出了"第六产业"的概念，鼓励农户搞多种经营，即不仅种植农作物，而且从事农产品加工与销售，以获得更多的增值价值。因为按行业分类，农、林、牧、副、渔业属于第一产业，加工制造业则是第二产业，销售、服务等属于第三产业。第一产业 + 第二产业 + 第三产业 = 六次产业，而且第一产业 × 第二产业 × 第三产业 = 六次产业。

农村的一二三产业融合发展从根本上属于产业融合，产业融合以数字化融合为基础，为适应产业增长而发生的产业边界的收缩或消失。产业融合能够更好地发挥农业的多功能性。一二三产业融合是产业链条的有效延伸。农村一二三产业融合发展可以从两个发展评价指标去思考，指标 1：农业与关联产业的融合互动；指标 2：是融合发展的经济社会效应。指标 1 中进一步通过农业产业链延伸、农业多功能性发挥、农业服务融合发展进行评估；指标 2 中通过农民增收与就业促进，城乡一体化发展进行评估。运用这两个指标综合评定产业融合发展的程度。另外，要同时充分考虑数字化作为渗透一二三产业深度融合的作用，作为一项综合指标进行考量，用数字要素进一步提升一二三产业融合对产业价值提升的作用。如图 5-5 所示。

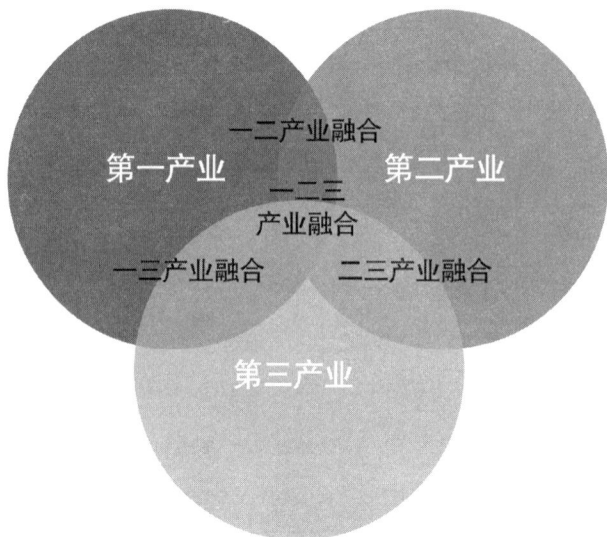

图 5-5　农村一二三产业融合发展路径

从农业产业发展的视角看，一二三产业相互联动会有几种不同的方式：一二产业融合、一三产业融合、二三产业融合，再到一二三产业融合。一二产业融合是县域农业发展的必要过程，传统农业以生产为主，初深加工的能力弱，直接导致农业产业整体价值偏低，把分拣、深加工等加工环节引入到产业链中，农业与工业的良性互动，会大幅度提高产业价值。一三产业融合是充分利用农业具有的特色资源，结合农、文、旅、教，延伸出农村休闲旅游、特色体验等一三产业联动。二三产业融合是把加工后的农产品与服务业融合，如中药材加工后药食同源联动医疗保健养生，延伸出高端的养生产业。最终要形成一二三产业融合，构建出一条健壮的农业产业链条，通过"农业 + 互联网"的模式，充分利用信息科技手段，把生产、品控、仓储、冷链物流、交易、营销各个环节数字化贯通，产业整体产值提升，深度融合一二三产业。所以要使一二三产业融合成为促进农民持续增收的重要途径，在消费结构不断升级中促进农业多功能性发挥。

5.2.3　互联网：促进农业产业经历着前所未有的变革

随着互联网、移动互联网、物联网、大数据、云计算、人工智能科技的发展，农业生产在科技变革中也迎来了新的市场机遇，并逐渐形成了新的产业形态，在"互联网 +"的带动下，现代农业产业正在经历着前所未有的变革。

5.2.3.1 "互联网 +"的概念追溯

"互联网 +"是互联网发展的新业态，是互联网形态演进并催生的新经济社会发展形态。"互联网 +"是互联网思维的进一步实践的成果，并进一步推动着经济形态的演变，为改革、创新、发展提供了广阔的网络平台。"互联网 +"就是"互联网 + 各个传统行业"，但这并不是简单的两者相加，而是利用信息通信技术以及互联网平台，让互联网与传统行业进行深度融合，创造新的发展生态。它也代表一种新的社会形态，即充分发挥互联网在社会资源配置中的优化和集成作用，将互联网的创新成果深度融合于经济、社会各领域之中，提升全社会的创新力和生产力，形成更广泛的以互联网为基础设施和实现工具的经济发展新形态。

2015 年 3 月 5 日，国务院总理李克强在政府工作报告中首次提出"互联网 +"行动计划。他指出：制定"互联网 +"行动计划，要推动移动互联网、云计算、大数据、物联网等与现代制造业结合，促进电子商务、工业互联网和互联网金融健康发展，引导互联网企业拓展国际市场。"互联网 +"迅速成了中国最热门词汇之一，社会各界人士对其内涵和外延都做出了解读。值得一提的是，2015 年 12 月在《咬文嚼字》杂志发布的"十大流行语"中"互联网 +"排名第二位。2015 年 7 月 4 日，国务院印发《关于积极推进"互联网 +"行动的指导意见》（国发〔2015〕40 号）文件，提出要推进互联网的创新成果与经济社会各领域深度融合，推动技术进步、效率提升和组织变革，提升实体经济创新力和生产力，促进经济社会持续健康发展。

5.2.3.2 "互联网 + 农业"的新模式发展

"互联网 + 农业"就是要充分利用移动互联网、大数据、云计算、物联网等新一代信息技术与农业的跨界融合，创新基于互联网平台的现代农业新产品、新模式与新业态。以"互联网+农业"驱动，努力打造"信息支撑、管理协同，产出高效、产品安全，资源节约、环境友好"的我国现代农业发展升级版。有人认为"互联网+农业"就是农村电商，其实农村电商仅仅是"互联网+农业"中的一角。目前，普遍认可的"互联网+农业"常见模式有以下六种。

（1）农村电子商务模式。2016年中央1号文件鼓励涉农企业应用大数据、云计算、物联网、移动网络等新技术推动农业全产业链改造升级，以"互联网+农业"新模式促进农产品电子商务快速发展，为农民增收、农业增效形成新的突破点。在政策的引导下，农村电子商务发展如火如荼，不少优质农副产品搭上了电商快车，在网上进行售卖。农村电子商务不断成为转变农业发展方式的重要手段，也成为政府精准扶贫的重要载体。

（2）农业众筹模式。作为热度较高的互联网金融的一个分支，众筹已不再是新鲜事物，但在农业领域运作众筹，尚属新鲜。农业众筹与电子商务存在本质区别。电子商务单纯是将现成的产品拿到网上卖，而农业众筹则是在产品形成之前就已经有了完整的创意，这种模式包含了更多的内容和可选产品，为用户提供的是个性化的定制服务，是新农业革新的有力手段。

（3）农村信息化服务模式。现在，各种各样的农村信息服务网站也在兴起，村村乐、万村网、三农网、新农网、村村通网等逐渐形成了自己的核心资源。例如，安徽农网已建成1个省信息中心、17个市中心、61个县中心、1 500多个乡镇信息站、3 300多个村级信息点，注册会员25万多人（其中涉农企业大户会员9万多个），日点击率超过5万次，访问用户遍及96个国家和地区，促成网上交易额超过100亿元。但这种模式对于广阔而分散的农村市场而言，需要长期推进。而且，农村市场的渠道具有很强的排他性。所以，拥有互联网上的农村渠道网络资源，就等于掌握了农村互联网发展的关键点，未来可以大展拳脚。

（4）农村金融模式。邮政银行为农村农业发展搭建"银政、银担、银保、银企、银协"合作平台，破解贷款难、贷款贵难题。同时，邮政银行积极采用因地制宜创新抵质押担保方式，先后将大型农机具、大额农业订单、涉农直补资金、土地流转收益等纳入抵质押物范围，形成了农户贷款、新型农业经营主体贷款、涉农商户贷款、县域涉农小微企业贷款和农业龙头企业贷款等10条产品线。除了邮政银行，还有其他的具有定向金融服务的企业诞生。这些企业多年来深深根植于农村生产、流通、消费领域，积累了海量的农户交易数据，这些数据如今变成了企业重要的资源——大数据资源。凭借大数据对农户信用的判断能力，这些大型涉农企业纷纷涉足农村互联网金融业务，为农户提供信用贷款，如大北农的农银贷、农富贷等产品，村村乐的村村贷、村村融等产品。这些平台为千家万户的农民搭建了对接市场的大通道，解决了农产品产后通市场的问题。

（5）农产品品牌创建模式。目前，农产品电商进入快速发展期，褚橙、三只松鼠等品牌借助网络营销的力量，快速完成了传统农产品几年才能完成的口碑积累和宣传推广效果。目前电商产品还主要集中在中高端产品上，而这类产品有着天然的品牌依赖性，如果没能完成品牌打造，就很难在未来的竞争中获得一席之地。

（6）农村电商物流服务。随着农村电商队伍的不断壮大，以及农村网购量的增多，发展电商物流也是必然的一个趋势。农村的经济发展水平、交通网、互联网普及程度等条件制约了农村电商物流的发展。由于国家对农村经济发展的重视，以及各大物流企业渠道逐步向农村乡镇下沉，农村电商物流已得到较好的发展。但农村发展物流的基础设施不完善、物流技术落后、物流信息不足、专业人才缺失、政策缺失或不足等都是制约农村电商发展的问题。要不断完善基础设施，不断引进人才，不断学习先进的物流技术，搭建平台互通物流信息，来解决目前面临的问题。

5.2.3.3 "互联网+"为现代农业发展提供更为广阔的途径

农业和互联网融合，绝不是简单的加法，而是通过产业的融合和创新，以最新的互联网行业之长，补最传统的农业之短，甚至是创造全新的产业模式，农业企业家们在充分了解自身情况的基础上，挖掘与互联网的最佳切入点，实现企业升级。

（1）"互联网+"改变了传统的农业贸易方式。农产品电子商务是建设社会主义新农村、开拓市场的必要手段。传统的"一手交钱、一手交货"的贸易方式将被改变。农民可以通过电子商务平台快速地完成信贷、担保、交易、支付、结汇等环节；也可以及时地了解消费者的爱好，促进供需平衡。互联网的发展为农产品开辟了更广泛的市场空间。农民可以将产品销售到更远的地方，同时也可以将地理范围分散的、少量的、单独的农产品交易模式化、组织化。

（2）"互联网+"给农产品安全提供了新的技术手段。在美国，80%的大农场已普及农业物联网技术，农场主通过高度自动化的大型农业机械设施，几个工人就可以完成4 000公顷左右的农产品收割。通过互联网创造透明的供应链体系，从食品领域延伸出来的可追溯系统，是解决农产品安全的有效工具。目前，大中型城市超市中都有可追溯系统机器，消费者可以自主查询。用互联网技术实现生产过程的全追溯，让消费者吃得放心。

（3）"互联网+"给农产品销售带来新突破。农业生产中两大痛点，即种不出来、卖不出去，而"互联网+"正深深地影响着田间地头的农民。电子商务平台拉近了生产者和消费者之间的距离，使农产品不再因为地域原因而滞销，也可以让生产者的产品直接送达消费者，省去了很多中间环节，节约了成本，更多的农产品通过线上平台完成交易。

（4）"互联网+"为农村创业带来新契机。"互联网+"计划行动，使农村网民、农村网店数量呈现暴发之势，而其背后则有着更为深刻的变化。无数农民正在通过鼠标和手机屏幕"日进斗金"，电子商务在带动农村收入提高的同时，也打破城乡之间的数字鸿沟和信息不对称，倒逼农业转型升级。曾经没有销路的农产品与广阔市场的距离不再遥远，曾经就业无门的乡村青年有了创业就业的新平台，曾经缺乏后劲的农民增收之路有了新途径，曾经活力不足的农村消费市场出现了令人振奋的新增长点。越来越多的"农二代"也纷纷选择告别城市回到家乡创业，互联网的普及已成为农村发展的最大契机。

5.3 数据互融：农业 + 产业互联网

5.3.1 产业互联网推动数字乡村发展

5.3.1.1 产业互联网是平台经济的重要体现

在全球化的技术创新大环境下，我国正处于新、旧动能接续的关键时期，内外部的环境都在影响着经济形态及其中的产业体系、产业结构和相关产业。在国内大部分区域，产业的发展依然存在问题，传统产业产能过剩、效率低下；新兴产业发展势头迅猛，但是对区域经济的贡献占比小，同时，新兴产业基本都是国外的成熟产业，在竞争中受到严重打压。"供给侧结构性陷阱"是不能够忽视的，国家提出供给侧结构性改革就是为了应对这一"陷阱"采取的方针措施，但是光靠政策性引导是远远不够的，要跳出"陷阱"就需要找到新的方法和机制，以此助力产业发展。

产业互联网就是一种新的机制和方法。产业互联网的发展如火如荼，专家、学者、企业家、从业者都在围绕产业互联网不断地进行探索，正因如此，产业互联网发展迅速，已经成为数字经济发展的必然趋势。产业互联网的发展正经历着拨云见日的过程，产业数字化是数字经济的最主要构成（产业数字化的经济贡献占比为数字经济的 80%），也是产业互联网的主要动作，将会推动产业完成供应链数字化和数字供应链化。

平台经济是产业互联网的重要战场。平台经济是以平台企业为核心，通过汇聚、整合多类市场主体和资源，围绕数字化平台组织起来的新模式、新业态，构成现代意义上的平台经济。平台经济的要点是要能够囊括平台多方主体、平台本身，以及与平台发生关系的其他平台产生的一系列经济行为，其中包括平台产生的外部总和。根据中国信息通信研究院发布的数据，截至 2019 年底，我国价值超 10 亿美元的数字平台企业达到 193 家，较 2015 年增加 126 家。从价值规模看，2015—2019 年我国数字平台总价值由 0.80 万亿美元增长至 2.35 万亿美元，年复合增长率达到 31.1%。

平台经济的结构由四个主体组成：供给方、需求方、平台运营方和支撑方。四个主体之间的关系是：平台运营方通过平台服务其他三个角色；供给方、需求方通过平台能够分别产生单边网络效应；平台通过价格策略对供给方和需求方进行网络效应的激活调配。平台经济对产业互联网产生重大影响，由于其结构产生聚合式效应，供给方与需求方通过交易进行关联；供给方和需求方之间通过平台产生直接网络外部效应、间接网络外部效应，产生双边市场的内部竞争关系。供给方与需求方可能栖息在多个不同的平台，平台之间存在竞争和垄断关系；平台支撑体系是为平台提供服务的服务商，通过服务支撑平台经济效应的产生。

5.3.1.2 负面网络外部性，是产业互联网发展需要直面的问题

罗切特（Rochet）和蒂罗尔（Tirole）（2004）将双边市场定义为交易量受到价格结构影响的交易平台，所提供的产品或服务供（需）方的收益水平取决于需（供）方参与者数量，一方用户通过平台与另一方用户相互作用而获得价值。即双边市场理论认为网络外部性不仅取决于交易平台的同类型用户数量，而且取决于交易平台的另一类型的用户数量。

由此，我们要重点去关注产业互联网产生的外部经济性。外部经济性涵盖围绕某一产业的多种支撑性服务，比如金融服务、仓储物流服务、供应链服务、电商平台服务、大数据服务等。通过外部经济性构成"平台 + 供给方 + 需求方 + 支撑方"的多方协同创新的机制，以此与产业结合，推动产业发展，创造就业岗位、吸引人才回流、带动创业创新、拉动技术创新发展，产生更优

的经济成效。

创新发展的前景很光明，当然在发展过程中也会有坎坷与荆棘。产业互联网的发展之路也是如此，还有诸多的问题亟待解决与突破。外部经济性能够为产业发展带来好处，进一步去对应产业互联网发展的底层落地，平台经济的网络外部性是内核，网络外部性可以持续地增加平台的用户数量与价值；但同时也有其负面效应，负面网络外部性是产业互联网发展过程中需要直面的问题，主要有三大方面，分别是产业互联网的数据安全问题、垄断问题和有效监管问题。

（1）产业互联网的数据安全问题。平台是产业流的汇聚节点，物品流、信息流、用户流、信息流汇聚在平台上，通过数字科技手段，产业流变成产业数字化流，平台汇聚海量的数据，这就使数据的安全性问题成为需要系统性思考的问题，特别是在数字化时代，不仅要去获得产业数据，用数据服务产业，所以数据的管理也就成为产业互联网平台管理的要点之一，数据安全性将影响平台的安全。

（2）产业互联网平台的垄断问题。平台可以通过一定的信息不对称对各方角色产生影响，适当地通过价格和补贴进行资源调配是有利于平台发展的，但是通过资源集中去操控业务逻辑，甚至有些平台对市场进行垄断，这些行为会破坏产业发展的生态体系，如产品的品质得不到保障、供需的信用崩塌等，影响各方角色的正常发展，最终让平台走向衰败，大大降低效率。

（3）产业互联网的有效监管问题。平台体系需要实体与虚拟经济的纵向深入融合，融合的程度会影响产业发展的效率，稳定的融合将数字经济与实体经济相互赋能，过度的融合会触发"牛鞭效应"产生泡沫，过慢的融合则会错失数字时代下的产业发展机遇。因此，对传统平台的监管就存在诸多问题，对产业互联网平台的有效监管更有方方面面的挑战，需要政府相关部门制定和执行完善的监管措施。

综上所述，产业互联网构建的"平台+供给方+需求方+支撑方"的多方协同创新的机制并未真正产生最佳的实践效果，如何去结合某一产业的特点去构建产业互联网平台体系，要通过进一步的探索去找到更好的方式、方法，并通过更多的实践、时间去检验。产业互联网失败的可能性一直存在，想要发展好，就必须要提前预计有可能的问题，也就是要在构建产业互联网平台体系的同时就要充分考虑数据安全、垄断和有效监管的问题。

5.3.1.3 正面效应带来产业快速发展的驱动力

在产业互联网的发展逻辑中，当某一角色用户的数量到达一定规模，此类型的用户将飞速增长，比如微信用户，通过朋友圈的吸引，朋友的朋友们也开始使用微信；而当某一角色用户的数量到达一定规模，另一角色用户的数量会随之飞速增长，比如使用滴滴的出租车司机有了一定的规模，乘客开始大量地使用滴滴。平台能够产生这样的效应，其中的内在原理就是网络效应，又叫作网络外部效应。

基于网络外部效应，产业互联网平台通过供应方、需求方和支撑方等多方角色的协同创新，产生新的经济形态与效益。当然，平台经济还有其他的特性，如共享特性、虚拟特性等，但是网络外部效应是平台指数级发展的核心力量，在以网络外部效应为主的系列效应的作用下，产业互联网平台能够产生诸多的平台经济效用。

产业互联网正推动互联网发展进入深水区，互联网向产业互联网深水区演进是经济模式发展的过程，即是从线性经济到产业互联网经济模式的发展。产业互联网将传统封闭的线性交易结构变成一个平台上点对点的水平网式结构，改变了传统产业链的成本和利润沿着产业链条单向流通的模型，让研发、生产、仓储、物流、销售等环节充分协同，因此优化调整产业结构，可以产生更高的效率，降低更多的成本并获得更大的收益。产业互联网的经济模式推动产业结构的优化，产生新产业链形态。线性经济模式和产业互联网经济模式的比较，如图 5-6 所示。

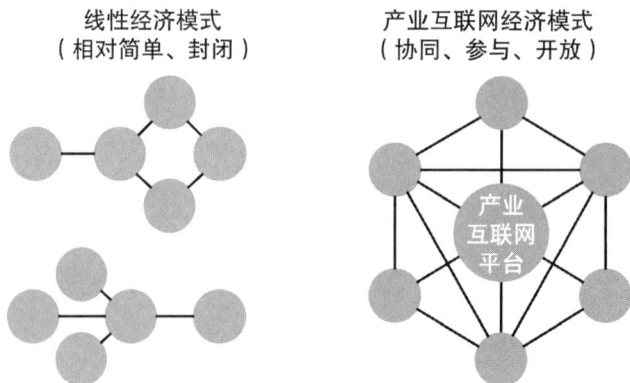

图 5-6　线性经济模式和产业互联网经济模式

5.3.1.4 改变传统供需关系，产生新价值体系

传统的贸易或零售商，从上游供货商进货，通过营销或者渠道向市场消费者进行推广，当消费者有订单需求后，贸易商或零售商进行仓储物流等供应链环节的服务。通过产业互联网平台体系，平台服务供应方和需求方的同时，也服务供应链体系的支撑方，把仓储、物流、支付等环节与第三方合作，改变供需关系，将产业链条大大缩短和弯曲，形成新的价值体系，降低产业链成本，增加主体收入，提高产业链效率。

以网络效应为主，在多种平台优势的作用下，产业互联网平台体系能够提升经营主体盈利性，让平台具备通过价格补贴等方式调节产业中价值体系的能力，以此产生新盈利模式。在平台上，汇聚大量的产业数据，包含商品流、仓储物流、支付结算等，通过数据服务进行盈利性的服务，比如可以金融体系进行风险控制服务、为供给端进行生产标准化管理指导等。产业互联网体系改变了产业价值链，让经营主体可以在更多的产业服务环节产生新的盈利模式。

在产业互联网发展的过程中，要充分将实体经济与数字经济融合，这样才能够对产业、企业带来更大的改变与提升，这种融合是不容易的，要掌握好力度和节奏，产生泡沫和错失良机，都不是产业发展的最好状态，要把握可持续发展的合适节奏，除了运用产业互联网的多种特性产生的"正"效应外，还要充分带着祛除"负"效应的思考去构建产业互联网体系。

5.3.1.5 产业发展的核心是产业链

区域经济是发展逻辑的一个聚焦维度，无论是政府的顶层规划统筹、产业的发展升级，还是企业的持续经营成长，都在区域经济的大框架之中。区域经济的发展有很多方法，但也存在诸多挑战，特别不同区域又有不同的特点，包括区域的资源禀赋、文化底蕴、意识形态等，都直接影响着其经济的发展。

区域经济的发展必须要系统性推动，自上而下地统筹区域的资源体系、产业结构，同时自下而上地贯穿企业、产业与政策的有机融合。其中产业作为承上启下的关键维度，是突破区域经济发展难题的重要一环。产业互联网通过数字科技手段，能够有效地把产业各个环节的核心要素聚合在一起，形成系统的合力，进行优化发展。

一个产业中的不同环节上的不同经营主体是构成产业的基本要素，主要有科技研究、原料、生产、制造、加工、仓储、物流、大宗贸易、市场营销、终端零售等，这些要素之间具体一条相互进行利润传递的链条，也就是产业的价值链。由此可见，产业的结构是复杂的。构成产业链的要素自然有"高""低"之别，有的占据着产业价值链条的优势地位，有的处于劣势地位，有的可以相对垄断资源，有的被资源所垄断。

产业互联网采用云计算、物联网、区块链、人工智能、3D 打印、数字孪生等数字科技，真正有效服务于产业发展的不同场景。区域经济是由多个产业构成的，由不同产业产生不同的产业场景，有飞速发展、潜力无限的新兴产业，有稳定进步、规模宏大的主导产业，也有进步缓慢、空间有限的传统产业，这些产业的结构以及科技、金融、人才体系的组合，就产生了区域经济的效应。自然，不同产业有"高""低"之分。

产业发展升级的过程就是把低端低效的要素向高端高效进行转变，即把"低"向"高"升级。在产业形成伊始，由于不断地分工，产生了不同的产业要素，通过要素之间协同，进而演变成一个产业。随着社会的进步和产业体系的持续完善，最开始形成的产业成为了社会发展的基石，为后续更多产业的形成发展奠定了基础。但是，由于要素、结构以及政策环境等多方面原因，不同产业的发展有快有慢，产生了分化。

区域经济的整体发展，是要通过不同类型产业的综合性、均衡性发展来推动，不是舍弃哪一个，而是优化区域产业的结构，进行结构性调整。"供给侧结构性改革"是从宏观给出的产业发展导向，发展产业现代化是接下来的主旋律。产业现代化有一个重要的基本逻辑，就是从产业集聚到产业集群式发展，进而达成产业现代化，推动区域经济的发展。战略性发展新兴产业，扶持主导产业，带动传统产业升级，找到区域产业中的生长极，以生长极作为核心带动边缘的发展，但与此同时要结合产业互联网通过数字化对产业赋能的核心能力，使区域上下形成一张网、一盘棋，充分发挥积极作用，最大程度规避极化对边缘产业的负面影响。

5.3.2 从农业看产业互联网推动数字乡村发展

5.3.2.1 农业产业互联网：该来的终究会来

产业互联网朝气蓬勃发展的过程中，一直被忽略的产业——"农业"开始发出更多的声音，农业产业互联网开始浮出水面。2019年腾讯就宣称开始布局农业产业，推出智慧农业，据称BAT引领了产业互联网的发展，但主要还是集中在工业领域。农业产业互联网有别于工业产业互联网，产业互联网在农业领域的深度应用就是农业产业互联网，学术界很多专家学者称之为农业互联网、"互联网＋农业"、"农业＋互联网"。

农业产业互联网的两个关键部分：一是"农业"，二是"产业互联网"。一方面，现代农业的发展就是产业链的发展，农业的产业链条很长，但基本的农业产业链（基本链）可以归纳为这几个部分：种植养殖、初深加工、仓储冷链、物流运输、市场流通、终端消费。除了上述的基本链外，还有辅助链，如农资、农机、农技、金融保险服务等；另外，农业的高质量发展要做到一二三产业融合，还要涉及拓展链。产业链是农业产业核心要素的集合，产业链上核心要素的聚集形成规模化，规模化产生规模效应，进而产业整体降本增效，农业产业升级就具备了有效的基础朝着产业化发展。

另一方面，"产业互联网"代表要在农业产业中充分利用先进的数字科技来助力发展，主要包括云计算、物联网、遥感、区块链、人工智能、大数据等等。同时，更为重要的是技术要能够结合农业的特点与痛点，与场景融合，能够解决问题。随着农业数字化进程的推进，技术的重要性毋庸置疑，但越来越多的产业意识到更重要的是技术在农业的应用场景，技术应用场景是不是能够聚合在一起形成产业链，形成体系，进而形成盈利模式。技术与产业的深度融合也是农业领域中需要解决的科技和产业"两张皮"问题的关键，是一二三产业如何融合的推动力，是农业集群式发展的内在逻辑。

5.3.2.2　农业产业互联网要经历三个步骤

农业产业互联网通过"农业＋互联网"的方式，构建一种新的机制，助力中国农业产业生产关系的再一次调整，以实现农业产业的真正升级。农业产业的发展成熟绝不是一天一日就能完成的，农业产业互联网实践过程中，要结合中国农业产业发展的五部曲，还要找到现阶段农业产业的关键点和难点。农业产业互联网实践要分三步走。

第一步，农业数字化。这个阶段也可以称为数字农业阶段。农业产业互联网的发展首先要有基础的信息化，农业产业的发展要从供给侧结构性改革开始，也就是首先要进行产地的数字化工作，包括产地基础环境数字化、产地档案数字化、生产主体数字化等。通过产地的数字化，重构生产方式。

第二步，产业数字化。从农业产业视角进一步完成数字化过程，将产地基础情况、生产企业、经营主体、加工企业、仓储物流、销售公司等产业的各个环节进行数字化。通过产业视角，重构交易流通方式。将农业产业链条上各个主体进行数字化贯通，产业链上核心要素聚合到一起，产销融互见形成基础链接。通过数字化贯穿产业，重构产业链接方式。

第三步，数字生态化。这个阶段又称为构建数字经济生态阶段。农业产业链上各个主体、核心要素进一步聚合，形成规模效应，一二三产业深度融合，形成集群式产业，通过数字化手段链接产生价值传递，打通生产、销售、金融信息（产销融互见），产销融形成信用体系，构建数字经济生态。通过生态体系的构建，将农业产业链条上的核心要素进行融合。

通过这样三个步骤，就可以快速有效地将"农业＋产业互联网"模式在一定区域内进行逐步推动，进而助力区域特色农业产业发展。中国农业产业的发展任重道远，由国家的农业政策可以看出，国家希望各个区域找到更好的方式来解决农业持续发展、升级的问题，所以要着重去思考如何在进一步释放生产力的同时，推动生产关系的改变。农业发展是一个漫长的过程，要勇于尝试，但是不能过于激进，所以，要不断尝试通过农业产业互联网这种相对稳且有效的方式，来助力中国农业的发展。

在农业产业互联网的实践过程中，需要把握三个要点：①因地制宜定方向；②阶段需求平台搭建；③链接产业实运营。农业发展不能急，但是要有方法，一切的基础首先是意识形态上的正确方向，然后通过正确的方法进行不断的实践迭代，农业产业互联网模式可能是未来助力农业产业发展最好方法。

5.3.2.3 乡村的本质属性是空间，数字力量升维乡村空间

中国城市化发展是"十四五"期间经济社会发展的主要目标，"优化国土空间布局，推进区域协调发展和新型城镇化"，目前，中国城市化发展有一个很大的挑战，即城乡关系。在国家层面已经提出了乡村振兴战略，其指导方针为：产业兴旺、生态宜居、乡风文明、治理有效、生活富裕。可见，我国已把农业农村的发展放在了重要位置，然而，乡村振兴是一个大命题，农民如何能够得到更多尊重，乡村振兴战略如何一步步落地，现代化农业产业如何实现等问题还有待进一步研究。不论是城乡关系，还是人地关系，随着"十四五"关键时期的到来，都需要越来越回归发展的本质。

相对城镇，乡村主要以从事农业为主要方式，人口较分散。乡村的本质性是空间。乡村是一个大空间，如何在这个空间中实现乡村振兴战略，如何实现农业产业化、生态美化、改善乡风、促进富裕，取决于乡村这个大空间中的内容、区位和边界，内容是空间的厚度、区位是空间的宽度、边界是空间的广度。在乡村空间中可以装入丰富的内容，装入扎实的基建、方便的厕所、干净的水池、耐用的房子、标准化的农田、产业园区，以及现代化的农业生产、加工、仓储物流企业等，空间的内容厚度决定了乡村是不是秀美。

空间处于什么样的区位，城乡如何结合，城镇化、城市发展的外延如何与乡村结合，如何与医疗、消费、生活等服务配套，农业产业链条如何延伸，使其变得更长更强，空间区位的宽度将直接影响乡村是不是舒适宜居。空间有多大范围的边界，乡村如何获取城市的信息，如何获取全国各地的资源关联，如何把远端资源吸引来、获取到，如何把乡村的生产力量更好地释放，空间边界的广度将主要影响乡村是不是能够可持续发展。

空间的打造不仅要有物理空间的维度，同时需要有虚拟空间的维度，物

理空间打造的是基础设施建设，虚拟空间塑造的是新型基础设施（新基建），包括运用 5G、物联网、大数据、人工智能等先进的数字化技术。新基建就是一张数字化的网络，把乡村中的人与人、人与物甚至物与物相互连接，让乡村突破物理空间边界的限制而变得更加广袤。通过数字的力量，将农业产业链中的生产、加工、仓储、物流、销售等各个核心要素聚合到一起，形成全产业链大数据，数字化为产业服务，构建农业产业互联网体系，深化农业一二三产业融合，助力产业升级。在虚拟空间的维度，时间变得更加灵活，信息的对称让时间效率提高，产业互联网的数字化体系产生的力量，使虚拟维度的乡村具备"空间＋时间"的升维状态。

5.3.2.4 以农业龙头企业为牵引，推动乡村产业升级

产业组织是重要的经济学研究领域，在农业产业中，龙头企业对产业发展起到至关重要的作用。农业产业互联网是产业互联网的细分领域，农业产业互联网形成的过程是模式升维的过程，但这和企业业务的数字化并非在同一维度。在农业产业互联网的领域，农业龙头企业、政府、投资机构、社会力量等，都将紧密结合。疫情影响之下，业务收缩与模式升维相伴相随。很多企业家感受到的是业务这扇门关上了，但同时模式这扇窗正在打开。产业经济将持续快速发展，产业互联网已然成为数字时代各垂直领域的新型基础设施。农业产业互联网在这种环境下应运而生，并得到快速发展。

农业产业互联网是一种模式。以特色农业产业中的龙头企业作为引领核心，牵头建设农业产业互联网平台，对特色农业产业链上下游核心环节进行改造重塑，通过数字化信息化技术手段，持续将生产、品控、技术、流通、市场、资本等要素融合打通，重构优化产业链，大幅度提升特色农业产业的运营效率，助力产业升级的同时，为龙头企业自身发展、商业模式创新、产业资源聚合及收益提高提供了新方向。涉及特色农业产业链各个环节的数字化服务，包括技术管理、原料生产管理、智能加工制造、大宗交易、标准质量管理、智

慧仓储物流、供应链金融、产业大数据等系统的建设。信息化和数据整合是农业产业互联网化的发展基础，首先要完成虚实结合的企业数字化升级，才能实现产业互联网的模式升维。因此，农业产业互联网平台会涉及推动龙头企业业务层面的数字化进程。

产业互联网化要充分结合龙头企业的现状和发展思路，完成三件重要的事情：第一，因地制宜定方向（咨询服务），输出农业产业互联网体系的顶层设计，确定符合龙头企业特色的战略方向，确保方向不能偏；第二，阶段需求建平台（平台建设），根据调研顶层设计规划分期分批，按照农业产业互联网发展的阶段建设农业产业互联网平台；第三，链接产业实运营（模式运营），根据清晰正确的方向，使用有效的农业产业互联网平台工具，聚合产业资源实操运营，真正将产业效率提升，达到预期成效。

5.4 产业激活：农业全产业链＋互联网

5.4.1 农业全产业链发展模式研究

管理学大师彼得·德鲁克（Peter F.Drucker）提出："现在的国际竞争已经不是企业的竞争，不是产品的竞争，而是进入了一个前所未有的、一个全新的产业链的决战。"诸多研究表明，现代经济理论的竞争不是产业链单一环节的竞争，也不是某一个单一产品的竞争，而是整个产业链的竞争。因此，中国农业的发展需要把产业链作为一个整体的经济系统去升级优化，提升竞争力。理论界对于"农业全产业链"的概念尚未有完全统一的描述，特别是围绕农业全产业链优化的研究探索较少。相比而言，国内外学者对农业产业链领域的研究丰富，学者认为，种植或养殖、加工、仓储物流、销售等一系列活动过程构成农业产业链，其中，任何一个活动环节断裂，都会影响到农业产业链的整体活动；数字科技手段对农业产业链的发展影响日益增加，充分利用信息数据贯通农业全产业链，能够将低价值的产业链环节取消，增加高价值的产业链环节，提升农业产业的竞争力。国内学者借鉴国外农业产业链的研究理论，围绕农业产业链概念进行了多方面探讨，认为，运转热带农产品产业链的观点，集中资金、土地、劳动力等生产要素，成片开发、规模经营，形成"产－加－运－销"或"产－运－销"的产业链，种植业、运输业、加工业、销售也围绕某主导产业，批量生产，链状转动，一二三产业之间互为动力，获得产业链的整体系统效益。通过产业链体系改变那些取得"泡沫经济"现象，促进事业型经济崛起。产业集群构成的网络结构形成农业产业链，不同产业间的需求与产品服务的供给和投入产出之间的关系是农业产业链的本质。

全产业链的概念是在市场需求的引导下，通过农业产业链发展实践过程逐步产生的。全产业链形成的过程是在以价值增值为导向的基础上完成的，产业链要涵盖原料生产、原料加工、中间制品、组装、销售、服务等上下游环节；同时，要包含产业链条中的政策和经济关联，产业链中的资源整合可以通过纵向一体化或者是契约等纵向约束模式完成。全产业链增值涉及从田间到消费者的全过程增值，通过对产业链的纵向和横向拓展，产业链上的价值体系将会不断丰富，产业链中主体的协同合作关系将进一步夯实，产业链的效率与收益提升，成本和风险降低。农业全产业链是从农业种植开始到最终消费的全业态过程，包括横向一体化和纵向一体化，产业链内通过业务进行主体之间的联系。全产业链是实现农业产业化升级的重要途径，互联网与现代科学技术使得农业全产业链模式借助"互联网+"促进产业化升级成为可能。

《农业农村部关于加快农业全产业链培育发展的指导意见》（以下简称《意见》）中对"农业全产业链"的描述是：农业全产业链是农业研发、生产、加工、储运、销售、品牌、体验、消费、服务等环节和主体紧密关联、有效衔接、耦合配套、协同发展的有机整体。《意见》指出，加快培育发展农业全产业链，需要推进延链、补链、壮链、优链，从抓生产到抓链条、从抓产品到抓产业、从抓环节到抓体系转变，贯通产加销、融合农文旅，拓展乡村多种功能，拓展产业增值增效空间，打造一批创新能力强、产业链条全、绿色底色足、安全可控制、联农带农紧的农业全产业链，为乡村全面振兴和农业农村现代化提供支撑。

基于以上论述，本研究认为农业全产业链培育发展模式是：在市场需求引导下，基于产业链分工，立足于地区特色定位与发展形势，通过纵向延伸、横向拓展和网状结构升级逐步影响农业研发、生产、品控、加工、储运、销售、品牌、体验、消费和服务等产业链环节，利用数字技术手段贯通产业链各个环节，紧密联结主体，推动农业全产业链要素集聚，优化产业链结构，降低产业发展成本和风险，提升产业发展效率、增值空间与收益的动态演进过程。

5.4.2 农业农村中的数字经济

5.4.2.1 县域农产品电子商务发展现状

随着国家扶持政策的力度加大以及农村互联网普及率的不断提升，农村电商产业近年来发展迅速，2020年零售额持续增长，农村电商的利好政策不断出台，农村网民规模不断扩大，中国农村电商产业总体处于良好的发展环境。在"乡村振兴"战略利好条件下，农村电商向好发展势头不改。事实已经证明，农村电商在推动农业产业转型升级、促进地方经济发展、解决"三农"问题和实施精准脱贫等方面发挥了重要作用，未来前景依旧可期。

（1）县域农产品网络零售形势喜人。2019年，全国县域农产品网络零售额达2 693.1亿元，同比增长28.5%，农产品电商市场进一步激活。其中，植物类农产品的网络零售额为2 142.9亿元，占比79.6%；动物类农产品的网络零售为433.3亿元，占比16.1%；农资类产品的网络零售额为116.9亿元，占比4.3%（数据来源于《2020全国县域数字农业农村电子商务发展报告》，下同）。从品类看，重点农产品网络零售总额约为2 028.1亿元，占县域农产品网络零售总额的75.3%；其中，植物类加工食品、粮油调味、植物类生鲜排名前三，网络零售额占比分别为17.5%、11.7%和8.4%，网络零售量占比分别为19.6%、10.2%和7.9%（如图5-7所示）。

（2）品牌农产品竞争优势凸显。从农产品品牌发展看，"头部"品牌电商市场占比较大，"尾部"农产品品牌呈现"种类多、流量少"特点。欧特欧监测数据显示，2019年，休闲食品中的"三只松鼠"全网销售7个第一，网络零售额占比为14.3%，消费者黏度较大；"百草味""良品铺子"分列二、三位，全网零售额占比分别为6.9%和6.2%。在粮油调味中，"金龙鱼""福临门""鲁花"排名前三，老品牌仍然具有一定优势；在生鲜食品中，京东生鲜自有品牌——"京觅"市场份额最大，网络零售额占比为2.3%，"日日鲜"网络零售量占比最大，为4.5%。

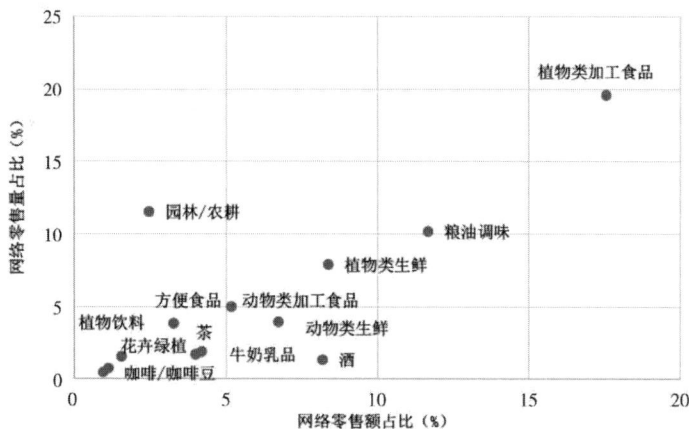

图 5-7 2019 年县域重点农产品（二级品类）网络零售情况

（3）农产品电商区域发展呈"头部集中、尾部多样化"。从区域情况看，由于农产品的时效性、保鲜度等限制，电商企业会优先选择在网商聚集度高、物流配送体系完善的东部沿海区域集中发展。2019 年，华东地区县域农产品网络零售额达 1 054.4 亿元，占全国农产品零售总额的 39.2%；华南地区的县域农产品网络零售额为 631.0 亿元，华北地区的县域农产品网络零售额为 493.8 亿元，分列二、三位，占比分别为 23.4% 和 18.3%。从增长情况看，华北地区县域农产品网络零售额增速最快，较 2018 年增长了 42.4%，华东地区、东北地区紧随其后；西南地区县域农产品网络零售量增速最快，同比增长率为 52.2%（如图 5-8 所示）。

从省市情况看，县域农产品电商市场梯队层次明显，出现"长尾"分布。广东省、北京市、浙江省排名前三，农产品网络零售额分别为 592.1 亿元、361.6 亿元和 331.4 亿元，占比依次为 22%、13.4% 和 12.3%，合计占县域农产品网络零售总额的 47.7%；从重庆市开始，各省份的县域农产品网络零售额占比不到 1%。发达省市的电商产业链完善、网商聚集程度高、农产品销售能力强，能更好地组织对接原产地，其农产品网络零售市场占比较大，与电商基础设施薄弱、"尾部"梯队的省份逐渐拉开距离。相较于广东、北京、浙江等电商实力雄厚的地区，拥有丰厚特色农产品资源的新疆、宁夏等省份农产品电商市场占有率较小，如何提升这些省份的电商产业环境，打通农产品上行通道，完善农产品供应链体系是拉动当地特色农产品电商发展迫切需要解决的问题。

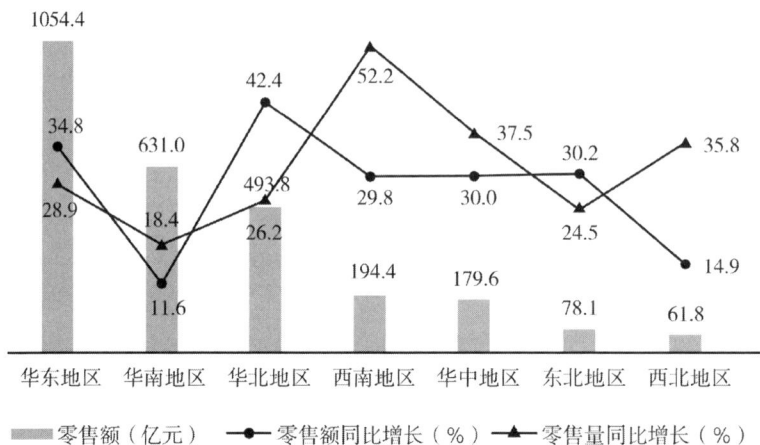

图 5-8　2019 年县域农产品网络零售区域分布情况

（4）县域农产品网络零售遍地开花。2019 年，全国县域农产品网络零售前 100 名的零售总额为 948.80 亿元，占县域总额的 35.23%。从区域分布看，前 100 中有 60 个县级地区集中在华东地区，农产品网络零售额占比达到 25.39%；12 个县分布在西南地区，农产品网络零售额占比为 3.34%；8 个在华中地区，农产品网络零售额占比为 1.77%；8 个在华南地区，农产品网络零售额占比为 1.69%；6 个在华北地区，农产品网络零售额占比为 1.98%；4 个在东北地区，农产品网络零售额占比为 0.74%；2 个在西北地区，农产品网络零售额占比为 0.32%（如图 5-9 所示）。

从排名看，前 10 名中只有和林格尔县属于华北地区，其余 9 个县都集中在华东地区，可见，华东地区的农产品电商发展具有绝对领先优势，其中，浙江省杭州市萧山区、福建省泉州市安溪区、江苏省宿迁市沭阳区排名前三，农产品网络零售额占县域农产品网络零售总额的 4.71%、1.50% 和 1.44%（如图 5-9 所示）。

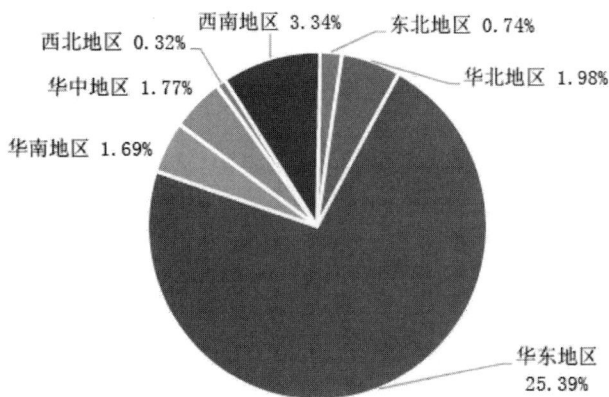

西北地区 0.32% 华中地区 1.77% 华南地区 1.69% 西南地区 3.34% 东北地区 0.74% 华北地区 1.98% 华东地区 25.39%

·东北地区 ·华北地区 ·华东地区 ·华南地区 ·华中地区 ·西北地区 ·西南地区

图 5-9 2019 年 TOP100 县域农产品网络零售额的区域分布情况

（5）国家级贫困县农产品上行区域特色明显。电商平台的不断下沉，逐渐打通了贫困地区农产品上行通道，加速贫困地区的配套服务体系建设，深度挖掘与培育当地特色农产品产业，带动当地经济的快速发展。2019 年，832 个贫困县农产品网络零售额总额为 190.8 亿元，同比增长 23.9%。从农产品网络零售额看，排名前五的贫困县有 4 个属于西南地区，其中，泸州市古蔺县、拉萨市堆龙德庆区的农产品网络零售额分列一、二名，占比为 5.5%、4.7%。从农产品品类看，各县的热销农产品多为当地的特色农产品，如泸州市古蔺县网络零售第一的农产品是白酒。

5.4.2.2 县域电子商务发展趋势

（1）农村电商的短板将迅速弥补，产业链环节日趋完善。伴随我国"邮政在乡""快递下乡"工程持续推进以及政府支持建设的县域电子商务公共服务中心、村镇电子商务服务站点的普及，县域农村电商的服务网络覆盖率将进一步提升，下行物流的"最后一公里"问题将得到缓解。在农产品电商上行销售基础设施方面，2020年中央1号文件把集中力量完成打赢脱贫攻坚战和补上全面小康 "三农" 领域突出短板确定为两大重点任务，在农村道路完善，行政村光纤网络和第四代移动通信网络普遍覆盖，农产品仓储保鲜冷链物流设施建设，建设产地分拣包装、冷藏保鲜、仓储运输、初加工等农业基础设施等方面加大投入，农产品电商也将得益于农村农业基础设施的整体完善，弥补供应链各环节的短板，更好地服务城乡居民消费升级的需要。

（2）电子商务引领县域农村消费升级。近年来，国家发布多项措施促进消费升级，不断挖掘城乡消费潜力，优化消费环境，满足人民群众消费需求，促进国民经济健康发展。县域电商的发展一方面通过工业品下行丰富了城乡居民的消费选择和方式，同时通过农产品上行带动了当地的就业和收入增长。随着农村居民人均可支配收入的增加，县域及县以下消费水平稳步提升，电商平台市场下沉，交通、物流、通信等消费基础设施逐步完善驱动县域消费潜力进一步释放，消费升级趋势在县域农村地区愈加明显，呈现出个性化、高端化、品质化、多样化等特征。京东大数据显示，京东平台中县域消费总额近年增速均高于平台整体，且增速差呈扩大趋势。电商平台争先向县域市场下沉，为县域消费者提供一站式商品购买和服务体验，不仅降低了购物成本，同时带来了城市的生活品质，助力农村消费升级。智能家居产品、健康产品、进口产品等消费品在县域消费增长，县域市场对品质商品的需求迫切，县域消费市场潜力巨大。

（3）电商创新发展引领农业数字化转型升级。当前，我国正处于从传统农业向现代农业转型期，农产品供给日益丰富，现代信息技术在农业领域广泛应用，已进入建设数字农业农村的新阶段。电子商务将随同互联网、大数据、人工智能、区块链、5G和农业全产业链的深度融合展现出新业态、新模式，基于大数据的电商创新将成为市场竞争的焦点，必将为推动县域经济增长提供新动能，为产业转型升级增强新动力，数字红利将在农村地区特别是贫困地区得到更宽领域、更深程度的释放，让农民群众更多更好地分享信息化发展成果。中国互联网协会数据显示，2018 年我国农业数字经济占行业增加值比重为 7.3%，较 2017 年提升 0.72 个百分点，农业数字化水平逐年提高。应强化数字农业科技创新，建立数字化农业基地，打造数字农场，完成农产品流通数据在线化，利用农村电商大数据促进农业供给侧结构优化，针对市场调整生产结构、进行产品创新、降低成本，利用线上线下销售平台拓展农产品销售，并根据销售数据提前补货，实现产 – 供 – 销的数字化管理，提升供给侧端的整体效益。

（4）电商新业态新模式与县域经济加速融合。伴随县域电子商务蓬勃发展，新零售、共享经济、拼团、砍价、网红直播、短视频等新业态新模式将进一步发展成熟，直播电商成为电商发展新趋势，将激发返乡下乡人员创业活力，大量的"村红"直接变身为农特产品、农村旅游资源的代言人，县域电商人才队伍将快速壮大。随着各地农产品出村进城加速推进，巨大的市场空间必将引领各类产业资源向农村聚集，加快农村地区、贫困地区接入新经济。县域内各类生活服务如在线餐饮、休闲娱乐、美容美护、酒店、亲子、在线旅游及在线教育等生活性服务 O2O 市场发展迅速，为县域农村消费者带来了更加便利、更低成本、更高质量和更优服务的生活。休闲农业、农村文化旅游、农家乐等业态蓬勃发展，县域电子商务与乡村旅游业融合发展，借助抖音、快手、微信等新媒体开展网络营销，旅游服务带动当地农副产品的销售，增加农民收入、改善农村生态。值得注意的是，这一过程中还要防止直播电商野蛮生长，规范主播、规范商品、规范行为，只有这样，才能让"火"起来的直播电商行得正、可持续、走得远。

（5）聚焦本地服务的区域小流通发展空间广阔。快速提升的城乡居民可支配收入预示着区域性的地方市场消费潜力巨大，县域电商发展将进一步形成"政府 + 市场"驱动机制，市场的决定性作用更加凸显，以县域为单元形成自循环的区域性小市场将加快发展。这个市场对于区域特色明显的农产品尤其适用，也吸引以赶街网为代表的一批农村电商企业扎根小区域、做实新流通；加上抖音、快手等直播平台极大地降低了销售门槛，村播服务县域的产品地方化销售也蔚然成风。大量短期内无法形成规模化、标准化的农特产品可以通过县域及泛县域的电商小流通找到合适的消费群体，加之小区域流通物流成本低，保鲜要求低，"小而精、小而特、小而美"的电商发展模式更能激发当地市场活力，形成有效的可持续发展机制。

5.5 价值共创：农业产业互联网

党的十九大报告提出实施乡村振兴战略，将乡村振兴作为解决"三农"问题的总战略，产业兴旺、生态宜居、乡风文明、治理有效、生活富裕是实施乡村振兴的总要求。农业产业的升级发展是实现产业兴旺，实现"金山银山，绿水青山"的最主要手段，特别是 2020 年全面打赢脱贫攻坚战，全面实现小康社会，促进农业产业发展，具有重要意义。提升和优化产业结构，升级产业是当前农业经济发展的核心主题。当下，市场的环境、顾客的需求、信息技术的变革都在影响农业产业的发展过程，从产业的视角来看农业产业的发展，位于产业链各环节的经营主体，包括农业的种植养殖、初深加工、仓储物流、大宗交易、市场营销等，通过系列的价值创造活动实现产业的价值，农业产业的价值增值是产业发展的关键绩效。本节将基于价值链、虚拟价值链和价值网理论的指导，对农业产业价值链的构成和管理进行探讨，以此来寻求更有效的方式提升农业产业的价值增值效率。

5.5.1 价值链理论发展机理

5.5.1.1 价值链理论

1985 年，迈克尔·波特（Michael E.Porte）在《竞争优势》（*Competitive Advantage*）一书中提出价值链的理论。他认为，人们将价值创造活动分成基本活动和辅助活动两类：基本活动与产品的制造和分销直接相关，辅助活动帮助企业完成基本活动。基本活动包括对内后勤、对外后勤、营销、生产经营、服务；辅助活动包括采购、基础设施、人力资源、研发设计。这些相互关联作用但又差异化的活动，是企业资源与能力的表现，为企业完成价值创造过程，这些活动构成了企业的"价值链"。麦肯锡管理咨询公司提出一般价值链模型，模型抽象出企业价值创造过程需要的六种不同活动：技术研发、产品设计、制造、营销、分销以及服务（如图 5-10 所示）。

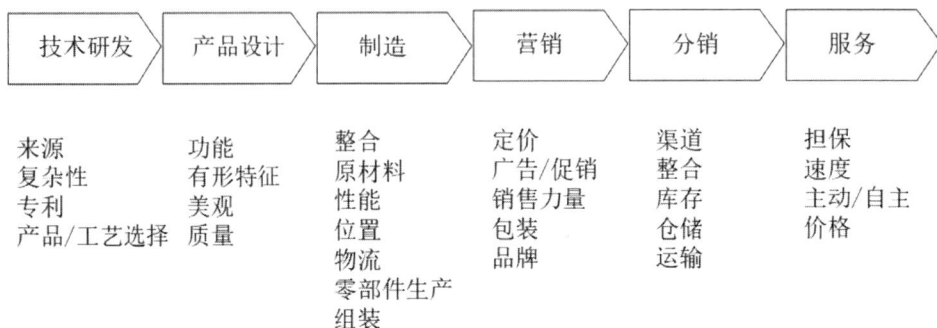

技术研发	产品设计	制造	营销	分销	服务
来源 复杂性 专利 产品/工艺选择	功能 有形特征 美观 质量	整合 原材料 性能 位置 物流 零部件生产 组装	定价 广告/促销 销售力量 包装 品牌	渠道 整合 库存 仓储 运输	担保 速度 主动/自主 价格

图 5-10　麦肯锡公司研制的一般价值链

通常情况下，人们利用价值链来帮助企业分析价值创造的过程，分析的侧重点在于企业自身价值创造的系列关键活动和市场竞争环境下的资源争夺。但是，在商业环境中，价值增值不仅受到企业自身价值创造活动的影响，还要受到供应商、竞争者、替代者、顾客等多种角色行为的影响。价值链的理论存在一定局限性，其侧重于竞争环境的分析和思考，但在新的商业环境中，要充分考虑合作、协同的商业状态，以及科技等推动商业环境变革的力量所带来的影响。

5.5.1.2 虚拟价值链理论

虚拟价值链（Virtual Value Chain）由哈佛大学的雷鲍特（Rayport）和斯维奥科拉（Sviokla）在 1995 年提出。他们认为，信息时代的背景下，企业的竞争环境由两个不同的市场组成，即市场场所（Marketplace）和市场空间（Marketspace）的融合。市场场所是物质世界，物质世界中的资源是有形的，看得见摸得到、真实存在的；市场空间是虚拟世界，虚拟世界中的资源主体是信息，主要载体是互联网平台等，虚拟价值链通过收集、组织、选择、合成和分配信息以此达到价值创造的成效。在这两个市场中存在依托于物质资源和依托信息资源的两类价值增值活动，对应的即为实物价值链和虚拟价值链。

因此，广义的价值链概念是由实物价值链和虚拟价值链组成，基于物理空间的实物价值链通过将投入转化为产品及服务的过程实现价值增值，基于虚拟信息空间的虚拟价值链通过信息产品及服务进行价值增值，两个链条相互关联、并行且具有独立性。

虚拟价值链是实物价值链的信息化反映，是将实物价值链以信息的形式反映在虚拟的信息世界所形成的信息价值链，是虚拟信息世界对实物价值链的映射，虚拟价值链和实物价值链相互平行。利用虚拟信息的灵活、可复制、无限延展、快速传播等特性作用于物理价值链，可以更为精准地针对客户需求进行优质的个性化服务，以此创造价值增值。

5.5.1.3　价值网理论

Mercer 顾问公司的亚德里安·斯莱沃斯基（Adrian Slywotzky）于 1998 年在其著作《发现利润区》（*The Profit Zone*）一书中首次提出价值网的概念。在数字经济的背景下，企业所面临的商业环境日益复杂，传统的价值创造行为受到了更多挑战，企业需要将价值链上的各个环节结合数字信息技术，形成新的价值创造方式，使企业突破自身内部价值链的限制，与外部其他企业的价值链相互关联，形成合作协同关系，构建更优的价值创造联合体。企业发展自身价值链的同时，多个企业与企业之间的价值链进行联结，价值链从线性结构演进成为价值网络。

价值网是一种以顾客为核心，通过信息化手段构建数字供应链体系，多企业之间相互协同合作实现价值创造的网络结构，满足顾客的需求多样性。构建价值网的过程是重构价值链的过程。价值网是网络组织模式，其价值结构不仅由单个节点企业价值和顾客价值组成，还要考虑单个节点放在价值网络中，各个节点企业之间"竞合"互动形成的价值体现。

5.5.2 农业产业价值链的构成

目前学界涉及治理结构和制度框架方面的农业产业链研究较多，但对于价值链增值的程度和具体措施研究较少，在研究方法的选择上也不尽相同。由此可见，我国农业产业价值链有很大的发展和研究空间。农业产业价值链的构成是由位于产业链上不同环节的农业经营主体，通过特定的价值创造活动将彼此价值链联接，形成基于农业产业的产业价值链。农业产业链上的价值创造活动主要包括科技研发、农资农机生产、种植养殖、农产品初级加工、农产品深加工、仓储物流、市场营销等环节。基于此，本文给出农业产业价值链如图5-11所示。

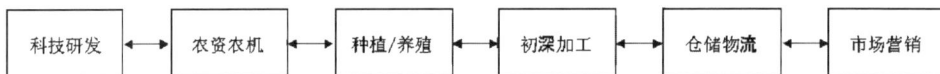

图 5-11 农业产业价值链

（1）科技研发。科技研发环节主要针对农业生产方面的科学技术等进行研究，涉及种植、养殖、化肥农药的用法、各种农业生产资料的鉴别、精准农业生产模式等多个方面，通常科技研发机构通过将研究成果服务于产业，进行价值创造。

（2）农资农机。农资农机对农业生产过程而言是重要的支撑。农资包括种苗、饲料、农药、化肥、农膜等，农机主要是农业机械的生产和服务，通过农资农机保障来提升农业生产的效率和农产品的质量，以此形成价值创造和增值。

（3）种植养殖。农业的种植、养殖环节是农业生产的核心环节，在此环节由不同种类的农业经营主体完成价值创造过程，主要涉及的主体有农户、家庭农场、合作社、龙头企业等。农业区域的自然禀赋、环境特点等因素对种植、养殖的生产过程有较大影响，是农业生产的基础要素。

（4）初深加工。经过种植、养殖等生产过程产出的初级农产品经过初加工后产生一定的价值增值，初加工过程通常是对产品进行分等分级、包装整理等处理，但此时通过初加工产生的价值增值是有限的。随着技术和市场的发展变化，深加工的需求增加，初级农产品经过深加工产生的价值增值越来越大，当然，深加工需要更多资源、技术的投入。

（5）仓储物流。农产品经过仓储和物流环节进行流通，在流通过程中存在大量损耗，如鲜活农产品损耗率达15%左右，由于蔬菜、水果等鲜活农产品的需求量增大，除正常的仓储物流外，对冷链仓储和运输的服务要求越来越高。通过仓储物流环节的良好保障，能够延长农产品保质期、降低损耗、提高流通效率等，形成价值增值。

（6）市场营销。农产品的市场营销环节是价值创造的核心环节，通过市场营销将农产品与大宗采购商、批发零售商、消费者进行链接实现价值传递和价值转化。由于产品的质量参差不齐、市场需求与生产不对称等问题的存在，品牌会对营销环节起到关键作用，直接影响价值增值的绩效。

5.5.3 基于虚拟价值链和价值网的农业产业价值链的构建

随着技术、全球化和社会责任等变革力量的推动，商业环境在持续发生变化，顾客具备了更多的能力，可以主动与价值提供者进行互动并提出更多要求，顾客在市场的话语权越来越重；同时，企业具备了相比在传统市场环境中的更多能力，可以通过网络等手段与顾客进行互动，更精准地满足个性化需求，也更容易收集到市场的信息和顾客需求，从而降低成本。

结合虚拟价值链和价值网的理论，我们认为，农业产业价值链的构建应以满足顾客需求为中心，充分利用好数字信息化手段将产业链上的各主体链接，通过协同合作、优势资源互补，使顾客参与到价值创造的过程中，进而形成持续发展的价值链。基于虚拟价值链和价值网的农业产业价值链由实体产业价值链、虚拟产业价值链和网络结构形态的产业价值网构成（如图 5-12 所示）。

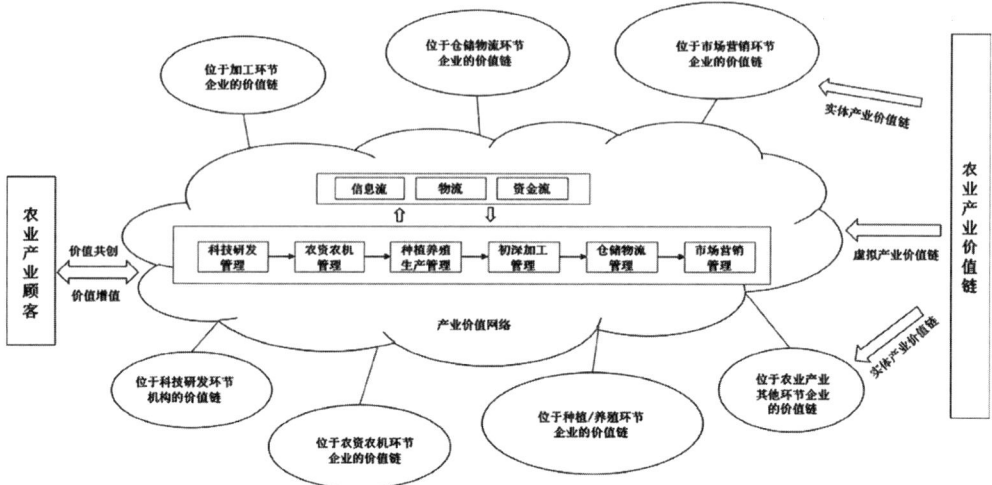

图 5-12　基于虚拟价值链和价值网的农业产业价值链

农业产业链上各类经营主体的价值链，通过组成价值链的主要活动和辅助活动来完成在市场场所的价值创造过程，如企业自身的种植、养殖过程，产品的包装加工过程，市场营销的过程等，企业和企业之间的实体价值链进行关键活动的链接就形成了实体产业价值链。

虚拟价值链是通过数字化信息化技术，依托互联网信息平台，将农业企业实体价值链的信息进行收集、组织、选择、合成、分析、分配、评估，将实体的物质资源、市场场所和数字信息结合，在市场空间进行价值增值，企业和企业之间的虚拟价值链再进行链接互动，当农业产业链上的各个节点企业的虚拟价值链相互链接后就形成了农业产业的虚拟价值链。

基于实体价值链和虚拟价值链，农业产业链上的各个环节企业通过产业层面上价值创造的关键性活动进行关联，在产业的不同节点相互链接、互动，构建包括科技研发管理、农资农机管理、种植或养殖生产管理、初深加工管理、仓储物流管理、市场营销管理等环节的虚拟价值链，在此基础上通过有效的信息传递和处理，将产业链上各个环节的企业价值链打通，构建价值网络，形成农业产业价值链。

基于虚拟价值链和价值网的农业产业价值链各个环节通过价值网络组成一个有机的体系，形成共建、共存、共创、共赢机制，相互协作、相互依存的状态，在这样的体系中，农业产业的上游、中游、下游融合贯通，产业链涉及大量的信息、物流、资金能够快速有效的传递，价值链上各个环节企业能够有效的协同、竞合，同时，通过虚拟价值链的作用，使用信息化手段与顾客深度链接与互动，进行价值共创，价值网系统持续动态迭代发展。

5.5.4 农业产业价值链管理

基于虚拟价值链和价值网构建的农业产业价值链上的各个组成节点，通过价值网的组织模式，以竞争与合作共存的动态发展过程实现价值增值。对农业产业价值链要基于整个价值网机制体系进行整合管理，因此需要通过以下三个方面构建出有效的管理优势。

（1）产业价值链延伸。农业产业价值链是农业产业发展的价值体现，产业的发展可分为纵向延伸模式和横向延伸模式两种。纵向延伸模式是从农业产业链的生产核心向上、下游两端进行延展，逐渐让更多企业进入到产业链的不同环节。横向延伸模式是在产业链上某个环节企业进行相互合作，如进行农业产品的生产合作，整合种植养殖基地，共同塑造农产品品牌等。通过产业链的延伸增加产业的完整度，提升产值，同时通过完善的产业服务能力满足顾客的多样化需求。

（2）龙头企业引领发展。现代化农业是农业发展的重要方向，传统农业"小、散、乱"，无法形成规模化效应。农业的集约化、规模化发展需要农业龙头企业进行产业发展的带动，产业发展过程中需要具有规模的龙头企业，政府通过对龙头企业发展的扶持、培育，就可以在产业链中形成龙头企业带动中小经营主体的局面，从而不断推动产业价值增值的形成。

（3）建立信息渠道和利益分配机制。农业产业价值链延伸发展要考虑纵向关联的广度和横向关联的深度，产业价值链中的信息流通顺畅是保障产业链各个环节企业高效互动的基础，通过信息流通保持产业的高效协同，供给侧与需求端形成统一，重构传统农业产业链，降低成本，提升产值。通过农业产业价值链的协同创造出的价值要远远大于单一企业创造的价值，在产业价值链形成和发展过程中，要根据参与到其中各环节的成员企业的定位进行合理的利益分配，这是价值网络体系存在和发展的基础，在此之上构建和谐的合作体系，使农业产业价值链具有可持续发展的状态与能力。

6 农业产业互联网数字经济模型提出

哈佛大学教授迈克尔·波特（Michael E.Porter）于 1990 年首次提出"钻石模型理论（国家竞争优势论）"，他认为分析产业在国际上的竞争优势，可以使用一个通过多个要素联系组成的战略分析系统，生产要素、需求条件、相关及支撑产业和企业战略、结构和同行竞争是基本要素。与此同时，政府支持和机遇是影响产业竞争力的附加条件。在以上六个要素的链接互动作用下动态构成了产业的竞争力来源。

本研究基于波特钻石模型的理论概念，采用类似的结构特征提出农业产业互联网数字经济模型（也称为农业产业互联网"钻石"模型），并将该模型定位为农业产业与数字科技充分融合后，通过商业模式引导，产业各个主体协同进行价值创造和价值获取的动态创新生态系统。农业产业互联网数字经济模型包括产业组织、商业模式、技术架构、金融资本、创新生态、全链标准和产融数据 7 个模块。其中，产业组织和商业模式组成顶层设计部分，金融资本和创新生态组成资源运营部分，全链标准和产融数据组成内核价值部分，技术架构是平台的技术应用。各个模块之间交换的内容为 7 个：信息流、交易流（商流）、控制流、数据流、资金流、业务流和信用流等载体，塑造出 3 个模式：盈利模式、资本模式和风控模式。农业产业互联网钻石模型结构图呈现的是各个模块和要素之间的链接机构，可以指导使用者理解农业产业互联网各组成部分的关系。

（1）产业组织模块。产业组织模块是指农户为主、政府主导、企业引领、科技支撑、社会资本参与构建的一个有机的整体，通过产业组织将区域特色农业产业作为一个整体来进行服务，产业组织不是单一角色，而是由产业中的多种角色共同组成，产业组织是一个市场化运营的主体，通过对产业的统一运营和服务达到对产业创新绩效的效率提升。

（2）商业模式模块。商业模式模块是指通过产业组织将区域特色农业产业作为统一整体，产业的运营可形成符合自身特点的商业模式，涉及对象、产品或服务、渠道、盈利模式等商业模式的核心方面。通过商业模式的塑造促进现代化供应链和产业链的体系打造，同时，将乡村产业的经济效益留在区域。

（3）技术架构模块。技术架构模块是指充分利用数字科技手段打造农业产业互联网平台，平台涉及对农业生产体系、经营体系和产业体系的综合服务功能。数字化的农业产业互联网平台作为工具，聚合农业全产业链主体与相关资源，数字化全产业链贯通，在提高产业生产力的同时，构建符合产业创新发展的生产关系。

（4）金融资本模块。金融资本模块是指金融机构通过产业组织的运营聚合到产业互联网平台上，通过资本资源支撑农业产业的发展升级，除此之外，产业组织也可以作为资本汇聚的节点。

（5）创新生态模块。创新生态模块是指产业生态如同生态系统，农业产业链中的各个主体，相互影响、协同，并在一定时期内处于相对稳定的动态平衡状态，构成产业统一整体。

（6）产融标准模块。产融标准模块是指一二三产业融合性的全产业链标准体系，将生产、经营和产业体系作为整体塑造标准，以标准作为产业控制、管理和组织协调的依据。

（7）全链数据模块。全链数据模块是指通过农业产业互联网平台工具获取的区域特色农业产业全链条的大数据体系。主要涉及科技、生产、品控、储运、销售、体验、品牌、消费和服务等全产业链环节。通过数据要素的流通提高产业创新的效率。

技术架构模块与产业组织模块间产生信息流，与商业模式模块间产生交易流，与全链标准模块间产生控制流，与产融数据模块间产生数据流，与金融资本模块间产生资金流，与创新生态模块间产生业务流，在以上"六流"的基础上形成信用流。顶层设计与资源运营和内核价值部分结合构成资本模式及盈利模式，与技术应用和内核价值部分结合构成风控模式。盈利模式是绩效创造、交换和提升的呈现形式，资本模式是资金资源运作的多种形式的集合，风控模式是风险管理和控制的组织形式，其中盈利模式和资本模式是正向绩效因素控制模式，风险控制模式是负向因素控制模式。顶层设计、资本运营、技术应用和内核价值4个部分不断交互与迭代，农业产业互联网钻石模型中的各个模块之间相互关联、相互影响，形成一个动态的运行系统。如图6-1所示。

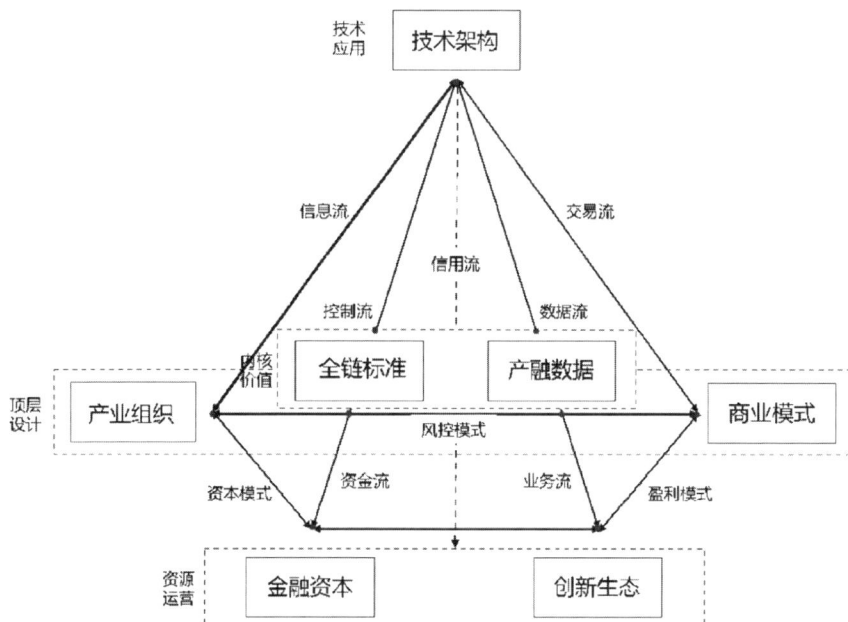

图6-1　农业产业互联网钻石模型结构图

6.1　产业组织（顶层设计）

地理接近只是企业集聚的空间特点，但空间距离的靠近并不是必然导致企业之间分工协作以及真正意义上的产业集聚的发生。我们认为空间集聚只是产业集聚的地理现象，产业集聚是建立在企业网络基础之上的。在乡村，大量的农民或农业经营主体围绕种植类或养殖类等产品进行生产活动，这些农业生产经营者在乡村的空间中集聚，产生大量的同质化农产品，由于在特定的乡村空间中集聚，具备了产业集聚的基础，这种与集聚化发展趋势相适应的产业组织结构是空间网络组织结构，经营主体之间由于密切的联系构成空间网络组织，是产业成长的关键。农业经营主体（大户、合作社、农业企业等）作为空间网络组织的节点，逐渐形成集合集中集聚集群，各个节点主体在网络组织中既涉及竞争关系，又存在多方面的合作关系。这些农业经营主体是通过"信任－承诺－集体规范与标准"的作用，建立相互依存、相互信任的特殊关系，从而形成多样长期的经济交易活动，实现信息和资源的传播。

6.1.1　经营组织体系的发展

土地制度是农业经济发展的基础，土地制度的变革极大程度影响着农业经济的发展进程，土地制度的演变推动农业经营组织体系的演进。农业经营组织体系是在农业产业链各个环节上进行资源要素组合和收益分配的特定组织结构。农业经营组织体系不仅指农户（大户）、家庭农场、产业化联合体、农业企业等农业的经营主体，还包括各个主体之间的关系。在不考虑乡村资源和技术条件变化的情况下，农业经营组织对农业生产效率起到决定性作用。

我们将新中国农村土地制度的演变分为三个阶段。从新中国成立初期到20世纪50年代的"打土豪分田地"是1.0阶段；20世纪50年代中期到80年代初期的"农业学大寨"是2.0阶段；20世纪80年代后的"家庭联产承包责任制"是3.0阶段。不同阶段农村土地制度的演变对应的是土地所有权的变迁。1.0阶段土地由农民所有、农户经营耕种；2.0阶段土地由集体所有、集体统一经营；3.0阶段土地由农民集体所有、农民经营使用。随着中国农业经济的发展，20世纪90年代末以来，在3.0阶段土地家庭联产承包责任制的基础上，形成了土地所有权、承包权和经营权"三权分置"的产权关系，此阶段可称之为3.5阶段，土地在相对稳定的承包权基础上，经营权可向公司、大户、家庭农场等新型经营主体更为高效地流转和集中，进而促进农业的规模化、集约化、标准化和专业化生产，从而提高农业生产经营绩效。

农业经营组织体系中农村集体经济组织是有别于企业组织的，农村集体经济组织有两大基本特征：一是集体资产不可分割到个人；二是集体组织成员享有平等权利。从这两个基本特征不难看出，首先，农村集体经济组织并不是共有制经济组织。因为法律规定，共有资产可以分割到人，也可以转让共有人持有的资产份额，因此共有制经济的实质是私有经济。有些人说，集体产权制度改革，使农村集体经济组织的资产从"共同共有"变成了"按份共有"。这不正确，因为无论"共同共有"还是"按份共有"，都属于共有制经济，而不是我国农村集体经济。其次，农村集体经济组织也不是公司、企业性质的经济组织。法律关于公司或企业发起、设立的规定完全不同于农村集体经济组织。在现实生活中，公司或企业破产、兼并、重组等情形不可避免，但农村集体经济组织显然不可能发生此类情形。因此，有条件的农村集体经济组织可以依法设立公司或企业，并依法从事经营活动和承担市场风险。但农村集体经济组织本身不能改制为公司或企业。

党的十九届五中全会审议通过的《中共中央关于制定国民经济和社会发展第十四个五年规划和二〇三五年远景目标的建议》，以及2021年中央1号文件中，在其中第（八）打好种业翻身仗部分，提出支持种业龙头企业建立健全商业化育种体系；第（十一）构建现代乡村产业体系部分，提出加快健全现代农业全产业链标准体系，推动新型农业经营主体按标生产，培育农业龙头企业标准"领跑者"；第（十三）推进现代农业经营体系建设部分，提出突出抓好家庭农场和农民合作社两类经营主体，鼓励发展多种形式适度规模经营。实施家庭农场培育计划，把农业规模经营户培育成有活力的家庭农场。推进农民合作社质量提升，加大对运行规范的农民合作社扶持力度。发展壮大农业专业化社会化服务组织，将先进适用的品种、投入品、技术、装备导入小农户。支持市场主体建设区域性农业全产业链综合服务中心。支持农业产业化龙头企业创新发展、做大做强。由此可见，我国农业经营组织演变的基本方向是培育创新型经营主体，依靠龙头企业带动。

在实践当中，我国农业经营组织体系经历了四个阶段的演进。

第一阶段是"自由市场"阶段。农业企业与农户在商品市场上自由交易，交易价格随着市场上下波动，双方依靠不稳定的临时性商品契约合作关系。

第二阶段是"农业企业＋农户"阶段。企业与农户签订订单，以此来规避农产品价格不稳定的风险，企业与农户提前签订农产品的购销合同来确定双方的合作关系。

第三阶段是"农业企业＋中介组织＋农户"阶段。在企业与农户合作过程中，单方面毁约的情况屡见不鲜，两方订单的谈判、信息对称、履约等各方面的成本都很高，中介组织应运而生，将企业的需求整合后向农户传达，把农户的产品集中与企业议价谈判，企业与农户的关系从对立竞争转化为合作竞争。

第四阶段是"农业企业＋合作社＋农户"的阶段。企业与农户的合作通过合作社的形式深入发展，可以通过入股合作、商品契约等制度来确定合作关系，形成更加紧密的利益联盟。特别是在此阶段出现了"工厂农业"的模式，即企业租用农户的土地进行生产经营，将农户家庭劳动者雇佣成为工人，公司收购农户生产的农产品，企业对生产环节具备了有效的控制权力，以此提升对农产品的安全保障。

6.1.2 市场之外的因素

在农业经营组织体系演进发展的轨迹中，各种问题依然可见，农业经营组织不仅要考虑市场的因素，还要同时考虑利益冲突、激励机制、土地、政策四个因素的优化解决。

一是公司与农户利益存在"冲突"，公司关注中长期的利益，农户更多地关注短期利益，农户的小农意识带来的诚信问题、质量意识缺失等情况，导致在经营主体合作的过程中，公司对生产过程的监管成本极高，对生产过程的控制十分有限，原料质量不可控，公司存在由于农产品质量安全等方面的经营风险，品牌和信誉难以得到保障。同时，企业在发展经营过程中，农户很难分享到企业在产业链中由于协同效应带来的"额外"利润。

二是农户的激励机制设计难度和挑战大。农业劳动者"跑冒滴漏""偷工减料""磨洋工""搭顺车"的现象屡见不止，因为农业劳动投入的边际贡献难以界定，企业想要防止上述现象，需要付出更大的监管与契约合作成本，不仅要通过土地流转等要素合作，还要通过商品契约等更加强有力的激励方式。

三是土地产权稳定性弱。如上所述，我国现行的土地政策中，土地所有权是属于农民集体所有，禁止任何交易，土地承包经营权只能在村集体经济组织成员之间转让或者转包，经营权可以更大范围的有条件流转。虽然农业农村部令2021年第1号《农村土地经营权流转管理办法》进一步细化对经营权流转的约束，但是企业在整合土地要素时只能在经营权层面。

四是农业农民的保护政策与企业存在脱钩。农业是"压舱石"，民以食为天，农业直接关系到国计民生，直接影响国家的长治久安，在乡村振兴的大背景下，国家为了保护相对弱势的农业产业与弱势的农民群体，推出了大量的扶持与支持保护政策，但是很多政策由上自下难以有效地对经营主体进行有效的帮助，甚至因为政策的监管、决策等方面，对企业而言成了"负担"，农户也缺乏对政策的真正理解，缺乏力量去使用政策。

6.1.3 产业组织：农业产业共治

农业产业的发展是全产业链的发展，农业的竞争是产业链的竞争，农业经营组织需要尽可能地以更低成本参与、整合和控制农业产业链，现在和未来，农业经营组织体系发展演变的内在逻辑和方向将在这样的大环境下持续驱动。在乡村中，农业经营组织作为空间网络组织的节点主体，不论是集合、集中、集聚、集群，彼此之间构建的是一种既有竞争又有合作的"竞合"关系，各个节点之前通过信任－承诺－集体规范与标准的作用，建立相互依存、相互信任的特殊关系，在以乡村为场景的空间网络组织演进过程中，农业全产业链整合发展是不能忽略的，其中，构建"产业服务型组织（简称'产业组织'）"引领农业全产业链整合发展是必不可少的，通过"产业服务型组织"引领全产业链发展、数字技术贯穿全产业链整合发展、多要素的利益联结机制推动全产业链发展三点尤为关键，以此来达成"产业共治"的状态，让产业升级得到更高效率的推动与实现。

第一，"产业组织"引领全产业链发展。长远来看，"农业企业＋合作社＋农户"模式，龙头企业和合作社都可以是产业链整合的发起方，其中，农民为主的合作社在进行产业链整合的过程中意愿和能力都不足。由于在市场环境中的发展需求，农业企业带头整合产业链的方式将广泛存在。但是，农业企业带动依旧存在问题，企业整合产业链本质上是将其上下游进行整合为自身获利服务，全产业链整合还需要逐渐向产业服务进行转变。随着经营组织体系的发展，"产业组织"将会出现，其具有"农业企业＋合作社＋农户"的特点，可以由政府、农业企业、合作社共同投资创建，既能够有公司实体经营的能力，又能够兼顾农民社员的利益，"产业组织"具有市场化运营能力。

第二，数字技术贯穿全产业链整合发展。在技术迅速发展的数字经济时代，数字化的技术进一步促进了农业全产业链融合发展的效率提升，"产业组织"通过数字化技术手段将农业全产业链整合过程中涉及的科技研发、基地建设、良种繁育、病虫害防控、精深加工、仓储物流、品牌打造、人才培训、市场销售等全产业链的各个环节融合，推动经营组织体系需要更好地统筹全产业链发展的机制方法，与此同时，围绕农业产业链的周边主体，政府、金融机构、社会主体等也能够通过数字化的贯通与农业经营组织体系融合，形成一二三产业融合、集群式发展的态势。

第三，多要素的利益联结机制推动全产业链发展。全产业链整合发展要秉承着"联农带农""利农为农"的原则，同时产业链的其他相关主体也需要通过利益联结机制形成更好的统一、协同的有机整体，因此多要素的利益联结机制将会起到重要作用，将"土地要素＋劳动力要素＋技术要素＋资本要素＋数据要素"等多要素融合，通过"产业组织"结合不同的产业链环节和不同主体之间构建更加健壮的利益联结机制，如生产环节的主体之间通过"土地要素＋劳动力要素＋商品要素"进行契约联结；流通环节通过"服务要素＋劳动力要素＋数据要素"进行契约联结；市场环节通过"服务要素＋商品要素＋数据要素"进行契约联结；通过不同的组合来牢固全产业链的发展利益联结机制，为农业全产业链融合发展提供看不见的黏性。

6.2 商业模式（顶层设计）

6.2.1 全产业链商业模式

商业模式的研究一直是学术领域关注的热点，不同学者对其的要素和结构进行了研究和分析。约翰逊（Johnson）等认为客户价值主张、盈利模式、关键资源和关键过程4个模块是商业模式的核心，可以进一步细分成为11个要素，并基于这些模块和要素探讨商业模式的重构问题。奥斯特瓦德（Osterualder）等提出了商业模式画布由价值主张、客户细分、客户关系、关系网络、关键业务、渠道通路、核心资源、收入来源和成本结构9个要素构成。魏炜等认为商业模式是利益相关者的交易结构，定位、关键资源能力、业务系统、盈利模式、现金流结构和企业价值6个要素构成与战略不同的商业模式。综上可见，学者的相关研究在商业模式的概念和模型结构仍然没有达成完全一致，但在思路上已经有一定的统一性，基本可以认为商业模式是一个复杂的系统，涉及多种要素彼此关联，构建价值结构，通过价值结构推动商业模式运营主体获得价值获取的有效方法，与此同时降低价值获取面对的风险。本研究从两个角度定义商业模式：从通俗角度讲商业模式就是生意如何赚钱的方式；从价值的角度讲商业模式是企业如何创造价值、传递价值和获取价值的过程。结合以上两种定位，商业模式的内涵是：商业存在的基础是企业通过生产产品或提供服务，为用户提供某种价值。用户要在认可此价值的基础上，把创造出来的价值传递给用户，即产品或服务通过何种定位、何种渠道到达用户，让用户知晓、感受、使用的过程，企业在向用户创造和传递价值的过程中获取属于自己的价值。作为一个商业组织，必须要考虑如何优化成本结构、如何定价、如何获取利润等问题，也就是为自己获取价值。

同时，诸多学者对商业模式的研究通常是针对企业，从微观视角进行分析。随着产业互联网和数字经济时代的到来，需要更多的从中观视角，即产业视角分析商业模式。伊达尔戈（C.A.Hidalgo）等认为，一个国家的经济发展与产业结构相关，农业、工业产品相互交错形成一张产品的关系网络，不同产业中的不同产品是网络中的一个节点，这张国家的产品网络如同森林，具体产业中的产品如同一棵树，产业之间产品链接越密集，树木越密集，反之，越稀疏，森林中心是高级工业品，森林边缘是农产品和初级原料，森林中心树木密集，边缘树木稀疏。基于此，本研究提出"产业森林"的内涵，产业结构发展影响国家的经济发展，不同产业之间的关系网形成"产业森林"，产业森林中的每棵树木是不同的产品，树木的密集程度取决于与其他产品的连接密度，连接密度越大，价值越高。在森林中，农业相关的产业相对孤立，如水果、畜牧业等与其他产业和产品之间的连接密度小，体现为树木稀疏。

"产业森林"是从中观产业的视角来看商业模式的作用，每个产业的发展升级如同在森林中的猴子，从一棵树跳向另外一棵树上，这个动作就是产业升级。结合商业模式的过往研究，围绕企业的研究就如同围绕猴子本身进行分析，猴子能否跳跃到更好的树上，研究重点在于猴子自身的能力。"产业森林"更加强调对于森林的研究，如果森林中的树木距离更加贴近，树木更加茂密，对猴子的能力要求就会降低，即使体力和跳跃能力没有那么好的猴子，因为树木离得更近也可以完成跳跃。农业产业升级的研究同样如此，农业与其他产业产品的关联密度相对较低，如果仅是通过自身的能力去跃迁，难度很大，因此，从产业森林增加密度的角度去塑造更好的产业发展环境，更有利于农业产业的发展。

综合来看，农业产业升级的商业模式，可以从两个角度去分析，一是企业的角度，二是产业的角度，企业的角度探讨猴子的能力如何提升，产业的角度探讨森林如何更加茂密。近年来农业发展成果斐然，但是挑战依然很多，面临着"双柠檬市场"的困境、弱农户的困境和市场政府双失灵等系列问题。在乡村振兴战略实施以及农业农村现代化发展进程中，乡村产业的发展又是重中之重，农业企业的发展直接影响着农业、农村、农民问题的解决和乡村的发展，农业企业是承载产业发展的最主要力量之一。同时，产业的发展通过产业服务型组织的牵引，把一个产业看成一个企业进行系统化经营。通过农业企业的经营现状观察不难发现，农业企业的经营方式是侵占上下游的利益去提高自身的收益，压低进货价，想尽办法提高销售价格。二是通过量来取胜，提高产量，量大就能够降低边际成本，盲目生产的状况很常见。如图6-2所示。

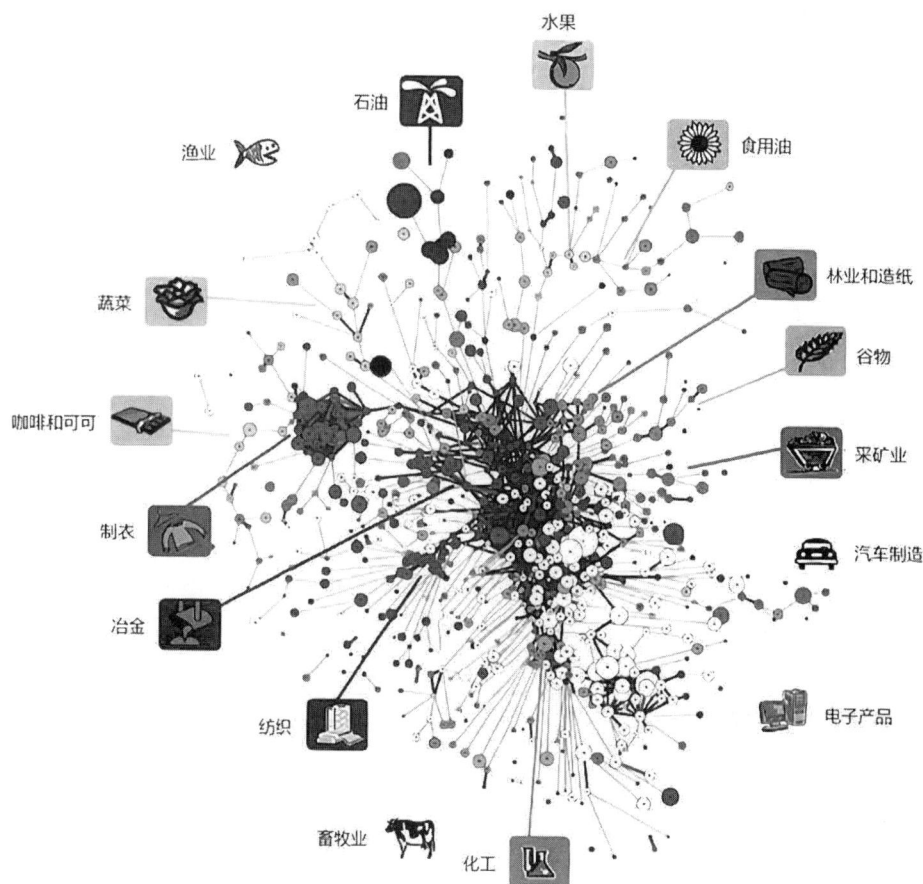

图6-2　产业森林示意

"产业森林"的密度提升，需要塑造出产业的竞争优势，要改变传统的产业经营方式，一是改变和产业链中上下游的关系，从农业企业之间相互侵占到抱团取暖；二是充分利用数字化的手段，通过信息的获取和数字化能力打通合作链条，降本、增效、增收，把产业链中的各个环节主体资源聚合到一起，形成高效的协同系统，通过全产业链的模式，用数字化手段，把生产、流通、销售及产业链的多个环节打通，形成面向市场的竞争合力；三是由产业组织作为产业的运营者（农业产业互联网平台公司即起到产业组织的作用），在商业模式的指引下，把产业看作一个企业打造整体竞争优势，获取大的市场绩效，同时，带动产业升级和产业链中的多种主体发展。因此，结合企业和产业商业模式的两个视角，农业"产业森林"需要打造全产业链的商业模式（本研究中研究的农业产业互联网数字经济模型即是对产业森林商业模式的指导），以此推动乡村产业链供应链现代化水平的提升，促进农村一二三产业融合发展，丰富乡村经济业态，构建现代乡村产业体系，拓宽农民增收渠道。"产业森林"（又称农业产业互联网）商业模式如图 6-3 所示。

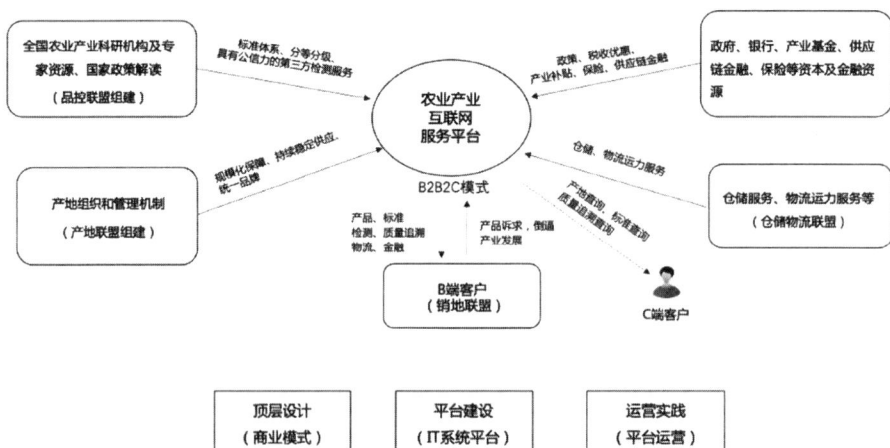

图 6-3　农业产业互联网商业模式示意

网络效应是平台多边模式的核心效应，网络效应（network effect）就是指一个产品或服务的用户越多，价值就越大。网络效应能建立模式的"护城河"。农业产业互联网遵循平台商业模式的特点，就是利用产业中各个主体之间的关系来建立无限增值的可能性。背后的核心逻辑就是网络效应，平台通过持续的运营从多边市场最终形成更强大的"生态圈"，生态圈中的机制是多种类型用户相互关联协同的重要因素，平台通过机制激励多方主体之间互动，达成平台发展的愿景。与单边市场相比，平台型商业模式能为参与各方降低搜寻交易者成本，在统一平台规则的监督下，也有望降低讨价还价和执行成本，从而大大降低交易成本。接入平台的用户分摊了多项服务，更容易积累起专业化竞争优势，与一个单一企业提供所有服务相比，在长期看将降低相互之间的交易成本。平台吸引到的利益相关者种类越多，规模越大，对平台的依赖性越强，同理对单独某一个利益相关者的依赖性更弱，这就降低了交易风险。与单边市场相比，双边平台和多边平台抵抗风险的能力更强。平台型商业模式，在为各利益相关者提升交易价值、降低交易成本、控制交易风险的同时，也为处于平台中间的焦点企业提供更好的市场绩效。新技术是平台企业商业模式创新中的一个重要因素，有效的管理对于平台企业商业模式的创新同样必不可少，在产业互联网时代，数字技术手段结合"产业森林"商业模式的应用尤为关键，可以有效地提高生态圈的构建和主体系统的效率，将产业链的效率大幅度提升。

6.2.2 产业商业模式中的交易结构

产业升级是从低附加值到高附加值，从高消耗到低消耗发展的过程，企业发展过程中都有三个重要的动作：价值创造、价值交换和价值增值。"产业森林"商业模式的设计将产业看成一个企业去运营和发展，完成以上三个相互关联和交互的重要动作的设计过程。其中价值创造是需要经营体系实现，价值交换是通过交易结构完成，经营创造价值，交易实现交换，达成价值增值。对于中观视角的产业商业模式，形成产业生态圈是核心，组成生态圈的产业中的多种经营主体的协同是关键，交易结构的设计是融合多主体成为一个有机生态全系统的主要方面。因此，交易结构的设计是本次分析的重点。产业商业模式关注如何能够让产业创造价值（关注产品是什么），关注如何能够实现价值增值（关注如何收益），在承载价值的产品和实现收益之间，重要的是交易结构，通过交易结构的连接才能实现价值真正的流动，交易结构是连接产业中企业与企业价值链条和企业外部价值链条的关键构成，交易结构直接影响商业模式的先进性和可落地性。本研究认为，交易结构的本质是服务产业（产业链上各环节多主体）的价值交换的构造和形态。因此，将价值交换分成两个部分，即价值和交换进行分析。首先，价值可从很多角度去诠释，如有形价值、无形价值，内部价值、外部价值，采用综合诠释，价值分三种：实物商品价值、精神文化价值和资本价值。而后，交换是"来往"的概念，有交易的彼此、有交易的"一来一回"，有交易的结果，因此，交换的构成是交易的手段（交易从何而来）和结算的方式（交易到哪里去）。

交易来来往往，要有来往的承载，要设计出承载交易的体系，这个承载是交易结构的构形的重要组成部分，主要有六个方面要考虑。①客户界面，是企业和客户互动的"窗口"，关注的是如何让企业的势力范围和客户的活动范围匹配到一起，让客户与企业能够亲密"接触"。客户界面可以分为：感知界面、接触界面、体验界面和营销界面。各个界面相互独立又相互包含。②链接通路，类似于渠道，但是这个通路强调的是对客户综合服务的触达体系，不仅仅是产品、服务的触达，精神、体验、知识、文化等方面也要触达。通路有很多，选择的重点是通路的路径、损耗和速度。③获客方式，企业营销强调的是客户关系管理，获客方式更偏重于以客户为核心，让客户能够找到匹配自身需求的产品或服务。通常获客方式的设计是"组合拳"，通过多种方式来获得客户的"芳心"。④锁客方式，给客户赋予权力，"黏"住客户，让客户成为粉丝而不仅仅是过客。⑤交易成本，交易成本分为事前、事中和事后成本，如选择成本、谈判成本、服务成本等，成本是一直存在的，也是交易达成的最大阻碍之一，要设计消减成本的方法和机制。⑥交易风险，和交易成本一样，交易风险也是一直存在的，主要是交易过程中不可预知的事情，如违约、不可抗力的风险等。风险伴随着交易，同样要设计规避风险的方式。

结合农业产业互联网的商业模式范畴分析，客户界面、链接通路、获客方式和锁客方式这四个方面可以归纳为客户端的四大构形，体现的是交易的价值，再加上交易成本和交易风险，形成了交易结构的主要构成体系，即，交易价值、交易成本和交易风险，这三个要素也是判断商业模式是否优秀的评判指标，设计商业模式的必须内容，农业产业互联网的商业模式交易结构设计如图6-4、图6-5所示。

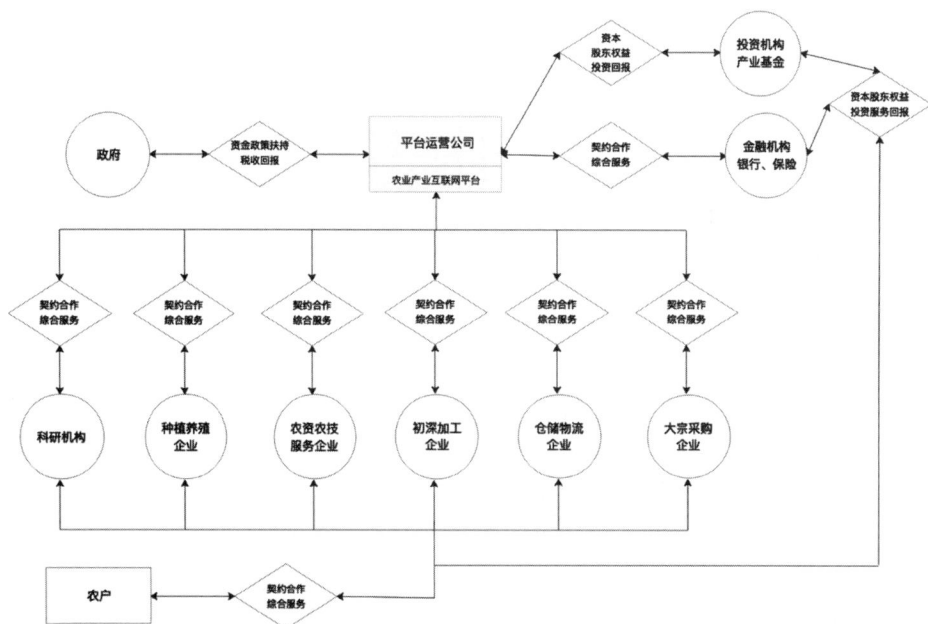

图6-4 交易结构设计（跨界交易结构）

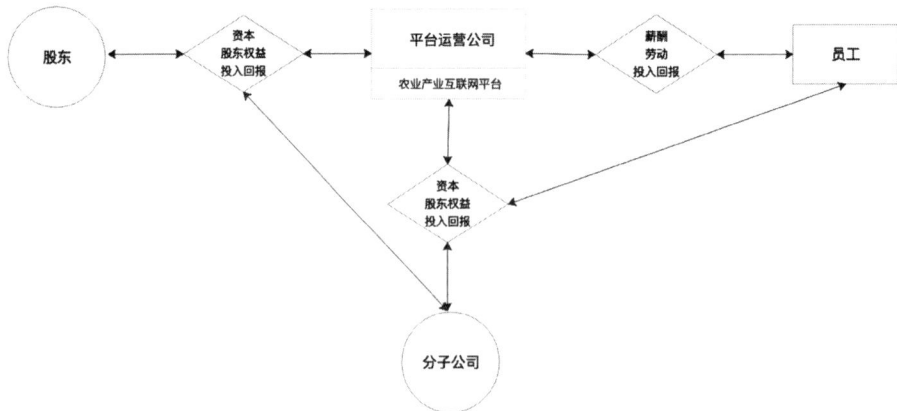

图6-5　交易结构设计（内部交易结构）

6.2.3 基于交易结构浅析农业经营主体商业模式

商业的本质是交易，伴随商业的是商贸流通，产业链上的商贸流通体系可以切割成三个部分：生产体系、流通体系和终端体系。生产体系包括生产型的企业，如原料生产、农业种养殖企业、加工厂等；流通体系包括仓储企业、物流企业等；终端体系包括批发市场、商超、门店、电商等。贯通生产体系、流通体系和终端体系所涉的所有环节，就是供应链，供应链呈现多级分销的模式。服务是有边界的，所以多级分销的模式存在很正常，但是随着数字化的发展，服务和管理的边界开始不断地延伸。技术、全球化和社会责任作为外部驱动力，正在加速商业环境的演进过程，在迈进数字时代下的商业过程中，由生产体系、流通体系和终端体系组成的供应链重要且面临着变化。传统的供应链，无论是线段性还是中心型商业基本的业态表现为：新市场、土作坊。市场一直都在，市场空间很大且不停地在变化，但是供应链条上的很多企业规模很小，往往状况是就某一类产品来看毛利润貌似很高，但是企业的利润率却非常低。比如，一个水杯，成本10元钱，售价20元，毛利翻了一番，但是年底商家算下却没怎么赚钱，甚至赔钱。

农产品供应链体系实际上是一种金字塔的结构，在金字塔顶端，一级批发商的规模很大，但是品类（SKU）很少；在金字塔的腰部，二级批发商的总规模相对小一些，但是品类更多；在金字塔的底座，次终端三级规模很小，但是品类特别多。供应链条的层级很多，繁琐复杂，连接效率低下。产业互联网平台就是要把产业中的复杂通路变得更加简单，通过数字化方式，让产业链条的各个环节聚合到一起，进行生产、流通、终端销售等的协同，大幅度提升企业的效率和产业的效率，让企业发展、产业升级。产业链路上的"四流"：物流、资金流、信息流、商品流构成了上游与下游不同方向的流通，随着商品流和物流从上游到下游，资金流从下游到上游，信息流贯穿在供应链的始终。商流和物流是统一的，但是物流中的时效性和成本确是相悖的。供应链的流通效率，也就是商流的效率很大程度取决于物流，物流效率提升要做好：主干优先、分段运输、分级集结、降维扩散；物流环节的分层分级是最为合理的部署。物流的多层次和供应链多层次看起来也是一对相悖的概念，其实不然，核心在于流量的"半径范围"，当流量的半径够长，画出来的圆足够大，物流管道是可以直接贯穿上下游的。产业互联网就是可以将流量"半径范围"放大"变压器"，农业产业互联网商业模式是解决产业效率低下和企业不赚钱问题的一种方法。

围绕农业产业互联网的商业模式，我们提出了四个"水"的分析逻辑：水井、水池、水库和大海。水井代表的是自营业务模式，水池代表的是撮合业务模式，水库代表的是半自营模式，大海代表的是多边业务模式。自营模式可以做得很深，但是不好做大，用图形表示是又细又长的水井，类似于传统的贸易商，有很多的 B2B 平台最后都做成了自营型的贸易商；撮合模式可以做得很广，但是很浅，不好找到盈利模式，用图形表示是很浅的圆形水池，不少B2B 平台初期都采用撮合的模式；半自营业务相对于前两种模式可以做得更大更深，用图形表示是一个边界更大的水库，半自营模式的好处就是把自营和撮合结合，这样做就需要与上下游联动。水井和水池模式都是要挤占上下游的利益来丰满自身的利益，是典型的竞争思路，这样的企业每天会制定战略让自己能够在战场中打赢。水库模式的重点要能够将上下游的资源进行配合，是典型的合作思路，此时需要的是商业模式的设计达到与合作伙伴合作共赢。多边模式的发挥空间更大，海纳百川，通过产业的视角来构建业务，把产业链上的各个环节贯通协同，重新构造产业链条上的价值创造和价值分配体系，是一种竞合的思路，不但有协同，还有规则。由此可见，产业互联网平台商业模式要能够逐渐走向大海模式。如图 6-6 所示。

图 6-6　产业互联网商业模式的四个"水"逻辑

农业产业互联网平台要打造核心能力，成为所处产业链条的"带头人"，必须要有三个重要的能力，一是要有供应链的整合能力，整合产业链条上的重要环节的关键资源，特别是头尾两端，也就是上下游资源；二是要有服务交付的能力，多边模式会让产业链上的主体既是卖家又是买家，要能够服务好多种角色一体的用户，尤其是下游的终端用户。三是要有数字化能力，产业互联网平台的技术体系是关键，也是打通物流、商流、资金流的最有效手段，有了数字化的能力就可以让产业的效率大幅度提升，让以前管理不了的变得可以管理，以前不能形成交易的产生交易，最重要的是有了数据的积累，平台的价值就会如同大海一般，无可限量。

农业产业互联网要围绕着某一个产业进行模式设计，首先要能够盯住产业，找到核心的产业逻辑和具体的品类，不要上来就求大而全，而是要找到核心品类，提高订单的密度与质量，再不断地去扩大规模；其次要能够盯住品牌，品牌就是要绑架自己，让自己的能力和产品经得起推敲，一方面要让品牌对下游终端用户有影响力，不能忽略的是要通过品牌对上游形成议价权的影响，进而降低成本整合供应链资源；最后一点要能够盯住客户，商品和服务的价值终结在于客户的购买，找到精准的目标客户，通过优质的服务或产品服务于客户，形成上下游联动的订单集中优势，得到更大的议价权。平台通过盯产业、盯品牌、盯客户找到对上能够成为超级一批，对下成为提供优质优价服务终端的态势，以此助力乡村产业整体的发展，形成产业的新经济生态。

6.2.4　平台"四流合一"体系

在农业产业互联网数字模型的范畴下，通过全产业链商业模式，利用信息化手段构建出商流、物流、资金流和信息流"四流合一"的闭环流动的平台体系，四流相互独立又相互关联。商流是一种买卖或者说是一种交易活动过程，通过商流活动发生商品所有权的转移；资金流指的是营销渠道成员间随着商品实物及其所有权的转移而发生的资金往来流程；物流是指商品在空间和时间上的位移，包括这个过程中的采购配送、物流性加工、仓储和包装等环节中的流通情况；信息流是指反映商流、物流、资金流等历史与现实运动以及发展变化趋势的各种信息、情报、资料的收集、处理和传递的运动过程，既包括商品信息的提供、文案策划、促销营销、技术支持、售后服务等，也包括询价单、报价单等商业贸易单证，还包括交易方的支付能力、支付信誉、中介信誉等。

农业产业互联网平台（以下简称"平台"）为更高效地利用和整合资源提供了可能性，其中的商流、物流、资金流和信息流又是极其重要的基本组成要素，是产业链上产销企业之间以及两侧企业之间高效沟通的四条主线。"四流"协调、有机、高效地运作是产业平台运营成功与否的关键。基于此，产业互联网平台的"四流"具有以下特征。

（1）平台的商流：产地供需双方的合同、协议、订单构成主要的商流，平台提供完整的商流过程包括加工方与生产方之间的商务订单、合同形成的商流，运输/仓储委托订单、合同形成的商流以及支持这些商务交易的商情信息活动，如：商品信息、产地管理信息、品质信息、检测信息、成品追溯信息、计划、数量、渠道、价格等。

（2）平台的物流：资金流与物流是反方向运动的，支付完成后，物流即可发起。平台物流仓储以第三方专业仓储/运输为主，建立仓储物流联盟，提供专业集中的物流服务，优化产业配置，提高配送效率、质量，减少冗余浪费，降低物流成本。通过服务调用，平台可以实时监测仓储状态、物流进度、物流车辆等信息，做到物流、车流信息的实时化、透明化。

（3）平台的资金流：主要包括三个方面，资金筹措融资、资金支付、提高资金效率。资金的筹措：将产业链上相关企业作为一个整体，根据交易中构成的链条关系和行业特性设计融资模式，为各联盟成员企业提供快速、灵活的金融产品和服务。资金支付：平台资金支付信息透明化，是平台交易的安全保障。同时提供多种快捷安全、成熟的支付方式，可提高交易效率。提高资金效率：通过整合平台，可以最大可能地降低库存，提高周转效率，减少资金的占用与积压，降低资金成本，从而提高联盟成员的经济效益。

（4）平台的信息流：互联网的本质是提供信息，解决信息不对称问题。据此，信息的透明化，不仅打破了商业"潜规则"，而且也节约了消费成本。信息透明、对称，匹配需求和提升需求，为商务活动提供商情信息保障；降低成本和提高效率，丰富翔实品牌、公司、产品信息，指导产销企业决策；帮助构建信用体系，为金融服务提供信用及数据支撑；基于产地信息、交易信息、商品信息、检测信息等可以形成极具价值的行业大数据。

平台关注产业链的上下游，如何能做到"四流合一"，更具有挑战性和现实意义。通过产业平台，实现生产、加工、仓储、运输、交易、市场等整个产业环节的闭环管理，一种流的变化，会及时影响到其他流的改变，同时也会及时协调上下游做出一致性的改变，更好地指导交易和企业生产。通过平台的"四流合一"，与产业链各关键环节的信息系统可以整合利用，形成以交易为基础的广泛的基于产业生态的供应链整合。平台将商流、物流、资金流和信息流作为一个整体来考虑和设计实现，将产生更大的能量，为产业发展创造更大的价值，在运营实践中，商流、物流、资金流和信息流形成"四流合一"的完整体系，将持续提升平台价值及助力指导平台的发展升级。如图 6-7 所示。

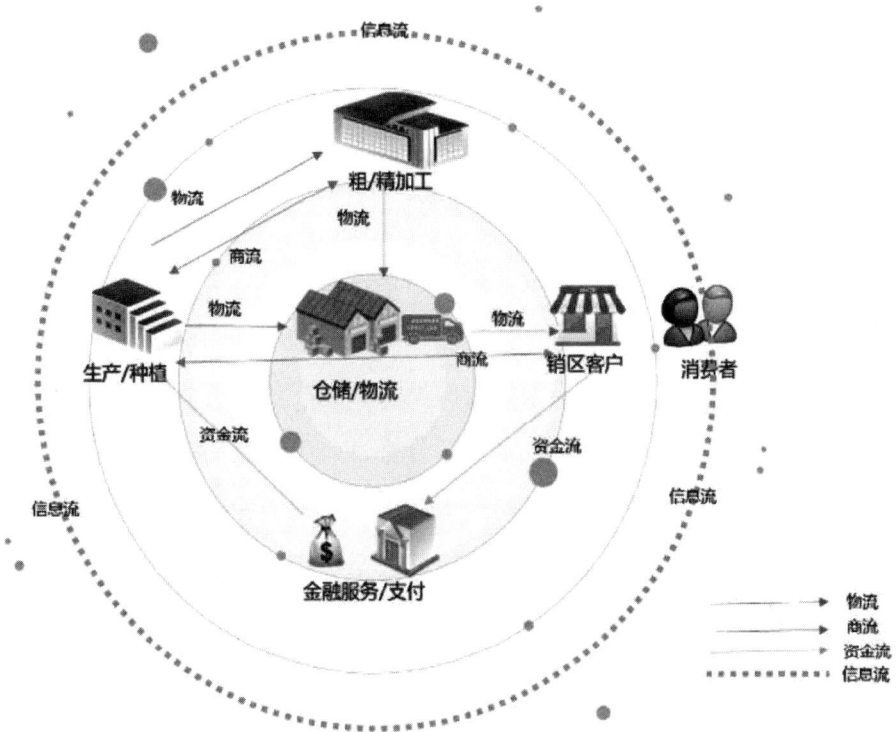

图 6-7　"四流合一"的特征

6.3 技术架构（平台架构）

新经济增长理论指出，技术进步是经济增长的核心，大部分技术进步是处于市场激励而导致的有意识行为的结果。第一次工业革命推动人类社会用新的机械力，使经济社会开始了迅速发展。第二次工业革命开始，经过大量的经济研究表明，经济的增长驱动力主要来源于科技的进步。此后，进入到信息时代，知识密集型行业的发展、生产和经济效益的提升，科技进步起到了巨大的作用。从技术角度分析目前广泛应用的数字技术，可以分为专用与通用技术两种。专用技术应用于个别的专业、垂直领域，如区块链技术。通用技术则应用于多个领域甚至所有领域，如互联网、云计算和人工智能等。

数字技术的发展从单纯的技术本身到为人类社会造福，经历了四个发展阶段。第一个阶段是从离线到上线，为互联网 1.0 信息互联网阶段。第二个阶段是网络的连接互动，通过大量的内容进行深入的互动与服务，为互联网 2.0 内容互联网阶段。第三个阶段是通过身份、位置和时间的融合，数字技术改造人们的衣食住行，为互联网 3.0 移动互联网阶段。第四个是除了人的连接之外，更多的物被网络连接，为互联网 4.0 万物互联网阶段。数字技术经历四个发展阶段过程中，模式从 H2H 的人联网，到 H2T 的物联网，再到 T2T 的万物互联网，这个发展历程是实现数据联网的真正闭环的过程，让有生命的更加智慧，让没有生命的具有生命。数字技术推动着在消费互联网的基础上，向着下一步与实体经济深度融合发展。产业互联网正是在万物互联网的阶段出现，通过数字化技术改造大量的实体经济企业，提高生产力，重构生产关系，使得企业能够以用户需求为中心，更加有效地实现供需之间的匹配，优化生产要素与组织模式及生产运营的效率。

产业互联网将是互联网演进的重要方向，互联网已经逐步进入到深水区。互联网解决浅层的信息对称和销售等问题；"互联网＋"向行业和实体进行延伸，解决部分业务的效率提升；产业互联网与实体融合，除了销售，产业发展依赖的生产、采购、渠道等环节，都需要通过互联网进行改造，这些才是产业的深水区。互联网向产业互联网深水区演进是经济模式发展的过程，即是从线性经济到产业互联网经济模式的发展。产业互联网将传统封闭的线性交易结构变成一个平台上点对点的水平网式结构，因此可以产生更高的效率，降低更多的成本并获得更大的收益。模式和技术的落地要深入到实体、深入到产业链。物联网本身的数字产业化进程具备基础，技术越来越先进，同时考虑的是产业数字化，传统产业与数字技术集合。通过互联网的技术与产业互联网的模式在不同的场景或者叫做细分领域来完成技术与应用的融合。

由此可见，农业现代化的发展演进离不开数字科技的支撑，农业物联网、大数据、云计算、人工智能信息技术的进步将数字经济与农业产业融合，通过数字技术手段赋予农业发展效率的提升。当下，主流的数字技术我们用"5LBASIC"归纳，分别是5G、LBS（基于位置的服务，代指包括GIS地理信息系统、GPRS全球定位系统和RS遥感）、大数据和区块链、人工智能、安全、物联网、云计算。数字技术已经成为推动农业高质量发展的重要动力。农业产业发展需要的数字技术并非平行罗列的关系，农业产业互联网的技术架构应该按照分层次构建的技术体系逻辑构建。结合农业产业互联网的实际运行情况，尝试描述技术架构逻辑，分为"原料层""加工层""商品层""消费层"和"会员层"，这五个层次的数字技术相互进行数据的流通与交互，构成一个闭环的系统。如图6-8所示。

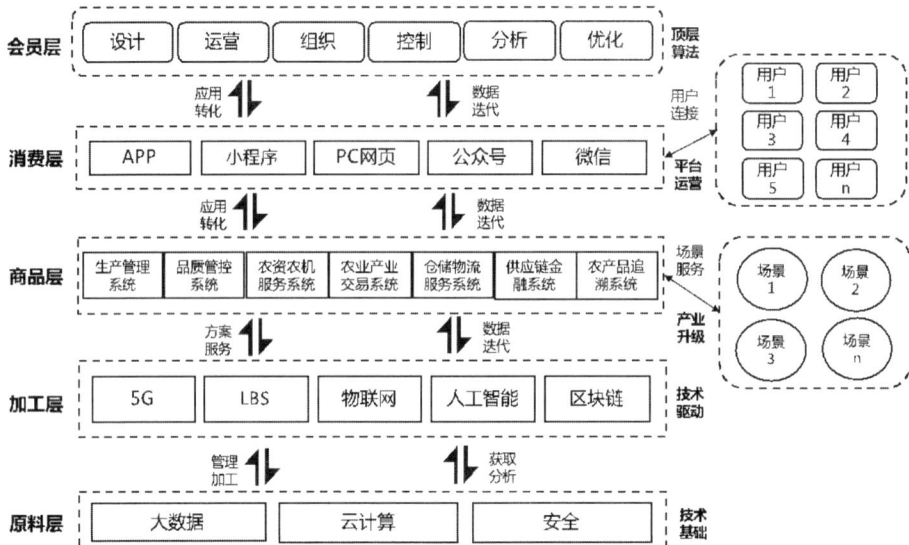

图 6-8　农业产业互联网中的技术架构逻辑

（1）原料层。在数字经济时代背景下，数据已经成为和土地、劳动力、资本、技术同样重要的要素。无论是生产、销售、服务等作业，几乎任何行为都会生成数据，通过管理、加工、分析等处理后，海量数据变成了产业互联网时代下具有价值的新生产资料，即"大数据"，通过数据要素的激活能够有效地促进农业产业价值链条构建和价值提升，由此可见数据要素的价值。电力产生电能，大数据产生数能，电力需要发电厂和电网，同样大数据也需要"数字发电厂和电网"，云计算就是起到了为数据进行存储、计算，为互联网中的设备，如农机、移动农事终端、水肥一体化设备系统等提供计算资源，进而各类设备通过云计算提供的随需而动服务发挥价值。万物互联网的阶段，数据随着网络渗透到农业生产的各个环节，与此同时，产生了一种无处不在的风险，互联网中的环境是开放、多样、多变、复杂和脆弱的，网络的安全威胁是不容忽视的，因此，安全技术是数字技术中重要的基础之一。综上，产业互联网及数字时代的"原料"是大数据、云计算和网络安全。原料层是农业产业互联网的技术底座。

（2）加工层。大数据、云计算和网络安全作为原材料本身就具有一定的价值，如何使其发挥更大的数字化价值，需要"加工"处理手段，通过5G、LBS、物联网、人工智能、区块链等技术进行相应处理，就可以为在特定的场景进行价值转化做出准备。在现有数字农业技术基础上，通过"加工层"各技术作为驱动引擎，可以有效地升级技术效用，解决实际问题。如劳动力缺乏、劳动力成本高是农业中普遍存在的问题，通过人工智能技术实现能够自动巡检、植保、采摘的智能机器人，在相对规模化的大田场景中，无人驾驶农机、无人机植保或卫星遥感技术等，可以起到有效节省劳动力、降低成本等作用。加工层是农业产业互联网的技术驱动。

（3）商品层。农业产业升级的过程就是产业链升级的过程，涉及人才、资本、主导产业，特别是技术等资源要素的共同作用，多种不同场景组合形成产业发展平台，数字技术赋能农业的不同场景是产业升级的必然需求，因此，出现了"数字技术产品"通过产品、服务或解决方案应用于具体的场景。在商品层，农业产业互联网平台体系包括生产管理系统、品质管控系统、农资农机服务系统、农产品大宗交易系统、仓储物流服务系统、供应链金融和农产品追溯系统等数字技术产品。数字技术产品结合实际场景去选取原材料，进行针对性的加工，然后通过商品层对应到具体应用之中，助力农业产业的高效升级。商品层使农业产业互联网通过场景服务推动产业升级。

（4）消费层。商品层数字技术产品价值的释放要通过市场上用户的"消费"动作完成，当用户使用商品层中对应不同场景的服务，技术成果得到价值释放与转化，技术成果与产业也开始了融合。结合农业产业互联网的范畴，在消费层的用户包括农业产业链上的多个主体，如农民专业合作社、农业企业、政府、协会、金融机构等。在消费层数字技术封装成Application（应用），呈现为终端，如小程序、App、PC网页、微信等，数字技术应用和不同的用户进行连接交互。消费层使农业产业互联网通过用户连接实现平台运营。

（5）会员层。会员层将原料层积累的大数据、加工层的工艺、商品层的场景包装和消费层的用户终端融合到一起，根据不同层次的特性与作用，结合已经产生的数据进行优化，一是让各层次的数字技术的关联与交互进行融合化与整体化，以此将技术架构作为一个有统一逻辑的整体进行设计、运营、控制、组织、分析和优化。二是以用户为中心，反向优化各个层级的数字技术，实现需求与技术应用的匹配，让数字技术能够结合农业产业互联网的商业模式进行有效支撑。通过会员层进而达到不是为了技术而技术，而是为了应用采用最合适的技术，并且固化成算法模型。

在农业产业互联网中，数字技术之间是相互交互、叠加的，随着 5G、云计算等技术的愈发成熟，不同层次技术的叠加效应将更加高效，数据与技术、技术与技术、技术与用户、数据与用户相互嵌套成为一个有机、动态的数字技术系统，与实际应用融合，以不同场景为抓手，推动农业产业升级。

6.4 金融资本（资源运作）

6.4.1 农村金融现状分析

改革开放以来，我国农村经济发展取得了令人瞩目的成就，农业规模化、标准化、产业化、现代化进程稳步推动。然而，在农业农村现代化发展过程中，我国农村金融发展水平总体较低，与农业产业、农业实体经济紧密融合、深度匹配的现代化农村金融体系依旧没有建立完善，国有银行、商业银行、农村信用合作社、村镇银行等金融机构在围绕农业农村开展生产性农业贷款、中小农业企业融资等业务面临诸多问题，金融供需结构严重失衡，金融发展生态环境较差。

学术界普遍认同金融约束在我国农业产业化过程中已成为主要的障碍，这是由于农业本身具有极高的风险性与不可抗力周期性，而商业性金融服务具有较强的趋利性，导致大量的农业经营主体资金短缺，无法得到金融的有效支撑，从而阻碍农业产业的发展。我国金融发展通过影响资本和信贷市场，支持产业结构升级，虽然有其局限性，但就我国来说，其可以通过完善资本市场建设，拓宽直接融资渠道，充分利用政府优惠政策，加快推进金融改革、拓宽融资渠道，满足中小微企业融资需求等方式完善金融体系，进一步加强对产业结构升级的支持。而供应链金融作为中小企业融资的一种有效的方式，在工业品领域取得的巨大成功，为农业领域的融资提供了很好的解决思路，在农村信贷创新中引入供应链金融的理念，为解决农业经营主体贷款难问题、增加农村信贷提供了一个新的思路。

农村金融的发展直接关系到农村农业产业化的发展，没有足够的资金和技术支持，农业产业化就无法发展壮大。而只有农业产业化发展，才能切实促进我国农村经济增长，提高农民收入，改善农民生活。只有提高农民收入，"三农"问题才能真正得到解决。从农村金融与农业经济增长之间的关系来看，在农业经济增长过程中，农村金融起着非常重要的作用。相关研究表明，农村金融的发展对农业经济增长具有正向效应，但农业经济增长对农村金融的作用还有待进一步提升。随着金融发展的加快，信贷市场和资本市场会随之变化。一方面，金融发展以金融政策为手段，以影响资本和信贷市场为途径，最终实现产业结构的优化升级。而另一方面，金融发展在资源配置过程中，金融资源的供给与合作的进行也会影响产业结构的优化调整。相应地，正如金融发展会支持产业结构优化升级一样，产业结构的升级也会进一步促进金融发展。由此可见，在我国农业农村现代化经济发展和建设中，现代金融是重要的结构组成，优化金融发展结构，进一步深化金融与农业产业实体的融合，促进整体产业结构升级是当前我国农业农村经济建设急需要解决的问题，农业产业结构调整和升级，能够进一步优化农业农村资源配置，实现各行业均衡发展，同时也能稳定我国市场经济的发展基础。

6.4.2 农业"产业自金融"

互联网金融在我国正在快速发展，商业中的低效行为主要是由于信息的不对称和信用的不传递，专业的中介机构就是来解决信息不对称的问题，以此提高金融服务效率、降低风险和社会融资成本。我国农业领域更是由于农户、农业经营主体缺乏信用体系等情况，造成金融资本难以进入到农业产业当中。随着数字技术的发展，互联网金融可以通过更低的成本解决信息不对称问题，同时，在传统金融中介机构的基础上，出现了新型的中介组织，改变了传统金融的服务模式。

2021年5月8日，农业农村部办公厅、国家乡村振兴局综合司联合印发了《社会资本投资农业农村指引（2021 年）》（以下简称《指引》）的通知。《指引》中指出，要把社会资本作为全面推进乡村振兴、加快农业农村现代化的重要支撑力量，需要加大政策引导撬动力度，扩大农业农村有效投资。乡村发展聚焦农业供给侧结构性改革和乡村建设的重点领域、关键环节，促进农业农村经济转型升级。在创新投入方式方面，各地农业农村要依据实际发展情况，因地制宜创新投融资模式，通过独资、合资、合作、联营、租赁等途径，采取特许经营、公建民营、民办公助等方式，健全联农带农有效激励机制，稳妥有序投入乡村振兴。《指引》指出了五种创新投入模式，即：完善全产业链开发模式、探索区域整体开发模式、创新政府和社会资本合作模式、探索设立乡村振兴投资基金、建立紧密合作的利益共赢机制。

企业开展金融服务的模式成为企业自金融，即非金融企业依托信息技术，以服务自身主业及关联产业为目的，向自身或有业务关联的企业及个人提供投资、融资、支付计算与增值等综合金融信息服务。企业自金融主要有三种模式，一是针对企业内部经营管理，提供以资金集中管理为中心的解决方案；二是针对供应链上下游企业提供资金融通；三是针对消费者提供各种形式的金融服务。

建立健全农村信用评价体系，不仅能客观评价农业中小企业和种养殖大户的信用状况，有利于获得融资，还能降低金融机构的信用风险，减少风控成本和潜在损失。目前政府也针对这个领域出台了相关政策来进行指导和推动。2017 年 8 月 4 日农业部办公厅印发《关于建立农资和农产品生产经营主体信用档案的通知》，要求各级农业行政主管部门把建立主体信用档案作为农产品质量安全信用体系建设的一项重要措施予以推进，构建以信用为核心，事前信用承诺、事中信用监管、事后信用评价的新型监管机制。在金融机构层面，一部分涉农企业也建立起或正在建立自己的数据库，从不同的维度收集以规模经营农户为主的信息，并且以此为依据着力于建立标准化的风控体系。另外，从核心企业角度来讲，中小企业信用评价体系越完善，对于整个供应链的"去核心化"就越有利。当前核心企业在供应链中利用自身信用以及和金融机构签订担保协议帮助中小企业获得融资,对整个供应链的良性循环有很大好处,但对于核心企业自身来讲吸引力并不足够大,所以积极性并不高。还有一点就是供应链金融本身可以将多个企业的信用风险转移到较为可控的核心企业,但风险也变得进一步集中。如能依靠互联网技术,核心企业实时上传交易数据即可,各种数据交由供应链金融平台进行分析处理来判断中小企业的运营情况,从而弱化核心企业在供应链金融模式中的重要作用,是对供应链金融的一个很好的完善。

综上,为解决农业农村和金融脱钩的问题,在企业自金融的基础概念上,本研究采用"产业自金融"的描述,其内涵为:充分利用数字技术,在信息对称和信用传递的基础上,农业产业链中的主体之间直接投资、融资的行为。传统金融涉及到金融机构、存款主体和贷款主体,主体之间通常情况下是陌生关系,没有信任基础,彼此之间的信息对称和信用的传递完全通过金融机构完成。产业自金融强调的是通过数字技术手段,让主体之间直接产生连接联系,更为主要的是让主体隶属于同一个产业生态系统之中,彼此之间的信息数据、资源和信用可以实现互动、透明和共享。金融活动从微观视角描述是主体(包括个人)资产的自主配置和使用,从宏观视角描述是信用货币的创造与调控,产业自金融是产业系统中的主体,通过产业链各个环节的透明信用,彼此之间进行资产、资源与资金配置的动态过程。由此可见,产业自金融是从中观的视角描述金融活动的。

产业自金融区别于传统金融及其他金融形态,实现过程中有几个关键点:首先,围绕产业链主体之间要进行深度融合的业务互动,以此构建出一个产业生态系统;其次,系统中要包括农业经营主体、农业服务型主体、政府、金融机构等多类型的主体;再次,参与到系统中的主体要构建出相应的信用体系。因此,在农业产业互联网数字经济模型范畴下,产业自金融内核是"自信用"机制的构建。如图6-9所示。

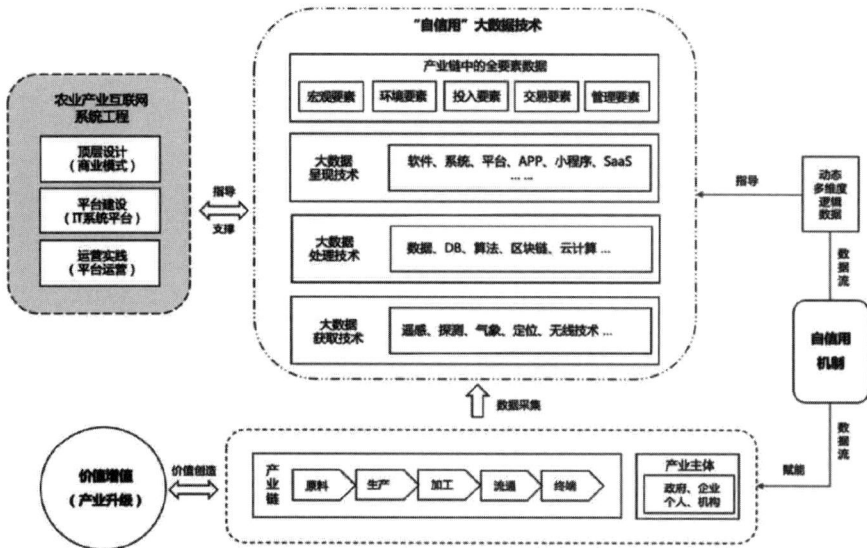

图 6-9 农业产业互联网"自信用"机制模型

"自信用"机制指的是产业主体之间直接构建信任关系的行为。自信用机制是通过数字技术产生的数据（具备动态、多维度和产业逻辑的数据），使产业链各个主体之间产生联系或者同属于一个系统中，主体之间在信息和资源等方面即可实现互通，主体间可直接形成信任关系。基于此，产业中可产生和构建新的机制，如新的买卖交易方式、新的金融模式等。产业整合和企业个体都需要追求更高的价值活动绩效，通过自信用大数据机制让信息对称并降低信息处理成本，构建一种新的机制（利益联结机制）来支撑各个主体之间的交易，降低交易成本和风险，提高交易价值。结合对于虚拟价值链和价值网的理论分析，"自信用"机制使基于虚拟价值链和价值网的农业产业价值链各个环节通过价值网络组成一个有机的体系，通过数据的持续赋能，形成共建、共存、共创、共赢，相互协作、相互依存的状态，在这样的体系中，农业产业的上游、中游、下游融合贯通，产业链涉及大量的信息、物流、资金能够快速有效的传递，处在价值链上各环节的企业之间能够有效的协同、竞合，同时，通过虚拟价值链的作用，使用信息化手段与顾客深度链接与互动，进行价值共创，价值网系统持续动态迭代，自信用大数据机制持续发展，进而在此基础上形成产业的品牌、订单式销售等，助力产业升级。

6.5 创新生态（资源运营）

艾什比定律（又称"必要多样性定律"）是指自然界只有多样性才能摧毁多样性。换句话说，只有多样性才能吸收、融合多样性。艾什比定律是由英国神经生理学家及控制论学家威廉姆·罗斯·艾什比在1956年出版的著作《控制论导论》中做出的重要论述。也就是说，在复杂的农业产业互联网中，不能奢求用简单的思维来解决复杂问题。创新生态就如同生态系统概念，生态系统（ecosystem）是指在自然界的特定空间内，生物与环境之间相互影响、交换信息、物质能量、相互制约，并在一定时期内处于相对稳定的动态平衡状态，生物与环境构成的统一整体。在这个统一的整体中，生态系统涉及的范围可大可小，相互交错。农业产业所需要的创新生态就如同纷繁多样的复杂生态系统，农业产业互联网是生产工具、生产要素和基础设施组成的"数字生态共同体"系统。在大环境的影响下，竞争不是单一企业的竞争，而是产业与产业之间的竞争，企业逐渐从竞争关系转化为围绕产业链条的合作关系。企业联盟是多个企业为了在市场中获取竞争优势等目的而建立的企业合作组织、利益共同体，具有较为稳固的合作关系，产业联盟的最低标准是联盟组织的合作成本低于市场成本。因此，农业产业互联网模式指导的农业产业组织进行创新演变，科研联盟、产地联盟、品控联盟、储运联盟、销地联盟、服务联盟6个联盟构建了农业产业联盟体系，即产业创新生态。

6.5.1 产地联盟

产地组织管理是由平台运营公司发起，各股东资源方配合，政府部门支持，组建产地生产者联盟，以国家标准为基础结合当地产地的实际情况共同制定及执行适宜的产业标准体系，构建一个有标准、有保障、有公信力、稳定可持续的供应体系。产地的组织管理在"市场化＋行政辅助"共同配合下，建立标准体系和互联网管理平台，在开展商业化运营的同时，也协助政府完成和完善对产品的质量检测、大数据统计、监管的职能，逐步完成政府对产业供给侧改革的落地，为当地产业实现"提升产业层次、优化产业结构及产业转型升级"助力。产地联盟由平台运营公司发起，各股东资源方配合，政府部门支持，组织产地龙头企业、合作社及家庭农场等生产主体，以促进产业健康、安全、可持续发展为己任，认可并执行平台制定的生产标准、检测标准，生产安心、健康的优质农产品。

产地联盟运营的核心为合作方合作模式的选择及绑定机制的确定，基于平台运营公司的运营，围绕产地管理体系的构建，做如下设计参考，合作模式如表6-1所示。

表6-1　联盟组建方式

序号	产地联盟组建方式	优点	缺点
1	运营公司＋龙头企业＋自有基地	大规模标准化种植和生产能力强，成本低、效益好、规模大，抗风险能力强；对运营公司的产地管理压力小	与龙头企业合作机制要求高；运营公司对龙头企业的资金规模和管理水平要求高
2	运营公司＋龙头企业＋合作基地	大规模标准化种植和生产能力较强，成本较低、效益较好、规模较大，抗风险能力较强；对运营公司的产地管理压力较小	与龙头企业合作机制要求较高；运营公司对龙头企业的资金规模和管理水平要求较高
3	运营公司＋龙头企业＋合作社	较"运营公司＋龙头企业＋合作基地"标准化种植和生产能力稍弱，但仍具备一定的效益、规模和抗风险能力	与龙头企业的合作机制要求高，存在原料生产来源不如"龙头企业＋基地"模式稳定
4	运营公司＋龙头企业＋种植大户	较"运营公司＋龙头企业＋合作社"标准化种植和生产能力弱，但仍具备一定的效益、规模和抗风险能力	与龙头企业的合作机制要求高，存在原料生产来源不如"龙头企业＋合作社"模式稳定
5	运营公司＋自有基地＋雇员	有效引进优良品种和先进种植管理技术；原料来源稳定，不存在利益纠纷；农户转变为雇员，有利于生产及品质管控	资金投入高，对运营公司生产组织能力和企业内部管理要求高

（续表）

| 6 | 运营公司 + 合作社 | 可以依靠合作的力量引进优良品种和先进种植管理技术，效益较好 | 原料来源不稳定，有在利益上引起纠纷的潜在风险 |
| 7 | 运营公司 + 种植大户 | 有效增加产地规模，产地组织相对容易，能灵活扩大产地联盟 | 不易引进优良品种和先进种植管理技术，规模小，抗风险和谈判能力差；原料来源不稳定，有在利益上引起纠纷的潜在风险 |

三种产地联盟绑定机制如表 6-2 所示。

表 6-2　产地联盟利益绑定机制

序号	利益绑定机制设计	具体落地办法
1	产销对接交易合作模式	平台运营公司与合作方（龙头企业、合作社、种植大户等）签订产销对接交易合作模式的协议，通过协议约束合作双方的权责及相关合作内容
2	战略合作模式	平台运营公司与合作方（龙头企业、合作社、种植大户等）签订战略合作协议，通过战略合作协议约束合作双方的权责及相关合作内容，同时双方达成长效发展战略合作关系
3	股权合作模式	平台运营公司与合作方（政府、资本方、龙头企业、合作社、种植大户等）达成顶层战略合作，合作方入股运营公司进行最深入的合作，合作方可有多种入股形式，如资金注入或等价资本的农产品或相应行业资源。此种合作模式为最为复杂且紧密的合作模式

平台运营公司在具体执行过程中可参考以上多种合作模式及三种绑定机制，结合不同阶段的运营需求，制定相应的设计方案。

6.5.2　品控联盟

农产品品控联盟（又称"品质管控联盟"）的组建是为了确保农业全产业链的过程管理，涉及到"从土地到餐桌"全程质量控制，包括产前环节的环境监测和种苗选择，产中环节的具体种植生产、加工操作规程的落实，以及产后环节产品质量、卫生指标、包装、保鲜、运输、贮藏及销售控制。通过从产地管理开始到后端仓储物流运营体系搭建，确保农产品的整体质量，在此过程中提高整个生产过程标准化水平和技术含量。品控联盟结合产地实际情况根据产品种类进行检验检测指标体系搭建，形成农业产业品控实验室检验检测或检疫指标体系。梳理国家现有检验检测机构资源，根据检验检测指标体系筛选战略合作检验检测机构，组建联盟落地检验检测或检疫标准的执行，品控联盟组织部、省、市、县四级检测机构、产地检验检测机构等本地检测体系以及企业内部自建检测实验室等完成检验检测机构体系设置。检验检测或检疫机构生成纸质版检验检测报告后，应将检验检测报告电子化信息化，生成产品的质量检验检测合格证，通过这种方式进行第三方信任背书，搭建农产品质量安全全产业链追溯体系。如图 6-10 所示。

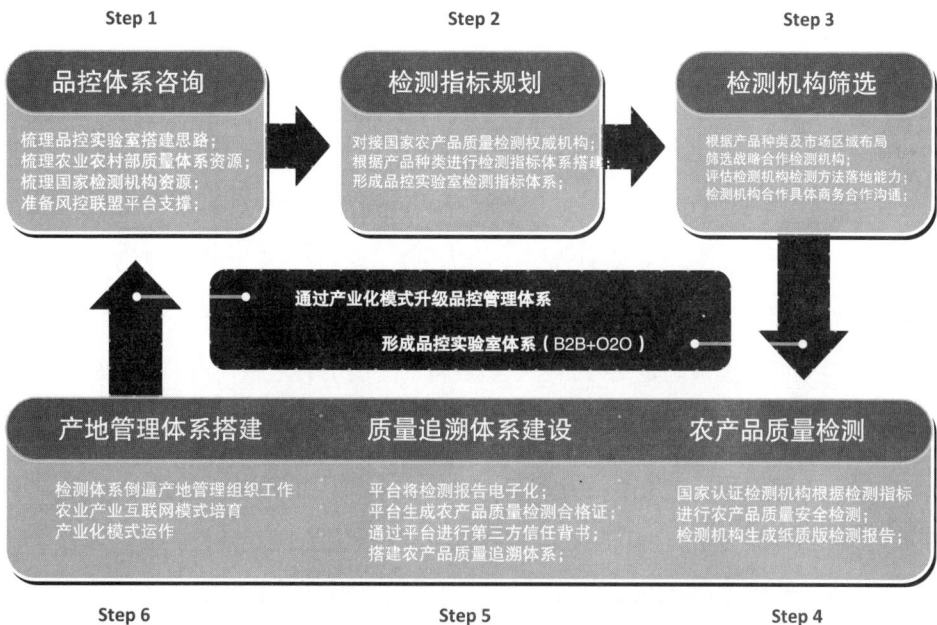

图 6-10 品控体系设计示意

围绕品控联盟建立品控体系，检验检测或检疫机构的组织载体应争取在农业农村部及国家草原和林业局等相关单位的支持下，以全国农产品质量安全风险控制机构联盟为基础，以"食用农产品合格证"为服务核心，运用"行业＋互联网"打造农林产品质量安全服务平台，为平台的品控管理提供有力支撑。产地的检验检测机构入驻质量安全服务平台，通过平台进行机构展示、检验检测产品发布、在线接单、样品管理、检测管理及检验检测报告上传，提供检验检测或检疫机构服务窗口支撑。

根据农业农村部颁布的《食用农产品合格证管理办法》，要求"食用农产品生产经营者销售食用农产品时应当附合格证"。产地联盟成员销售的产品经质量安全服务平台检验检测或检疫机构检测后，检验检测或检测机构可提供线上《检验检测报告》。检验检测合格的，可在平台生成电子《食用农产品合格证》，联盟成员在销售时可打印合格证随产品流通，消费者通过《食用农产品合格证》的二维码对产品实施追溯。

平台将分阶段完成产前、产中、产后全过程的检验检测节点设置，借鉴"工厂"的管理模式，对土壤、种苗、种植或养殖、施肥或式样、植保或检疫、采摘、加工、仓储等交易前各个阶段进行标准化管控，最大限度地保证产品质量安全。针对不同等级的农产品，灵活运用速测与量检相结合的检验检测或检疫方法，对产前、产中、产后各阶段的土壤，投入品及产品等进行质量安全管理，充分考虑产品质量安全标准与经济效益，探索最佳的检验检测方法及模式。

全链条的追溯系统是支撑品控联盟运营的主要工具之一，追溯系统是以生产过程为管理核心，以追溯码为信息传递工具，以产品标签为载体，以查询系统为服务手段，实现产品从生产基地、加工储运、渠道市场及零售市场全过程质量追溯。只有搭建起为检验检测联盟服务的检测云，真正全流程的检测追溯理想才能实现，聚合各级检测机构的检测结果，完成线性的追溯结果迭代更新。

所有追溯信息，通过终端产品二维码对市场展示，消费者只需扫描二维码就可获得全产业链的溯源管理信息，是品质对外呈现的关键动作。将执行平台标准打造出来的产品赋予统一的品牌标识，将标识附着在最终包装上，消费

者扫描终端二维码以后将获取相应产品信息、企业信息、认证信息、检验检测
信息以及生产档案等。如图 6-11 所示。

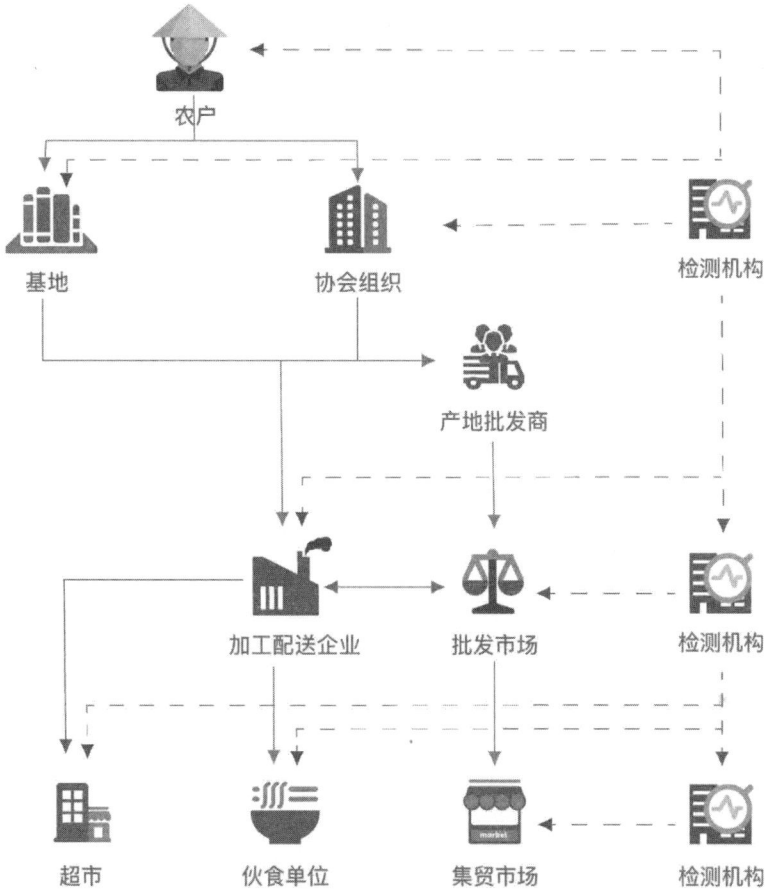

图 6-11　追溯体系业务流程

6.5.3　科创联盟

科创体系是围绕着科技创新、产学研结合、科技成果与产业深度融合的
体系。科创体系通过平台提供科创项目立项研发、研发众创众包、研发成果
IP（知识产权）、IP 成果交易产业化，与全国农业科技创新科研院所以及优质
农产品科研带头人连接、科研创新成果承接、创新成果发布交易推广及匹配产
业化资源等服务内容。通过平台构建的科创服务体系，可作为带动产业科创资

源聚集的核心抓手。平台运营从产业角度出发，通过产业相关知识产权的特色线上线下服务带动产业核心要素聚集，形成IP全要素流转的产业集群，实现科技创新成果与产业的结合。

基于农业产业互联网模式的科创联盟建设要通过产业服务型组织，运用平台数字科技体系，从加强科创投入、成果确权保护及利益分配、科创成果转化和推广培训四个方面进行。

（1）加强科创投入。做大做强产业，必须依靠科技进步和创新，提高核心竞争力。在各级政府支持下，以科研院所和大专院校为科技支撑的依托主体，增加资金投入和资源聚合，基于平台作为载体，通过实施国家和部省级科技专项攻克良种选育、配套栽培技术、新型养殖、加工利用等方面技术瓶颈。通过标准化示范区与科技推广等示范类项目的实施，建设良种繁育、丰产栽培、标准化养殖等示范基地，打造示范样板。

（2）成果确权保护及利益分配。促进科创成果转化的重中之重是激发科研人员的内生动力。目前科技创新链条上，激励科研人员的制度创新依然不够，特别是很多原则性、共识性问题还停在口头、流于纸面，确权分割的意义恰恰在于赋予科创人员以充分的处置权、收益权，使知识价值看得到、后期收益摸得着。平台通过整合确权的服务资源支撑，助力科技成果输出的科学家、科研院校、科研人员等明确权益，同时，通过基于产业的科创成果交易转化提升科创成果的价值，在形成收益的同时将利益分配给科学家、科研人员、科研机构、产业企业等相关利益主体，最大程度对科创成果进行确权保护。

（3）科创成果转化。通过平台交易中心完成科创成果转化，科创成果可第一时间通过平台的产地联盟成员企业进行产业化应用，在技术与商业实践应用的同时，通过利益机制的连接与分配，形成更加稳固的科技成果与产业融合的关系，有利于加速科创成果的产业化进程。

（4）推广培训。通过平台作为知识服务的主体，进行技术培训、发放技术资料等，重点培训企业、大户、农民以及产业基层技术人员，将良种、配套技术等科创成果推广到各产区，切实提高科创成果转化率。开发建设科技创新平台，通过产学研结合，推动科技创新与产业紧密结合，以科技成果转化形成利益分配，通过市场真正认可的商业逻辑反向指导科技创新方向。

6.5.4 加工联盟

初加工农产品在农业产业中仍占绝对主导地位，一二三产业结构比例不合理，部分区域存在农产品加工产能严重过剩及生产性服务业未形成规模等问题。通过加工联盟来解决产品加工相关问题，提升产业综合加工能力，助力产业规模化和现代化发展。农产品的加工领域主要存在如下问题：①农产品加工企业数量多，加工产能严重过剩；②现有加工企业规模小，大多停留在初级加工阶段，精深加工能力较低，产品单一，综合效益不高；③市场经营散兵作战，加工企业间缺乏专业化分工和协作，未形成资源综合利用的市场机制。

农产品加工服务各主体的合作是建立在自愿、信任和平等基础上组建长期合作的联盟。平台秉承"强强合作"的原则，入驻平台的加工服务主体是在产业中具备一定规模和实力的龙头企业。主体在合作中关注自身的核心竞争力与核心资源，发挥各自专业的优势，通过结成联盟的方式共同提高行业竞争能力。产品加工服务主体由平台经过审核和认证获得入驻资格，加工服务主体通过统一的平台签署协议，建立稳定的合作及交易关系，形成产品加工服务联盟，各个联盟成员目标一致，共同遵守平台的统一规则和规范标准。

农产品加工服务主体的合作，可有效地整合现有加工资源，通过平台进行信息与需求等对称，加工联盟中成员企业协同发展，业务相互整合，通过产品加工服务主体的合作，可以达到发挥单个服务主体的相对优势，降低企业的单位成本；提高专业化和分工程度，对各个加工环节的优势进行优化组合，放大规模效应；通过联盟合作，制定行业加工标准和规范，提升行业整体水平等效果。

平台在联盟服务过程中起到如下作用：①联盟的建立可降低因市场的不确定和频繁的零散合作交易导致的较高交易费用。同时，合作主体间在平台上进行信息交流，完成合作交易流程，实现实时沟通，达成信息对称、信息共享，降低内部管理成本，提高组织效率。②联盟主体依托平台资源可以获得稳定的订单，并在合作共赢的基础上，获得展示和宣传的渠道，从而获得更多客户。在平台大数据指导下，联盟主体可通过已完成的订单和评价系统获得信用担保，完成借贷和融资，不断扩展规模，做大做强。③平台作为行业信息、趋势、创新知识的传播载体，定期发布产业动态，随时跟踪行业技术创新，为联盟主体提供发展思路和方向，可以大大降低主体的信息获取成本。平台将组织和促成联盟中各主体间的相互学习和对外展示，增强主体的发展动力和创新能力。④产品加工服务联盟组织模式不是固定不变的，它随着合作的发展和联盟成员的变化，以及联盟中各个成员业务的变化、扩展和发展目标的变化而迭代更新。平台通过监测和对大数据的实时分析，根据市场环境和需求的变化，对联盟内部进行相应的调整。包括现有联盟主体的退出、新的联盟主体的吸纳、不同联盟主体职能的调整以及发挥作用的变化、合作模式的完善和调整等，以此满足产业发展需要应对的新需求和新环境。

6.5.5 储运联盟

储运联盟是把农业产业链中仓储物流环节的经营主体进行统一组织，平台依照仓储物流体系的不同发展阶段（可以定制不同阶段的设计，并提供与上下游进行衔接的解决方案）提供整体解决方案：阶段一：储运服务主体为第三方储运资源。平台整合第三方储运资源，并为第三方仓储和运输资源配置信息化接口。阶段二：储运服务主体为第三方储运资源。平台整合第三方储运资源，并为第三方仓储和运输资源提供内外衔接的信息化建设。阶段三：储运服务主体为第三方运输资源和平台自有仓库。平台整合第三方运输资源，为自有仓库提供规划设计和信息化建设，配置国内合作仓库，并集成多种资源，进行统筹管理和运营。平台主要整合的储运服务主体为大型的仓储物流企业，前期会涉及一定的成本投入，但是随着规模化效应形成，物流成本将会直线下降。

平台整合优质的仓储和物流资源，提供仓储物流的咨询、规划设计、信息系统、供应链管理方案，建立联盟进行集中化协调和管理，加强内部信息共享和信息交流，相互协作，使得各个节点无缝对接，实现物流的同步性，提升协同效应。联盟成员是合作伙伴关系，实行独立核算，彼此间服务租用。储运联盟成员的规模和服务（数量、多样性）随着平台的发展和客户需求的增长和变动不断递增，并纳入更多与储运相关的服务资源（检验检疫、外贸、金融、硬件设施建设和租赁等等），给客户带来更多的选择和更优的服务，实现优中选优，并形成更加有竞争力的价格优势，助力提升客户的核心竞争力。

平台依据客户（销售端客户和终端客户）的需求，将资源状况、资金承受能力、信誉度和沟通配合能力作为选择仓储物流联盟成员的核心考核要素，组建具备不同储运配置和满足不同种类货物储运需求的高性价比规模化梯队（高、中、低端配置及服务型）仓储物流联盟。平台先期针对性地为每个梯队筛选充分满足客户当前需求的成员作为联盟的首批成员。同时，平台设置联盟成员入驻申请入口，长期接收储运资源的入驻申请，资源被审核通过后，进驻平台成为联盟成员。客户已有及指定的仓储资源在满足平台联盟资格的前提下，可优先成为联盟成员。

平台通过信息化技术，结合标准作业流程、考评机制（成本指标、时间指标、客户满意度）、合同管理和监督体系，将分散的储运资源有效地整合为高效合作、统一管理和一体化运作的联盟团队，实现信息交流和经验共享，最终达成互信互利、相互依存的目的。平台建立严格的风险控制准入制度，制定对仓储和物流联盟成员的筛选标准，对实名认证并提交申请的仓储物流服务商进行审核评价，将符合要求的服务商信息纳入服务商数据库中进行统一管理。平台建立服务评分系统，客户对仓储物流联盟成员及其服务进行评价，平台审核确认后公示评价结果，便于后续的需求者对服务的了解和选择。平台制定监督和淘汰机制，确保平台提供优质资源和安全有保障的仓储物流服务。

平台制定统一的仓储物流运营标准，对装卸和包装进行规范要求，充分体现专业性。通过对产品包装及包装流程的规范化管理，能够有效地降低大宗商品在运输中的破损等问题，降低成本，提高客户满意度。平台主要为 B 端客户设计专属于大宗商品的包装及标准，也可以帮助 B 端客户订制面向 C 端客户的产品包装和运输方案。被吸纳成为仓储物流联盟成员的，必须提供承诺仓储物流能力和价格，并按照平台制定的管理方式和规章制度进行运营，实现作业的规范化、流程化、标准化，确保服务的专业性和高效性。

6.5.6 销地联盟

商业的本质是交易，交易环节是激活整个农业产业链的核心，因此，平台最核心的功能之一，应整合全产业链各个核心要素形成多种不同的交易，建立"以产带销"的基本运营思路，通过严格的产地管理体系打造高品质的产品，同时，通过产业平台的模式及数字化能力将产业价值传递给市场销售端，进而完成高效的产销对接及交易过程。随着交易过程的不断放大，形成规模化交易流量平台，能够更加有效地吸附产业链各环节资源，如此反复，平台不断发展壮大和升级，销地联盟的组建是让平台组织一批大宗采购商作为平台用户，促进产销对接等交易的进行。

销地联盟通过平台交易中心体系来实现联盟运营，交易中心体系包含统一会员体系、统一客户服务体系、统一内容管理支撑体系、统一支付及结算体系，提供挂牌交易、竞买交易（拍卖）、竞卖交易（招标）、企业专场、网上超市等多种交易模式，实现全产业链不同用户、不同产品、不同交易环节的交易需求。在制定好交易中心体系涉及的交易品种和交易规则之后，运营团队的主要工作即围绕交易中心进行产销对接，通过组织产地联盟和销地联盟成员上线交易激活全产业链业务，通过交易中心激活整个平台运营体系，达成将优质优价的相关产品对接到更加有效的高端渠道，实现产业价值最大化。

通过运营将平台打造为全国农业产业的知名服务平台，在扩大平台品牌知名度的同时，运用平台的产业互联网模式将优质产品品牌做大做强，对进入平台交易的农产品进行两个品牌的标准认证，从而增加信任背书并取得产品品牌的公信力，不断扩大产地联盟成员农产品消费市场。本着"激活存量，增加增量"的原则，结合项目实际产地情况与产地联盟的特点，锁定目标市场。

销地联盟成员包括传统市场成员和新零售成员。传统市场是区别于新零售来说的，包括以传统批发市场为核心的城市经销商模式等，具体为：①农林产品销售企业。农林产品销售企业都具备良好的企业形象及企业品牌，此类企业服务的对象涉及企业级客户的同时也面向个人消费者。②电商平台。基于不同的商业模式将电商可分为平台型电商、垂直型电商、专业化本地电商和O2O电子商务四种模式。③大型商超。超市是居民采购农林产品的重要渠道之一，大部分超市也将农林产品作为吸引客流的主要商品品类。连锁超市的目标客户是终端消费者，不同超市面向的消费者类型也略有区别。④城市批发市场。城市批发市场也是食用油产品的主要销售渠道，通过批发市场内的销地一级批发商销售给二级、三级批发商。

"新零售"的核心在于推动线上与线下一体化进程，其关键在于使线上的互联网力量和线下的实体店终端形成真正意义上的合力，从而完成电商平台和实体零售店面在商业维度上的优化升级。同时，促成价格消费时代向价值消费时代的全面转型。新零售就是"将零售数据化"。将新零售总结为"线上＋线下＋物流，其核心是以消费者为中心的会员、支付、库存、服务等方面数据的全面打通"。

平台通过组建销地联盟整合各类细分客户群体，满足细分客户需求。客户需求分析能够协助我们进一步了解目标客户的需求，销地客户的需求即是对产地组织的要求。根据客户细分的具体客户类型，通过产销对接的合作沟通与调研，不同客户的需求略有不同。根据我们对曾做过的调研样本进行分析，目标客户对产地供应有六方面的共同需求，分别为资质品牌、产品安全、流通服务、产品价格、持续供应能力和产品种类。由调研分析可以得出调研对象共同的六类需求中，需求重点度为：产品安全 > 资质品牌 > 产品价格 > 持续供应能力 > 产品种类 > 流通服务。

6.5.7 服务联盟

全国农业社会化服务组织数量超 90 万个，农业生产托管服务面积超 16 亿亩次，其中服务粮食作物面积超 9 亿亩次，服务带动小农户 7 000 万户。专业服务公司、农民专业合作社、集体经济组织等各类农业社会化服务组织融合发展。按照主体多元、形式多样、服务专业、竞争充分的原则组织服务联盟。

服务联盟包括农业社会化服务组织，还包括金融服务机构，如银行、保险机构、担保公司等。我国金融行业由于体制因素等原因长期以来结构失衡，20% 的大企业客户占用了 80% 的金融资源，特别是农业农村，众多的中小微企业、农户得不到充分的金融服务，成为制约其发展的重要因素。目前，农业产业金融服务体系尚不完善，国家财政资金补助有限，金融持续投入和保障支持能力不足。加之农业生产前期投资较大，农业资产价值难评估、难交易，土地抵押贷款的风险补偿、转移机制尚未建立、林权流转配套政策不完善，信用担保业务滞后等原因，银行不愿意接受农业经营主体提供的抵押物。多数农业企业或农户很难得到银行贷款，即使能取得，也只是小额贷款，不能满足农业企业和大户对资金的需求。服务联盟构建金融机构和非金融机构组成的金融服务生态圈，依托于平台，在农业产业金融活动中，除了产业链上的企业和银行之外，还有许多第三方机构，这些机构在产业链的不同环节发挥着各自的专业优势，与银行共同提供综合性服务。

服务联盟通过平台提供的产业化服务低成本高效率，能够更有效地解决信息不对称的问题，在农业中小微企业融资和社会化服务领域发挥重要的作用。

6.6 全链标准（内核价值）

2021年中央1号文件中明确指出，依托乡村特色优势资源，打造农业全产业链，把产业链主体留在县城，让农民更多分享产业增值收益。加快健全现代农业全产业链标准体系。从国家政策导向看，质量兴农之路是中央一贯的农业发展思想。近年来，随着农业供给侧结构性改革的不断推进，农产品质量问题越来越得到重视。党的十九大做出我国经济进入高质量发展阶段的重大判断，中央经济工作会议提出以"推动高质量发展"为中心，"三农"工作也要围绕着这个中心展开，要把质量兴农贯彻到农业产业工作的方方面面，为社会提供更多更好的优质农林产品及其相关的服务，提升"舌尖上"的安全感，让农民和社会所有民众都体味到切切实实的质量获得感。结合我国当前农业供给侧结构性改革的目标和方向，现代农业全产业链标准体系建设应从完善农业全产业链安全标准体系、健全农业全产业链质量保障标准体系、构建农业全产业链交易协同标准体系、构建农业全产业链基础配套标准体系等方面着力实施。

2021年4月19日，《农业农村部关于开展现代农业全产业链标准化试点工作的通知》（简称《通知》）下发，《通知》指出试点工作的总体目标为，"十四五"期间，试点构建30个农产品全产业链标准体系及相关标准综合体，制修订相关标准200项，遴选命名现代农业全产业链标准化基地300个，按标生产培训5万人次，培育一批全国知名的绿色、有机和地理标志农产品，全产业链标准化协同推进机制基本形成。

由此可见，无论是从安全角度，还是从产业发展角度，都对农产品的质量提出了更高的要求，走质量兴农之路，至为关键的一个环节就是标准，要打好标准化基础，农业全产业链标准的建设是必要的，应根据我国目前现有的农业产业标准短缺、不统一、质量不高的实际情况，统筹规划，组织制定和完善包括国家标准、行业标准、地方标准和企业标准在内的农林产业标准体系。在标准制定过程中，要考虑适应农林产业生产技术发展的需要，参照国际农林产业标准，注意吸收发达国家的先进农业产业技术，同时，要根据实际情况适时适当修改标准。从产业发展看，农业产业互联网体系建设的基础之一就是全产业链的标准化体系。标准化是互联网交易的基础，在看不到实物的情况下，如何让消费者认可产品的价值，标准化是第一步。如图 6-12 所示。

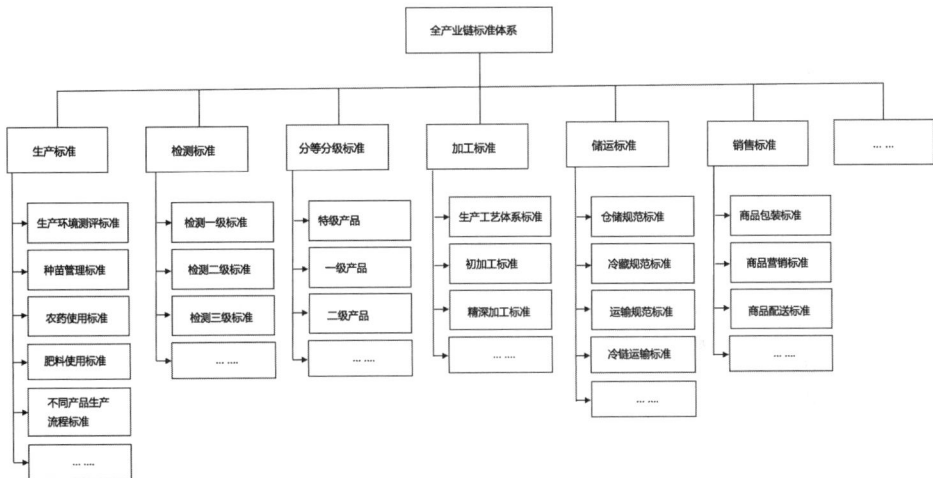

图 6-12　农业全产业链标准体系示意

农业产业互联网平台体系中的全产业链标准体系需制订系列标准：生产标准、检测（检疫）标准、分等分级标准、加工标准、储运标准、销售标准等。标准体系应动态迭代发展，在平台初期，以满足平台交易为核心建立检测标准和产品标准（基本的分等分级）。在产地组织及交易形成规模后，可向生产过程延展，制订种苗管理标准、生产管理规范、产地环境标准、农药、化肥使用标准、加工标准等。在平台持续运营开始规模化增长的阶段逐渐引入服务标准等，其中涉及到金融、保险等服务体系。通过平台对标准体系的固化和迭代，实现农业产业的标准化、品牌化，解决制约农业产业发展的瓶颈问题。

标准体系以国家无公害农产品标准、绿色农产品标准及有机农产品标准为蓝本，结合各产地的实际情况，制定适宜的平台标准体系，产地联盟中的联盟组织通过执行该标准生产安心、健康的优质农产品。为保障联盟成员便捷执行平台标准及保证联盟成员生产过程严格按照标准执行，平台建立质量安全保障机制。其中包括：①全方位培训，标准内容培训、标准执行操作培训。②执行过程指导，技术专家现场技术指导。③多种沟通渠道，提供电话、QQ、微信等多种方式的24小时客户服务。做到建立现场核查队伍、现场核查机制、定期及随机抽样检查机制等。

产业服务组织可作为全产业链标准的支撑主体，充分调动产地政府、协会等资源及各生产龙头企业的积极性并提高资源整合能力，从政府、行业、企业三个层面推动产地组织和产地管理的落地。产业服务组织作为产地组织工作及产品质量安全管理、标准化工作的支撑主体承担以下工作：成立产地管理部、风险管控部，二者为产地组织和管理落实的主要职能部门，严格基于产地控制产品的品质；做好产地联盟的组织机制设计，不断开拓产地及吸纳各类生产主体加入联盟，确保平台供应的产品种类丰富且具备长期稳定供应的能力。制定品质保障体系和品质目标，采取适宜的控制措施，为平台提供优质的产品。整合好产品的质量检测和安全追溯等资源，确保平台产品的品质良好。

为保障全产业链标准体系有效监管，平台应执行三级监管体系，一级体系为企业监管，指的是产地联盟成员执行企业内部监管，利用企业基础设施，运用物联网技术，执行企业内部自检流程管理。二级体系为平台监管，由平台运营公司下属产地管理部门的产地联络员，对平台标准的执行落实情况，以及产品进行不定期抽样检测。三级监管为政府监管体系。平台严格执行国家及地方质量安全监管，包括生产过程内部追溯管理，生产环境监测、投入品等级与进销台账、生产履历、质量检测与监测信息、产地证明、追溯标签等。

6.7 产融数据（内核价值）

6.7.1 全产业链大数据基本构成

大数据在于发现、获取、分析和理解信息内容及信息之间的关系，通过大量的样本得出精细化的结论，进而指导实际应用。数据是信息时代的"石油"，数据要素的激活是推动市场经济发展的驱动力之一，在农业农村现代化进程中，数据要素越来越重要，通过大数据与农业全产业链的融合，形成能够指导生产体系、产业体系和经营体系，预测市场、规避风险、提高效率的现代农业全产业链大数据。农业全产业链不是单一环节，而是产业链中以消费者的需求为导向，科技研发、种植养殖、加工、储运、消费、体验、销售、品牌和服务等多环节组成的一个有机整体。全产业链大数据（产融大数据）要基于全产业链，贯通产业链各个环节，形成产供销融一体化、融合一二三产业不同主体和产业环节的大数据系统。产融大数据构成可分为数据标准与规范、数据安全、数据采集、数据存储与管理、数据分析与挖掘、数据运维及数据应用几个环节，覆盖了数据从生产、处理、分析、应用的整个生命周期。如图6-13所示。

6.7.2 全产业链各环节数据分析

6.7.2.1 产前环节的数据

（1）产区资源数据管理。农业产业互联网平台（以下简称"平台"）通过

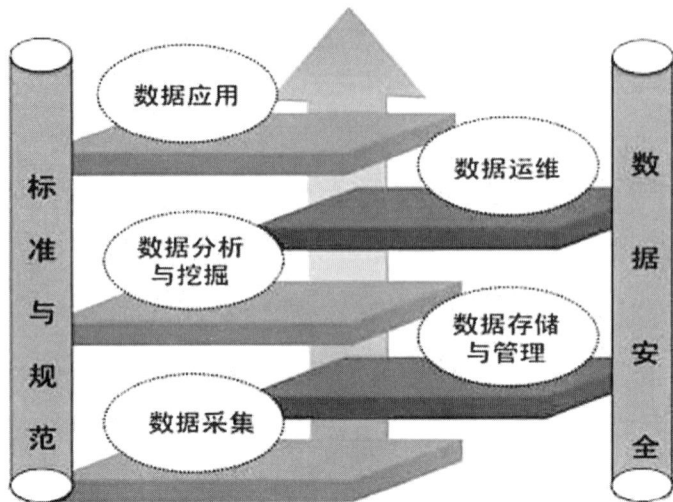

图 6-13　产融大数据基本构成示意

生产管理工具，基于 GIS 和遥感技术，建立产区的数字地图，对产区内生产种植或养殖等用地进行科学决策、精细化管理。以全球定位系统（GPS）提供的地理基本信息基于地理信息系统（GIS）建立产区的数字地图。运用遥感（RS）技术感知电子地图中的实地信息（土质、作物或禽畜等），全面掌握种植或养殖等用地的范围，实时了解区域内土壤条件、大气环境等综合信息并通过对信息的差异性分析将种植区域划分为不同的管理区域，有针对性地进行规划，实现产业资源的实时查询、分析、决策功能。

（2）产区环境数据管理。运用遥感（RS）、传感器等技术手段全面掌握产区环境数据，具体包括土壤、大气、水质、气象、污染、灾害等，需要对这些产地环境影响因子实现全面监测、精准化管理，并形成历史记录，为产地做数据支撑服务。

6.7.2.2　产中环节的数据运营

（1）农产品生产过程数据管理。整合传统统计数据及农业资源管理信息，对产区不同地块进行有针对性的种植或养殖管理。通过平台产地管理工具固化的农产品生产过程标准体系，对种植或养殖影响因素差异性较大的不同区域定量获取影响生长的环境因素（如土壤肥力、含水量、苗情、病虫害、生长周期等）信息，分析影响区块产量差异的原因，采取技术上可行、经济上有效的耕作或饲养方案，实现区别对待、因地制宜、按需配置的农产品生产过程管理。

（2）生产档案数据管理。实时记录在生长过程中的各种农事操作信息，按照平台固化的一套标准对应数据记录，进行纠偏管理，保障标准化种植或养殖，并且将具体数据记录落实到负责人，做到责任可追究，为产业大数据应用分析做有效积累。

（3）监测、估产数据管理。利用遥感（RS）技术监控作物长势或禽畜生长情况，根据检测、估算数据反馈的需要及时采取有效措施，并根据各种数据的综合分析较准确地预估产量及采收信息，为更精准地做好产销对接提供有效数据信息服务。

（4）病虫害预警数据管理。利用 GIS、遥感、高光谱分析等技术，对病虫害进行分析、预测，通过监测数据分析结果及时进行防治，保障种植或养殖过程中的品质标准和安全标准，降低由于灾害造成的损失与风险。

6.7.2.3 产后环节的数据运营

（1）检测数据管理。记录农户、合作社、企业等经营主体的相关资质，联动平台出具的检测报告、产品品质证明等认证信息，为农产品品质和质量安全保证做数据支撑服务。

（2）产品安全数据管理。涉及产地环境、产前产中产后、产业链管理、储藏加工、市场流通、物流、供应链与溯源系统等全产业链的各个环节，通过对产品质量安全监管信息的分析处理，实现产品安全风险的预测预警及质量安全突发事件的应急管理。

（3）加工装备与设施监控数据管理。通过产业中多个环节获取的大数据，提供加工装备和设施在运作情况下状态的监控、远程诊断以及服务调度等方面的智能化管理和应用。

（4）物流仓储数据管理。物流仓储关联收购、储存、加工、包装、运输、卸载搬运、配送等环节，通过整合、分析各个环节的数据，不仅可以连接产业主体和消费需求主体，还能实现农产品保值增值，甚至可以为整个物流管理提供有力的决策支持，如物流中心选址、最优化配送路线、合理管理库存等。

（5）市场追踪数据管理。通过对农产品的产量、销售价格、销售量、需求、消费者购买行为、市场价格指数等数据进行分析，可以判断农产品的供需周期性、价格变动以及消费者的购买习惯等。通过市场数据的积累和分析，反向指导生产体系的迭代升级。

6.7.3 产业大数据应用要点

大数据实现产业数据资源共享。农业产业链上各个环节的每个动作、每个时间节点都在产生大量数据，用大数据技术整合分析产业数据，能够改变整个传统产业生产缺少量化数据支撑的问题。从数据采集上看，产业大数据可以利用的工具越来越多，如地理信息系统（GIS）、无人机装备、有数据监测和采集设备的农机、物联网监测设备等。从数据存储和数据挖掘角度分析，产业数据具有时空属性，以及多维、动态、非线性等特征，因此产业大数据的应用要通过非关系型数据库和数据分析技术满足产业大数据的需求，以此建立更有益于指导产业发展的产业大数据体系。

大数据贯穿全产业链。实现农产品的全流程可追溯。通过产业大数据体系，存储抓取包括产地经营主体的生产档案、生产过程管理、农产品产前、产中、产后检验检测报告、物流信息，全程保证追溯码附加各环节信息，在物流与分装过程中，农产品追溯码始终可关联到初级信息，实现全流程可追溯，有效证明农产品来源和质量安全。

大数据辅助产业生产决策部署。农产品的生长过程具有复杂性，会受到种质、土壤类型、病虫害、气候以及人类活动等诸多因素的影响，我国农产品生产存在高度分散、标准不统一、规模化程度差、稳定性和可控程度低等问题，用大数据技术进行挖掘分析，可以监测农作物或禽畜的生长情况、指导施肥灌溉、饲养、预估产量、农事操作等，使得生产行为具备一定的前瞻性和针对性，有效降低不利因素对收益的影响。

大数据助力农产品流通创新。利用大数据分析技术，集成农产品的品质控制和种植或养殖生产等数据与农产品零售和深加工产品零售的数据交换和追溯，整合农业产业链上中下游，有助于从以下几方面解决产品流通的主要问题。首先，可预测农产品供求平衡关系，并通过信息反馈，指导生产者未来生产决策，维持市场供给平衡，应对农产品价格波动过大的风险，同时可以防止生产者承受巨大损失；其次，根据预测可按需分配生产资料，通过充分调配避免生产资料的过剩或短缺；最后，利用大数据技术可以有效地降低跟踪和监测的复杂性，并且可以提高仓储、运输、零售等环节的运营质量。

大数据有利于供需双方建立稳定关系，打造农产品品牌。借助大数据实现对消费终端的行为洞察，包括消费目的动机、态度选择、购物评价、行为、决策过程，而这些有价值的发现需依赖于在海量数据基础上建立的行为决策模型。与此同时，借助产业链前端大量的数据积累和区块链等先进技术手段应用，打造科学种养殖、源头可溯，更能加强生产者与消费者之间互动，有助于建立良好的信任关系，增加消费黏性，塑造良好的品牌形象，进而带来更多的品牌溢价。

大数据支撑产业金融服务拓展。产业发展长期存在供需矛盾，融资渠道单一，融资难已成为制约产业发展升级的重大因素。产业金融是指以供应链上的核心企业为依托，运用融资的方式，对产业链上下游企业提供的综合性金融产品和服务。随着农业产业互联网模式的落地，交易的发生，逐步通过生产能力评估数据、交易数据及交易信用的积累为产销双方建立信用档案，为产业金融机构及银行贷款业务等提供良好的风控支撑。产业金融与大数据的结合，通过平台积累的交易数据、信用记录、商流、物流以及资金流来确定融资方案，不仅能有效地解决企业与农户融资难、融资贵的问题，还能有效地降低融资风险，提高相关产业链竞争力。

综上，在农业产业互联网模式的指导下，平台通过大数据对农业产业的产前、产中和产后进行全产业链大数据技术的应用，在数字经济的背景下，数字科技不断发展演进，数据本身是原料，通过加工变为数据商品，应用到具体的农业场景中与用户进行连接，进而持续与用户进行互动，整个过程中，不断产生新一轮的数据获取和反馈。由此可见，农业产业互联网大数据应用的关键是数据驱动产业的发展升级，数据驱动能够为产业升级带来数据驱动的创新、生产和决策。数据驱动产业的各个环节从静态数据的呈现到动态数据的指导，特别是把用户的需求数据和生产关联，从而产生产业链条中各个环节围绕用户需求的创新。数据驱动产业生产环节通过管理、标准等数据使控制和农事操作达到最优效率，使产业链的加工、仓储、物流、销售等环节提高周转率，减少农产品的库存和消耗，结合用户需求实现定制化批量生产，即订单农业，优化重构农业产业链的生产体系。数据驱动下的信息经过分析、处理转化为知识，通过与具体农业场景的应用结合变成服务，进而形成决策，有效地降低农业周期性带来的风险，提高产业的协同效率和市场绩效。

7 农业产业互联网应用研究

7.1 农业产业互联网平台应用难点

改革开放至今，连续 18 年中央 1 号文件都是关于农业的，2019 年、2020 年连续两年都提到了稳定粮食生产。从国家的角度来说，保障重要农产品的有效供给是红线，同时，还要促进农民持续增收。在中国的农业市场，随着国家临储政策的取消，像玉米这样大宗的粮食贸易商，在纯市场环境下生存和发展面临的挑战也越来越多。在 2020 年中央 1 号文件中也提到了"支持各地立足资源优势打造各具特色的农业全产业链""培育农业产业化联合体，通过订单农业、入股分红、托管服务等方式，将小农户融入农业产业链"。由此可见，国家要大力推动农业向"规模化""产业化""现代化"发展，农业产业互联网数字经济模型虽可以作为推动农业发展的有效方式，与此同时，农业产业气候网的应用也面临诸多挑战。

第一，农业产业链过长，交易习惯难改变。农业的生产端和需求端已养成了多年的交易习惯，这种习惯不仅很难被打破，而且产业链条中每个环节都有其不可替代性，如搭建产业互联网平台，就是要让各个环节的连接处衔接得更加高效，使资金、物流、仓储非常快速地进行匹配，这才能让产业链条价值快速传递。如果去掉中间环节来提高产业效率那定是对农业产业不了解、不熟悉，不深入。

第二，农业产业信息化程度低。2020 年中央 1 号文件提出加强现代农业设施建设，依托现有资源建设农业农村大数据中心，加快物联网、大数据、区块链、人工智能、5G 智慧气象等现代信息技术在农业领域的应用。这些年农村虽然实施了很多信息化建设，但是都没有形成规模，也没有真正依托平台去打造数据和信息交互。通过搭建农业产业互联网平台，可以快速推动农业产业信息化和智能化进程，助力农业产业升级。

第三，搭建互联网平台的人员知识欠缺。农业产业互联网体系运营需要人才，既要深刻理解农业产业，更要掌握现代化经营理念，还要懂信息技术，既能线下经营，又能线上多种模式运营。同时更要懂得风险控制，以及供应链金融、结算、产品设计、服务体系搭建等。农业产业互联网的人力知识结构不足以支撑平台搭建。农业产业互联网的人力知识结构不足以支撑平台搭建导致很多农业产业互联网平台搭建过程中经常走偏路或者很多想法无法落地。对于已经在做或者即将着手要做的农业产业互联网平台公司，一定要考虑团队打造，尽快完善农业产业互联网人力知识结构，才能让平台快速地发展起来。

7.2 农业产业互联网应用模式

乡村振兴是"三农"工作的总抓手，产业兴旺是乡村振兴的基础，要想实现乡村振兴，必须先实现产业兴旺。而产业兴旺，必须依赖于发展品牌农业，要想发展品牌农业，必须站在全产业链高度，实现农业产业全要素的数字化，消除农村与城市、生产端与消费端的数字鸿沟。农业产业互联网平台建设要紧紧围绕农业供给侧结构性改革主线，以农业产业品牌化为引领，以农业产业体系、经营体系、市场体系、技术体系、政策体系等支撑体系为基础，以农业产业数字化体系为动力，以产业互联网平台为载体，重构农业产业价值链，聚合农业产业要素资源，构建数字化农业产业生态综合体。

传统农业面临着诸多的问题和痛点，这些问题和痛点都是农业产业发展的制约因素，从产业链的角度分析行业痛点，可以归结为"小、散、乱、弱"，具体说主要体现在以下 10 个方面：①散户多、规模化企业少、农民组织化程度低；②生产型企业多、品牌型企业少，龙头企业发展不足；③产业链条环节多，整体成本高、效率低，盈利能力弱；④标准化与品牌化发展滞后，区域品牌、企业品牌影响力弱；⑤企业融资渠道少、融资难；⑥配套的社会化服务体系薄弱；⑦人才体系不完善、新生力量亟待补充；⑧物流等基础服务设施不健全；⑨生产与消费脱钩，买难与卖难同时存在；⑩农产品标准化体系、质量安全体系、检测体系不完善。

农业产业互联网模式通过重构产业链解决问题，农民（利益联结）、种植大户、合作社、产地企业（产地种植和生产加工标准化、数字化、网络化），产地市场（取代），销地市场（取代），批发商（合格品低价策略），专卖店、零售商、商超、新零售（SKU 分等分级，优质优价），消费者（平台品牌品质等级原产地认证查询）。模式缩短了中间环节，使产销两端的信息交流更加通畅，使传统的生产型农产品交易变为订单式农产品交易。农业产业互联网平台要能够真正推动农业实体产业的转型升级，要从产业痛点入手，借助互联网对产业链的资源整合和价值链优化，向农业产业主体客户提供有价值的服务，并随着平台发展不断延伸新的服务组合，最终形成围绕产业链的多种模式的综合交易，包括产品交易、服务交易，以及包含产品交易和服务交易的多级复合交易等。通过产业链的不断打通优化和服务的不断丰富延伸，从而为产业链上下游不断创造新的价值，带来新的体验，形成新的产业生态链。在新的产业生态链下，农业产业互联网平台通过完善规范行业标准和规则，形成产业信用体系、产业链治理体系，推动农业产业在有序规则下的竞争合作，形成持续、健康、稳定发展的新秩序。农业产业互联网模式重构产业链结构如图 7-1 所示。

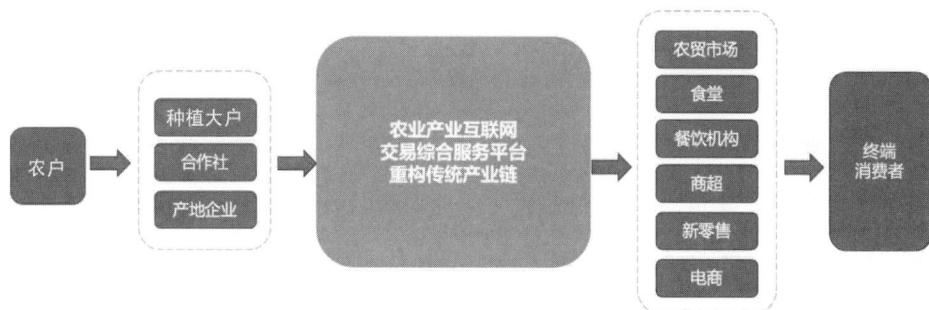

图 7-1　农业产业互联网模式重构产业链结构

7.3 农业产业互联网对农业产业的改造

随着消费互联网发展进入成熟阶段以及消费的持续升级，需求侧的发展正在不断推动农业产业供给侧变革。建设产业互联网平台，对农业各个环节进行改造，从产生业数字共用数字平台的搭建和产业主体的数字化赋能两个方面对农业产业进行数字化改造。

7.3.1 产业链环节的数字化升级

围绕产业共用数字平台和主体数字化赋能两个方面，结合产业互联网平台建设的各个体系，具体设计农业各主要环节和应用场景数字化升级转型方案，以农作为种植产业链为例。

产前环节：变革农资供应方式，包括农机、种苗、化肥交易等。数字化种苗种植、管理环节。种苗管理工作主要是从源头上保证优质农业种苗供应，确保种苗质量、种苗发放和种苗信息可追溯。围绕推动化肥、农药等农资供应的便捷高效、安全可靠，以供销网络体系升级改造为重点，通过"实体＋网络""手机＋电脑"等多元化信息化手段，实现城乡供销社商业网点与农户、生产基地及各类市场的供需实时响应和物流精准配送，培育新型农资交易模式。以推动农机销售便捷化、配件供应及时化、作业调度高效化为重点，拓展农机及零部件网络销售新渠道，加快构建政府引导、企业运营、多方参与的农机跨区作业信息共享、优化调度新平台。

产中环节：升级传统农业的生产种植方式，实现精准化种植、可视化管理、智能化决策、科学标准化生产。通过物联网系统、遥感系统实时采集数据，并通过产业互联网平台进行计算分析，结合产地科学种植系统，提供可视化标准化种植。平台提供信息技术支持，根据空间变异定位、定时、定量地实施一整套现代化农业的操作技术与管理系统，根据作物生长的土壤性状，调节对农业的投入，一方面查清田块内部的土壤性状与生产力空间变异，另一方面确定农业种植的生产目标，进行定位的"系统诊断、优化配方、技术组装、科学管理"，激活土壤生产力，以最少或最节省的投入达到同等收入或更高的收益，并改善环境，高效地利用各类农业资源，取得经济效益和环境效益。

产后环节：围绕农业及其制品，定制专业性、综合性交易平台，集信息发布、信用担保、网上支付、物流配送等一体的全过程服务升级，实现农业产品供给的集约高效。依托综合交易平台，大力发展订单农业，拓展农业种植户、种植企业、加工企业与终端客户、批发市场、超市等对接渠道，形成稳定的产品供求体系。推动全国性、区域性渠道商、品牌商、配送中心深化电子商务应用，促进传统农业流通供应链的改造升级。通过扩大宣传、加强培训、政策支持等多种方式，鼓励和支持基地、种植户主动使用农业产业互联网平台，补足产业主体经营短板，赋能各类型产业主体完善数字化应用。以产业互联网平台为核心，持续推进农业产业商务信息服务工程，加强产销对接信息化建设，丰富充实服务内容，拓展服务渠道，提高服务成效。

需求侧：变革以销定产的方式，实现产销互见，定制化需求，应对消费升级。利用产业互联网平台连接产地与消费者，消费者直接与产业主体企业取得沟通，企业根据消费者所下的订单来进行安排。根据调查和消费市场信息数据制定策略，提供生产和销售等方面指导，使产品符合客户的市场需求。通过产业互联网平台，借助网络平台的优势，在消费者心中树立产品地位、品牌地位、做好产地背书，提高产品声誉。通过有效的客户引导性营销，真正实现"以销定产"，在损耗可控的条件下，稳定产品销售利润。同时，还能通过及时、全面的信息情报和丰富的资源，有助于与金融机构，如（银行、保险公司）进行业务对接，对政策资金的支持方和投资商起到对接支撑的作用，能够有效解决产业企业发展过程中的资金瓶颈问题，帮助产业企业实现持续的增长。消费升级让消费者对产品的个性化需求快速爆发，农业产业互联网平台提供了需求传递的通道，用户需求的满足方式跨入定制化满足用户需求阶段，使生产加工端数字化、智能化升级改造按需定制成为可能。

7.3.2 赋能农业产业整体提升

7.3.2.1 开发完整的智慧生产种植（养殖）技术

数字农业、智慧农业是推动农业产业转型升级、实现农业产业现代化的必然选择。数字农业智慧种植（养殖）是以农业智能专家系统、决策支持系统、管理信息系统以及计算机技术、多媒体技术和大规模存储技术为基础，以3S技术（遥感、地理信息系统、全球定位系统）及其集成为核心，以宽带网络为纽带，运用海量农业信息对农业进行多分变率、多时空、多尺度和多种类的三维描述。系统从影像图中获得农业种植的长势征兆，通过GIS和专家系统作分析，制订行动计划，实施农田作业，及时预防病虫害，实现低耗、高效、优质、安全的绿色农业种植。

7.3.2.2 构建农业全产业链标准体系

现代农业的趋势是实现农业的专业化、标准化、规模化、数字化、集约化、生态化、深加工化和社会化服务，现代农业的发展，品牌农业、质量农业、绿色农业等一切的基础来自于产业的标准化建设。农产品标准化是现代农业的重要标志，也是农产品品牌化的基础；中国在农产品尤其是鲜活农产品的品牌和标准化生产体系建设上一直相对滞后，已成为制约农业发展的一个重要问题。随着生活水平提高和健康意识增强，消费者对品牌农产品的需求已经向农业全产业链延伸。但现实是，我国大多数农产品还处于无品牌阶段，优秀品牌农产品更是严重缺失，作为品牌载体的农业企业、合作社等，只有遵循标准化生产，才能打造强有力的品牌。通过制定标准对农业相关标准进行管理，保证产品的质量。农业产业链标准体结构如图 7-2 所示。

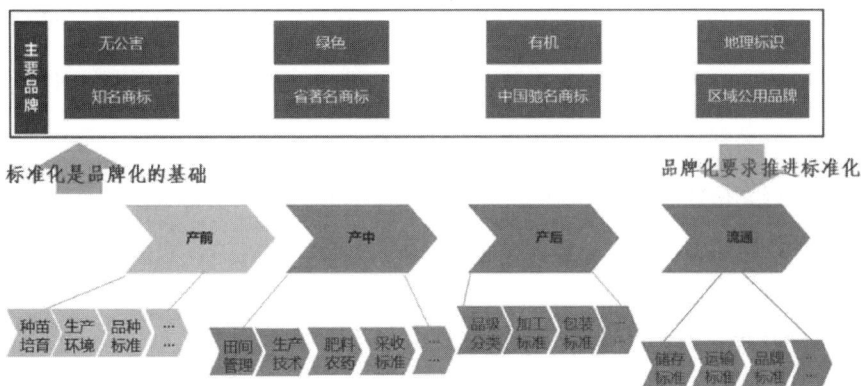

图 7-2　农业全产业链标准体

7.3.2.3 打造高效的产业营销入口，提升生产、加工企业核心能力

对于产业互联网平台核心的种植基地（农户）、加工企业，一方面，平台能够快速提升实体及其在产业链上下游的延伸能力。能够通过平台合作快速建立线上线下经销、零售、定制等多渠道、多场景的立体化销售渠道。另一方面，平台聚合的服务资源整合能力让基地和加工企业聚焦核心业务，通过平台提供的数字化工具、服务资源配套，能够减轻企业的技术、运营和管理成本，使其专注于核心种植、加工能力的提升。合理分配、优化产业链资源，提高产品的规模化、专业化程度，注重产品质量和服务，通过区域品牌、平台品牌和企业品牌的打造，借助产业互联网平台可产生极大的推广效应，极大提高宣传的覆盖率。经过一段时间运营，平台可以形成产业聚合营销的公共入口。

7.3.2.4 打造区域品牌与企业品牌，双轮驱动

在数字经济、互联网时代背景下，充分利用互联网思维和模式，基于区域农业产业特色和农业文化特质，打造区域农业品牌和区域产业内的企业品牌，借助产业互联网平台塑造和扩散区域农业产品品牌的影响力，使其成为当地企业品牌的背书品牌，加快农业产业化和市场化进程。顺应时代趋势，借助产业互联网

平台在生产种植、营销渠道、品牌传播、营销服务和销地企业、消费者关系维护等方面的优势，挖掘更多的品牌创新点和增值点，从而推动区域品牌升级，获得更多的品牌溢价。在农业产品品牌建设基本完成后，通过弥补产业主体的技术、资金、人才和管理方面的不足，从四个方面打造区域品牌集群，以基地和合作社为主的集体品牌；以骨干企业为主的企业品牌；以农业技术、育种、肥料、农药为主的服务支持型品牌；以新型农民或新型联合体为主创新型农业产业品牌，从而形成产业集群，达到区域品牌与企业品牌双轮驱动，互荣共赢。

7.3.2.5 升级农业产品销售模式，实现产销互见数字化协同

在多年的消费互联网的引领下，消费侧已经完全实现了数字化，农业供给侧网络化、智能化、数字化改造完成后，可以较好地实现产销互见。农业产业互联网平台的建立，则直接拉近了消费者与农业生产者之间的距离，使地域问题对农业产品的影响相对削弱。距离的缩小意味着成本的降低，销售成本减少，销量增大，利润当然也就随之增长。"企业能做大的，都是流通环节所减少的。"不仅如此，平台的一个极大的优势就是可以利用强大的数据分析帮助农业生产定位客户群，分析客户的需求，这使得生产具有了一定目的性，达到利润的最大化。

7.3.2.6 一站式服务，综合赋能农业产业链各类企业

农业产业互联网平台与产业生态中的各方建立连接，综合赋能产业链各类企业，提供一站式服务，打通原本各个独立信息化系统形成的信息"孤岛"，让企业在较短时间内实现降本增效。数字平台能给它们快速带来订单、资金、服务、品牌等多方面赋能，帮助它们实现从粗放式管理到精细化管理的转型升级，继而实现利润突破和品牌提升。

7.3.2.7 平台服务贯通，产业生态整体协同

农业产业互联网平台的运营，核心是提供多种类型的生产性、技术性服务，

完成整个产业链的整合应用，从而实现农业产业总体供应链数字化改造升级。服务上游生产种植企业：平台通过数据分析，联合企业和社会化资源，将用户需求转化为产品，并提供资金、供应链、云基础设施、SaaS 和专业服务方面的赋能，提升上游企业品牌。服务个人或企业终端用户：从用户需求出发，最终交付的是一套完整的解决方案，中间所有环节都由平台整合外部的服务资源完成。

7.3.2.8 全程质量追溯、品质可查、安全可控

消费者对食品安全缺乏信任，高端人群、优质的客户群体更倾向于购买进口替代品，解决食品安全，使消费者恢复对农产品的信任，最直接的办法便是产品生产链条的透明化，这在传统农业中几乎是一个不可能完成的课题，但数字农业和互联网的应用却以其强大的线上交流模式弥补了这一缺陷。农业全产业链溯源管理系统是对产业链条上各阶段原料质量信息、重要生产过程（如种植技术、初加工工艺、深加工工艺等）、农业产品质量分等分级信息的整合，保证农业全链条信息的真实性、关联性、可追溯性，从而支撑最终农业全产业品质及质量安全，实现农业产业产品质量的"有据可查、有证可依"。质量安全监测管理是对质量安全进行检测和监管，为政府主管部门提供了农业全产业链农产品质量安全监管的重要抓手。

7.3.2.9 开展基于在线交易的金融服务

金融问题一直是经济发展的核心问题，农村金融服务一直未能跟上经济发展的脚步，不能够满足村民的需要。农村金融产品种类较为单一，供给方面不足。虽然金融机构创新的脚步从未停止，但是受地域、产业结构等多方面因素的限制，原来存在的问题依旧比较突出，创新之路还很艰难。通过产业互联网平台，基于对主体信息、生产信息、交易信息等各类信息的综合分析，结合信用体系，可以极为便利地对接小额信贷、农业保险和供应链金融，为产业发展提供强大的资金助力。

小额信贷：通过数字平台对接互联网金融，利用平台的信用体系，可以方便地进行出借资金，具体的贷款业务线下进行，利用互联网外加金融机构风控体系对贷款人进行审核筛选，建立起对接交易的商务模式。

农业保险：农业经营存在风险大、赔率高的特点，因此许多保险公司在这一方面的积极性不是很高，这直接导致农业保险种类单一，主要集中于小麦、玉米、棉花三种农作物。因此，借助数字农业大数据进行分析，对各种可能出现的灾害等问题进行网络模拟，对各种风险进行判断，以作为提供农业保险的依据，便可以使农业保险赔付率大为降低。产业互联网平台对于农业保险具有相当好的发展前景以及丰厚的商业价值。

供应链金融：以产业互联网平台的产业数据和信用体系为基础开展基于在线交易的供应链金融服务，以金融切实赋能实体产业，实现普惠金融目标。在大部分传统产业中，有效解决产业链上下游融资难和融资贵问题，是产业获得快速发展的关键。基于产业互联网平台的供应链金融服务不同于传统的银行借贷，它依托于产业链上下游的真实交易，同时只有保证核心交易在线上进行，才能实现流程闭环和风控管理。因此，做好供应链金融服务是吸引产业上下游企业在平台开展在线交易的重要驱动力之一。供应链金融的模式可以有以下几种：仓单质押模式、保理模式、质押 + 保理模式等。

7.3.2.10 支撑农业多元化服务，提升现代农业的附加值

农业多元化通过对资源的更优配置和利用，实现农业产前、产中和产后各环节的互联、互通和深度融合，并将文化、艺术创意等融入农产品和农产品生产经营中，使农产品获得更高的附加值。通过数字农业，将互联网融入农业生产经营中，打造基于互联网思维的创意农业，提高农业产业的附加值，丰富农业市场产品，是农业产业转型升级的必然要求。产业互联网平台与农业产业实体结合，可以重点打造休闲农业、观光农业、体验农业、都市农业等多种新产业服务形态，为农民创造更多的收益。

7.4 农业产业互联网平台的参与各方

农业产业互联网平台建设及运营，达成产业振兴、全产业链升级的目标，需要地方政府、行业协会、产业骨干企业、产业中小微企业、金融机构、专业研究 / 服务机构等来共同推进。

（1）地方政府。农业产业互联网平台建设、产业振兴要坚持"政府引导，企业主导，市场化运作"的思路。政府有能力、有手段、有政策调动各种资源、资金，有统筹协调能力，也有权威性和公信力。政府要为产业生态各参与企业、农户等提供良好的营商环境，包括区域内农业发展的产业政策、金融政策，整合技术、科研、质检、标准、评奖、品种申报保护，信息服务，外部资本、渠道资源传播推广等服务。地方政府围绕区域产业发展规划，出台政策推进产业互联网平台示范项目建设，打造产业互联网平台创新基础设施。为产业互联网平台提供政策指导、资源支持、产业基金引导，以及早期推动筹建农业产业互联网平台运营公司等。

（2）行业协会。行业协会通过联盟、协会组织发起、推进和扶持产业互联网平台的发展，并通过产业互联网平台中的技术应用、交易规则、标准推行等规范产业治理，提升行业管理水平；协同指导农业产业的标准制定，产地联盟、品控联盟、科创联盟、加工联盟、储运联盟、销地联盟等线下运营组织工作的推进、协调工作。

（3）骨干企业。农业产业骨干企业需要从企业家到产业家格局的提升，从竞争到竞合，将积累的产业资源和能力优势通过平台开放化，带动整个产业的创新发展，汇聚产业链资源，实现自身技术创新、业务升级和企业发展。

（4）中小微企业。农业产业中小微企业需要积极拥抱产业数字化、互联网化，改变传统购销方式，积极借力产业互联网平台的共享服务资源，通过与平台的融合，实现与产业链进一步对接，参与到产业链的增值过程中，提升企业的专业化发展水平。

（5）金融机构。金融机构等产业服务机构通过和产业互联网平台合作，以产业互联网平台的产业数据和信用体系为基础开展基于在线交易的供应链金融服务，以金融切实赋能实体产业，实现普惠金融目标。

（6）科研机构。通过科研体系建立，有针对性开展研究，实现科学成果转化，减少企业科研创新研发投入成本；实现科技赋能，推动产品创新，提升产品价值和附加值。科研单位和科研人员，通过产学研结合，使成果能够快速转化、落地，并且科研方向有针对性和指向性，提升科研人员的创新动力。

（7）服务组织。技术型服务组织研究总结农业产业数字化最佳实践，提供产业互联网平台顶层设计、IT平台建设和平台运营支持的专业服务，保障数字农业开展的正确方向、路径，实现可持续增长。社会化服务组织提供多种性质综合性产业社会化服务。金融机构（银行、保险公司）组织等基于农业产业互联网平台服务于农业产业中的经营主体（包括农户）进行业务对接，有效引导资金、资本服务进入农业农村。

7.5 农业产业互联网模式的落地步骤

农业产业互联网模式的落地分为三个步骤进行，即农业产业互联网顶层设计、农业产业互联网平台建设和农业产业互联网运营。

（1）农业产业互联网顶层设计。农业产业互联网的顶层设计通过运用战略管理、营销、服务、渠道、心理、客户、人力资源、组织、IT流程、思考方法等多种领域涉及到的多种工具，通过项目规划、需求调研、方案设计、价值呈现和项目总结等项目管理方式进行整体规划。其中，项目规划，包括组建顾问团队、资料提取准备、首次拜访客户、项目管理机制建立、业务模式理解、项目启动会；需求调研，包括调研准备、业务调研、关键问题确认、调研汇报、方案设计、评估分析、方案编制、初步确认、方案深化、确认迭代、咨询方案定稿；价值呈现，包括顶层设计规划、IT系统建设规划、运营总体规划、设计规划汇报、项目总结、项目收尾、方案评审、评估调整、总结验收、持续支持。

（2）农业产业互联网平台建设。完成了顶层设计后，进入平台建设阶段，包括项目规划、蓝图设计、系统实现、试点运行和项目总结，涉及计划管理、质量管理、需求管理、团队管理和交付物管理。其中，项目规划，包括组建顾问团队、首次拜访客户、客户实施组织、管理机制建立、实施策略计划、项目启动会；蓝图设计，包括现状梳理、业务调研、需求分析、原型设计、原型确认、方案确认；系统实现，包括环境准备、程序开发、功能测试、集成测试、用户测试；试点运行，包括制度准备、内部支持体系、用户培训、运行准备、试点闭环运行；项目总结，包括项目总结、项目验收、运行支持。

（3）农业产业互联网运营。平台建成后，农业产业互联网进入运营阶段，包括战略运营、平台需求运营、线上系统运营、线下业务运营、客户运营、数据运营、风险管控运营、对外关系运营、金融服务运营、市场运营、营销运营、渠道运营、用户运营、内容运营、品牌运营、产品运营、供应链运营和持续改善运营。

8 国内农业产业互联网案例

借鉴

随着数字经济的不断发展和演进，国内不同区域不同产业已经有大量的农业产业互联的实践案例，通过数字化技术，在农业产业互联的模式指导下，优化特色农业产业结构，构建出现代化供应链和产业链，农业生产体系、产业体系和经营体系协同发展，推动产业升级。本章选取牦牛产业、肉鸭产业、香蕉产业、果品产业、茶叶产业、种业产业和集聚区等实践经验进行总结，为我国农业产业发展路径探索提供参考。

8.1 牦牛产业互联网平台

全国牦牛产业互联网平台，定位于引领我国牦牛产业由传统的线下交易向互联网线上交易转变，解决了牦牛产业质量难以保证、供应数量不稳定、交易环节不透明、市场信息不对称等问题。通过线上线下联动，为牦牛产业提供产地管理支撑服务、交易支撑服务、物流支撑服务、金融支撑服务等贯通全产业链一体化综合服务，从而实现了产业信息化数字化、产品标准化、质量可追溯、交易信用可保障、交易风险可控制，促进了牦牛产业利益向产地和销地延伸、交易成本向中间大幅度下降、产业向品牌农业高端发展。

8.1.1 立规立标，推动科学标准化养殖

一是养殖模式标准化。实行"牦牛标准化养殖'4218'模式"，即购买牧区天然草场自然生长到 4 岁左右、体重达 200 公斤左右的牦牛进行 100 天（10 天过渡期 +90 天保健饲养期）的标准化饲养，体重增加 80 公斤左右出栏，牦牛出栏周期较自然放牧缩短 2~3 年，除去各项成本，每头牦牛可增加收入 800~1 200 元。通过"4218"模式养殖，打破了牦牛季节性出栏的问题，实现了牦牛四季均衡出栏，做到了市场产品的稳定供应。开展"4218"模式养殖，切实做到了疫病防疫、驱虫等安全保障养殖，极大提高了食品的安全性；增加了牦牛肉氨基酸等各营养的均衡性，同时增加肌间脂肪等沉积，大幅度提升了肉的品质。二是养殖技术标准化。编制《牦牛标准化养殖技术指标体系》，逐一明确过渡饲养、草料配制、饲喂方式等技术指标。10 天过渡期重在驱虫健胃，主要饲喂大黄、羌活、木香、龙胆草等中草药配制的草料；90 天保健饲

养期，主要饲喂玉米、胡豆、麦麸及微量元素等配制草料，每天饲喂量以牦牛体重的 0.8%~1.2% 的定量，牦牛屠宰净肉率大幅提升，由自然放牧的 36% 增至标准化养殖的 42%。三是养殖设施标准化。对合作社及养殖大户的养殖场舍统一设计、统一标准，标准化示范场须有养殖圈舍、有饲草加工间、有饲草仓储间、有卫生防疫间、有粪便无害化处理池等设施。

8.1.2 生产过程的组织和管理

一方面，发起县域已经建成牦牛标准化养殖场 54 个，年养殖出栏量可达 1.2 万头，逐步形成养殖出栏 4 万头的牦牛产品集散的牦牛产业示范县。在产地养殖资源的基础上，根据片区分别成立 3 家冷链屠宰企业，往上对接销售平台，往下统一管理养殖户、合作社及养殖公司。发起县域地理条件优越，牦牛养殖产业发展具有巨大空间。围绕国家供给侧结构性改革，深入开展产业融合发展。为加快牦牛产业发展，提升牦牛产品开发附加值，提高牦牛产品的形象和知名度，由平台运营团队发起倡议，以产地牦牛养殖企业和合作社为主体，协同牦牛肉品加工企业，构建牦牛产业战略联盟。针对牦牛产业发展，提出建立牦牛产业联盟协议，加强行业协作、建立行业自律，拉动地区经济和社会又好又快发展。为了保障产地货源正规、安全、充足，成立养殖合作社联合体，主要保障牦牛货源充足，保障牦牛养殖安全，并组织乡镇兽医检疫中心上传电子检疫信息。另一方面，通过平台的产地管理信息化支撑为"产地通"管理系统，将平台制定的养殖全过程标准固化到系统平台，结合在生产基地组建的物联传感网络，为养殖合作社提供标准化养殖技术指导服务。运营公司对养殖生产加工进行全过程监管，保证在平台交易的牦牛产品都是经过标准化养殖加工生产，符合标准的高质量产品。

8.1.3 全产业链品控管理

一是完成检疫管理信息化。平台为乡镇兽医检疫中心提供检疫信息化平台，实现所有检疫信息通过 App 上传品控管理平台，为交易提供安全保障。检疫电子监管平台实现检疫证号生成、检疫信息存储、检疫信息与交易平台对接、面向公众的电子检疫信息查询等功能。二是全流程追溯可查询。平台依托第三方检测平台，以生产履历中心为管理平台，以追溯码为信息传递工具，以产品标签为载体，以查询系统为服务手段，实现牦牛肉的产品溯源，确保消费者舌尖上的安全。

8.1.4　平台交易方式

平台提供挂牌交易、企业专场、长期合同交易等多种交易模式。挂牌交易是指在平台规定的可交易的商品范围内，卖方会员在电子交易系统中进行挂牌销售，买方自主选购，生成交易合同并履约的一种交易模式。企业专场，也称企业商铺，是具有企业专场资质的企业汇聚在一起，可以进入单独的会员企业专场。由会员向交易平台进行申请，经过审核通过后，可以在交易大厅统一集中独立展示会员企业的所有挂牌商品、竞买商品、竞卖招标一处交易形式。长期合同交易是指在平台规定的可交易的商品范围内，由卖方向买方拟定长期销售合同，或则由买方向卖方拟定长期采购合同，双方进行确认审核后生成长期合同，买方可在长期合同中进行下订单购买的一种针对两会员之间的一种长期交易模式。

8.1.5　平台资金结算方式

平台与第三方支付公司合作，采用安全、合规、受第三方监管的 B2B 企业结算模式。实名认证开户，买卖双方在平台进行交易时，需要在平台进行个人、企业实名认证。保证金制度，买卖双方在平台进行挂牌、摘牌时，需要在平台存入足额（货物 1%）的保证金，以保证交易顺利进行。安全、合规、受第三方监管结算模式，买卖双方通过平台达成交易合同后，买方将交易金额存入平台的虚拟账户，平台将资金进行冻结，交收完成后，买方在平台确认收货时资金自动转入卖方账户。

8.1.6 平台营收及分成

平台营收，平台以交易为引流手段，通为买卖双方提供增加服务变现。初期平台收取每笔交易金额的 3% 作为服务费。营收分成，平台每笔营收（包括交易服务费及增值服务费），按照事先约定比例进行实时分成结算。

平台从产区利益出发，以牦牛养殖为发端，全面吸收屠宰、加工、运输、储藏、皮革、纺织、烹饪等产业主体共同参与，以牦牛相关产品的电子交易为核心，以买卖双方公开价格为基础，以产品质量安全检测为手段，以产品质量合格证明的全程追溯为连线，通过交易平台减少牦牛流通环节、降低交易成本、提高交易效率，从而形成产区生产者及销区采购商的共赢模式，真正实现规模大、长期及稳定的牦牛产销对接。本项目从县域发起，通过平台与牦牛产业的组织联盟逐渐聚合藏区牦牛产销资源，通过"线上连接"实现"线下落地"形成产业规模效应，辐射全国市场，促进牦牛产业实现飞跃发展，引领牦牛产业从藏区走向全国、走向世界。

8.2 肉鸭产业互联网平台

肉鸭产业呈现"低、散、乱"特点，同行业相比核心竞争优势弱，产品质量较差，行业整体发展水平偏低。集中凸显在：供给端——环保差、养殖乱，难以可持续发展，关系到未来行业生死存亡；销售端——无品牌、缺保障、弱加工，企业难以打开市场。从客户需求的角度看，本地销售分销占80%以上，产销分离导致没有直面大客户终端，终端消费者对于食品安全、产品升级、深加工有越来越高的要求，但单个企业难以应对和满足下游的高要求。

肉鸭产业互联网定位，构建从养殖端到客户端（B端）的产业互联网平台，打造全产业链服务体系。

（1）屠宰环节处于相对优势地位，但供给端和销售端较弱。所以平台以服务供应端和销售端为核心，缺一不可。

（2）企业需要亲近终端消费者，减少分销，直面客户。满足下游需求反向推动产品提升、服务升级。平台通过品牌建设、制定行业规范、信息化和智能化的管控手段，为产业内的企业提供宣传推广、渠道开拓、联合研发、安全保障等服务。

（3）平台为企业提供配套生产性服务。企业做好各自最擅长的主业，其他服务交由平台提供的配套服务来解决。

（4）平台做政府工作抓手。协调政府各个部门资源，起到促进、引导、监管的牵头作用。

（5）品牌化、技术化、产业纵向延伸是行业发展的必经之路，通过产业互联网形成全产业链的服务体系，实现产业生态发展，打造区域核心竞争力。

8.3 香蕉产业互联网平台

香蕉产业一体化服务平台，以全产业链视角重构产业生态，基于农业产业互联网模式建设。平台以交易为核心，整合及延展香蕉产业，依托大数据、云计算和物联网等先进技术的力量，将香蕉的产地管理、种植生产标准、分等分级标准、检验检测标准等逐步建立并完善，聚合生产基地、分拣中心、食品加工厂以及数据扶贫产业园资源，以产地质和量的保证，通过数字化的产地管理体系、销地服务体系、产品溯源体系、品牌建设体系、物流服务体系、产业金融服务体系，让经销商能真正对接可信任的来源于产地平台的优质特色香蕉产品，并通过准确的产销大数据来指导产地的科学有序种植，引导产业从传统粗放型朝质量效益型转变，逐步向规模化、品牌化、数据化、全产业链一体化升级发展，将当地香蕉产业品牌做大做强。

8.3.1 构建"6-6333"全产业链标准体系

平台结合国家标准、行业标准、地方标准，联合科研院所专家资源共同编制糯米蕉全产业链标准化体系建设方案，制定当地香蕉产业"6-6333"全产业链标准化体系，包括全产业链种植生产标准体系、分等分级标准体系、检验检测检疫标准体系、产品包装标准体系、分拣加工标准体系以及仓储物流六大标准体系。各项标准体系再逐一细化，种植生产标准体系又细化出整地建园等6项标准、产品分等分级3项标准、检验检测检疫3项标准以及产品包装、分拣加工和仓储物流3项标准（如图8-1所示）。运用"农业产业互联网"创新思维建设的香蕉产业一体化服务平台聚合全产业链要素资源，对当地香蕉产业"6-6333"全产业链标准体系进行信息化、结构化，并固化到平台数据库，形成标准化管理和应用系统，有了一体化服务平台的支撑标准不再只是纸面的文字，而是实实在在贯穿在产业链的各个环节。同时，全产业链各主体通过平台的一系列信息化工具完成香蕉的科学规范种植、分拣包装、加工及产销对接工作，逐步积累各环节数据，最终形成有效的香蕉产业大数据，助力"6-6333"全产业链标准体系进一步完善，促进香蕉精准科学种植，反向指导品控管理，提升市场精准对接能力，形成香蕉全产业链安全大数据及追溯大数据。

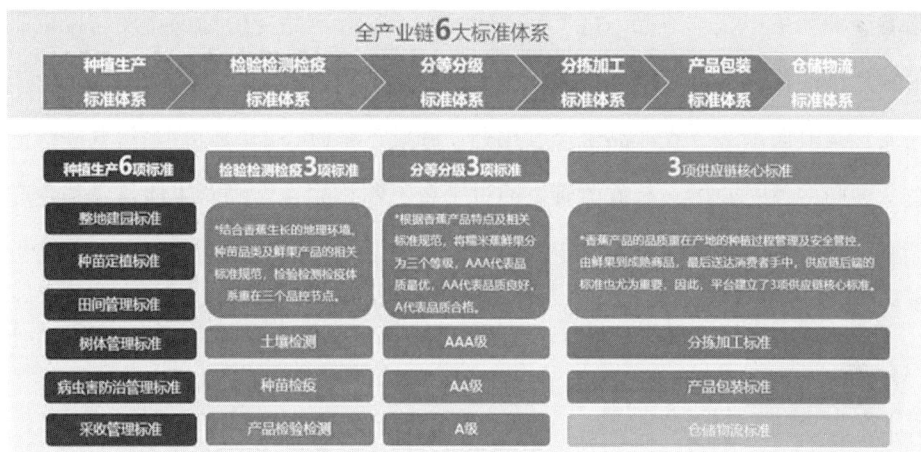

图 8-1　香蕉产业"6-6333"全产业链标准体系

8.3.2 打造区域品牌

经过严格的产地管理，平台由政府背书，作为产品来自原产地的有力支撑；平台实现全流程追溯满足消费者对产品安全及品质保证的诉求。借此扩大国家地理标志产品品牌和区域品牌的影响力。

第一，做好香蕉产业"6-6333"全产业链标准体系的推广、贯彻和落实。产品品质是品牌的根本，在香蕉生长过程中，积极引导企业和种植合作社、种植大户建立完善香蕉生产过程中生产资料投入、生产过程管理、销售等质量档案，对香蕉生产进行全程质量监控，实现产品质量可追溯性，提高香蕉全产业链标准化生产保证水平和产品质量。加强开展香蕉生产技术研究，加快香蕉产业研发中心建设，加强品种选育与展示，以及种质基地建设，开展香蕉病虫害、生理性病害及机械、加工、储藏等技术的研究。

第二，通过全产业链的数字化工具建设加强身份标识化。优化和完善香蕉可追溯体系，连接进入省级产品质量安全追溯平台和国家农产品质量安全追溯平台，推行使用农产品达标合格证制度，建立质量控制体系。鼓励香蕉经营主体开展有机绿色食品认证，每年配套相应的认证补贴资金，进一步支持和指导企业积极申报"三品一标"等创建工作。完善产品身份标识研发与授权制度，运用现代二维码等信息技术，将生产基地的质量安全、检验检测信息、产品质量及流向动态、农产品生产、用药、施肥、采收、部门监管等信息进行汇总、公布、及时分析、有效监管。通过平台不断积累生产经营主体目录和生产档案，建立初步主体信用，并定期组织生产经营主体开展培训，提升主体信用等级。

8.3.3 运营激活全产业链

平台经过实际运营，通过香蕉的种植生产、分拣包装、加工、产销对接、品控追溯等各环节业务及数据的贯通，构建了香蕉全产业链生态体系，完成了从源头的种苗培育、地头基地建设、种植生产、分拣包装、加工和仓储物流的标准体系建设，完成了产销对接多渠道开发、专家团队建设、文化旅游观光宣传，实现了就业多元引入、扶贫利益联结，通过全产业链要素闭环管理各个方面助力香蕉产业升级，使得香蕉产业生态体系更具生命力。

8.4 果品产业互联网平台

利用云计算、农业大数据、人工智能、智能终端技术建设的果品产业互联网平台，建成果品产业链全要素标准化体系、果品产业链全要素质量安全体系、果品产业链全要素数字化、果品产业链全要素科技创新体系、果品产业链全要素精准对接体系。以产地为发端，通过果品产业综合服务平台聚合全产业链要素资源，将平台建设成为果品资源科技创新中心、集散中心、交易中心，占领水果产业发展的战略制高点。

平台服务对象，包括果品科技、检测、农资、农技、种苗、种植、生产加工、交易、仓储物流配送、金融供应链等全产业链产业主体。

平台属于传统果品产业和数字化、智能化的结合，具有多重示范创新效应，助力构建现代化果品产业体系，实现果品产业高质量发展，探索一条中国果品产业集群发展新模式、新机制。

平台目标是建设全国多级联动的果品产业互联网平台，构建果品产业要素自主有序配置的平台新业态新经济，实现全国线下分散的果品资源汇聚成线上的果品产业集群化和规模化，实现线上线下万亿优质果品大布局大流通大集群。

8.4.1 构建果品平台模式

果品平台模式可以称为"1+2+N"平台模式，即构建1个果品产业共性共享公共平台、2个果品产业交易中心、N个果品同城数字化平台及优质果品产地数字化平台。

1 个果品产业共性共享公共平台：以产业共性服务、共享服务、公共服务为主，围绕金融供应链、信用保障、质量安全保障、产品溯源、质量检测、品牌打造、展示展销、物流仓储集散、科创中心、农技中心、办公中心、中心市场、指数、数字"一带一路"、PASS/SAAS 企业数字化赋能中心、果品产业大数据等核心共性共享公共服务要素打造。

2 个果品产业交易中心：依托全国销地一级果品批发市场建设同城交易中心，依托全国优质果品产地建立产地交易中心。

N 个果品同城数字化平台：基于每个销地一级果品批发市场建设果品同城数字化平台，通过 N 个果品同城数字化平台链接全国各大城市一级批发市场、二级批发市场、传统商超、新零售、大型连锁餐饮、大型伙食单位，构建产销互见机制、交易信任机制，优化果品产业交易链条。

N 个优质果品产地数字化平台：基于百亿规模单品核心产区、现代农业产业园和"一县一特"，就地建设特色优质果品产地数字管理平台。通过 N 个优质果品产地数字化平台连接所有县域、所有核心产区、所有现代农业产业园。围绕产地数字化赋能标准化生产、科学种植、产地仓储、冷链物流、前置标准化加工分拣中心、联农带农、产业扶贫等产业转型升级数字化改造。

通过果品产业互联网平台建设，有效整合果品产业分散的种植、生产、加工、流通、销售、金融、消费等产业链各个主体，真正打通果品全产业链，实现产销融互见，重构产业生产体系、经营体系、流通体系，形成主导产业生产、加工、仓储、销售的产业聚集、联动效应，带动产业集群共同发展，实现一二三产业深度融合。

8.4.2 重构果品产业的技术、标准、经营、产业、政策和数字体系

产业的发展需要以产业数字化为引领，政府引导、企业主导、市场化运作，为产业各主体营造良好的营商环境，围绕六大支撑体系，推进支撑体系建设。以技术体系为核心、标准体系为基础、产业体系为关键、经营体系为依托、政

策体系为保障、数字体系为引领，推动形成全国果品产业发展整体解决方案。

（1）技术体系：包括优质品种技术、种植技术、生产加工技术、产品包装技术等全产业链技术体系。可以进行科研基地申报等，包括申报国家重点扶持项目，申报非物质文化遗产、科研示范基地等。

（2）标准体系：组织果品标准专家组联合制定服务于产业方向的全产业链标准与规范体系，包括种植技术标准、产地环境管理标准、质量安全检测与评价标准、生产加工及质控标准、流通管控标准、信息技术标准等。

（3）经营体系：通过完善果品经营体系，发挥龙头企业带头作用，积极培育以新型经营主体，推动产业逐步向专业化、规模化、标准化、集群化发展。推进产品溯源和果品产品安全质量监管，推进产地标志产品的注册、认证，区域公用品牌授权规范等。

（4）产业体系：大力培育产品品牌，提升产品质量和效益。建设产地贮藏、分级包装、物流设施等。大力发展休闲观光、乡村民宿、康养基地等乡村休闲旅游产业。搭建和整合传播平台，借势公用和国家的传播平台推广。开展融资、担保、信贷服务，支持有技术有能力的果品企业开展区域公用品牌的品种、技术、培训等服务。

（5）政策体系：建立完善全国果品各项产业政策、财政政策、用地政策、人才政策等，通过全球果品产业互联网平台进行数字化固化，为产业发展提供保障。

（6）数字体系：将云计算、物联网、大数据等现代信息技术与产业发展结合，加快数字果品产业建设，推进生产过程全程精细化管理，提升果品发展数字化水平、智能化水平，实现种苗、种植、加工、销售等各产业环节的数字化，对其他各体系的建设运行提供数字化支撑。

8.4.3　实现政府及全产业链各主体共赢，推动产业可持续发展

（1）区域政府：项目落在产区，有利于落实国家乡村振兴、质量兴农、

品牌强农、数字农业、绿色农业、产业扶贫、消费升级、农业供给侧改革等各项政策，促进种植户增收；形成主导产业生产、加工、仓储、销售的产业聚集、联动效应；保护主导产业发展的绿色生态、促进产业可持续发展；引导金融回归服务实体经济本源，促进主导产业招商引资；促进产品研发，聚集行业专业人才；完善与主导产业链配套的社会化服务体系；有效增加政府税收；从项目运营中获取收益；通过项目建设，形成产业大数据可以分析市场和供需情况，合理指导生产，保障产业经济平稳持续增长；通过产业链延伸效益，带动核心产业、配套服务产业等多行业就业，拉动地方经济增长。

（2）龙头企业：项目助力龙头企业等生产主体提效增收，扩大产业规模、逐步实现集约化生产；提升产品品质，塑造产品品牌；扩大果品产销直供、掌握定价权、实现增产增收；建立信用体系，为产地成员提供基于供应链的融资服务；精准享受果品产业补贴和专项基金引导政策；引领产业发展。

（3）全国市场销地：通过项目实现产地直采，节省中间流通环节成本，真正做到产销对接；同时，通过平台产地管理支撑，实现安全可预警、源头可追溯、信息可查询、责任可认定，保障产品质量安全，让采购商和消费者真正放心。

（4）平台运营公司：通过交易聚合产业资源，运营公司将发展成为果品产业的"独角兽"。

8.5　茶业产业互联网平台

茶作为中华文明圈的一种重要饮品，发展上千年，"茶"附加的情感、社交、爱好等价值已远高于其基础价值。随着中国经济的发展和国际影响力的提升，茶叶市场逐年呈现递增趋势，据统计，目前国内饮茶人口已超过4.7亿，总体规模超过3 000亿元人民币，茶叶企业实体超过7万家。茶叶产业互联网平台运营初期对产区周边所有的茶山先建立初步的产地档案，保证参与平台交易的原茶均有平台颁发的标准等级合格证，以标准为基础，以交易为核心，吸引建设销地经销商联盟。平台为产销双方会员提供标准服务，现货电子交易、仓储物流、支付结算、融资、产业配套等综合服务。随着平台发展，逐步建立茶产销双方的信用体系，并配套产区中心储存库及筹措产业发展基金。打造茶产业服务第一平台品牌，实现长期稳定盈利。

8.5.1　制定平台标准

在现有标准体系下，通过制定专业标准，并在产销对接平台经营的产地联盟、销地联盟强制执行，固化至平台中，形成平台标准，并以此形成标准的品牌，在产地企业准入、产品锁仓、销地准入、消费者消费等方面贯彻执行。

其内容至少应包括主题内容和适用范围、引用标准、定义(什么样的产品)、分级和技术要求等几个方面，其中技术要求中又包括：

（1）基本要求：一般色、香、味、品质要求。

（2）感官品质指标：对实物标准样的设立、制配等加以说明。特征指标按照感官8项因子(形状、色泽、整碎、净度、香气、滋味、汤色、叶底)，茶叶品质特征的表达和形容尽量精练，并采用国家标准规定的评茶术语。

（3）理化品质指标：重点指标是水分、灰分、粉末，其他指标，如粗纤维、水浸出物等，对某些茶叶品种也需要定出要求。

（4）卫生指标：以《茶叶卫生标准》规定为主。

（5）试验方法：采用国家推荐标准。

（6）检验规则：其中出厂检验(交货检验)项目一般为感官品质和水分、包装，有条件的也可规定灰分等。

（7）标签执行:《食品标签通用标准》，采用国家或行业推荐标准。

平台标准的制定主要围绕着企业标准、地方标准和专业标准进行设计，具体的标准制定方法分为几个核心步骤如图8-2所示。

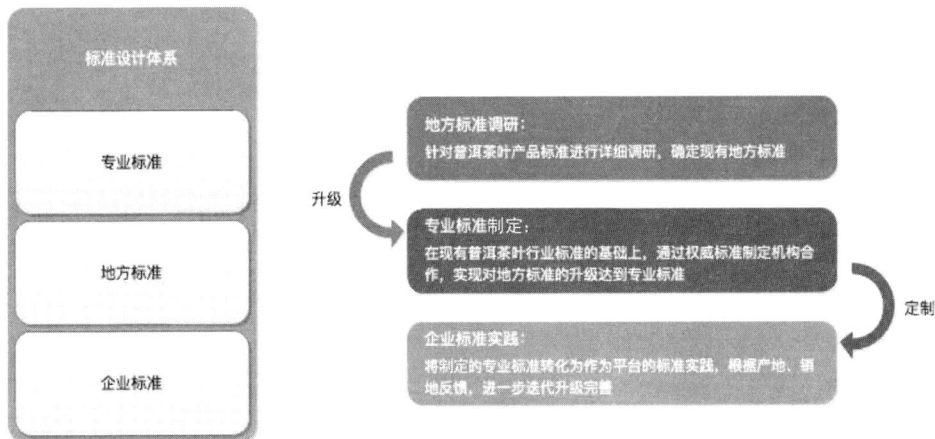

图8-2　平台标准制定步骤

（1）地方标准调研，针对茶叶产品标准进行详细调研，明确地方标准的具体内容。

（2）专业标准制定，在现有茶叶行业标准的基础上，通过与权威标准制定机构合作，实现对地方标准升级达到专业标准程度。

（3）企业标准实践，将制定的专业标准转化为平台的标准进行实践，根据产地、销地的反馈，进一步迭代升级和完善标准。

8.5.2 平台标准的迭代

平台的标准在执行过程中，相关国内、国际标准，由于社会环境、经济环境的改变以及产业链健康发展的需要，结合大数据的验证及预测，进行不断的升级迭代。迈克尔·波特教授在其竞争论中曾就竞争优势展开分析，认为差异性是创造竞争优势的一种重要手段，这在茶叶标准的建立中也有着相同的作用。因为企业除必须执行国家和行业部门制定发布的强制性标准外，也可根据自身条件和市场需求选用国标、行标、地标或这些标准的部分内容，制定符合企业产品自身特点的企业产品标准。在掌握标准的最新动态、最新情况、最新资料的情况下，确保标准中的技术要求更加先进、科学；同时也要适当突出本企业标准的与众不同，从而为本企业产品的标新立异打下基础。

标准不是一成不变的东西，而是随着时代和科技的进步处于不断发展变化中。正是人们日益追求绿色、安全的消费，才出现了绿色食品标准、食品安全标准等。所以对未来茶叶标准进行展望十分重要。未来茶叶标准化工作的重点，主要包括：一是加强调查研究，重视茶叶产品的质量；二是国家要加大宣传力度，及时制定茶叶新产品的标准，重点是对有机茶和名优茶标准的研究和制定；三是对茶叶标准进一步完善，依法规范茶叶生产和加工。

8.5.3 平台标准运营

茶叶的等级标准通过平台信息化进行支撑，标准通过平台线上发布更新，联盟成员可在平台实时查询使用，检测机构将茶产品的检测结果上传后，可与平台的等级标准进行自动比对，完成对茶产品的等级标准评定工作。产地联盟成员销售的茶产品经检测后，检测机构提供线上《检测报告》。同时，根据检测结果与平台等级标准进行比对，评定普洱茶产品的等级。通过平台生成电子《茶产品等级证书》，联盟成员在销售时等级证书随产品流通，消费者通过《茶产品等级证书》的二维码对茶产品的等级进行验证。经销商及消费者可通过扫描《普洱茶等级证书》上的二维码或登录平台的查询区输入查询码，查询茶产品的等级证书信息及关联的电子版检测报告，验证产品证书真伪的同时获得具体生产主体及检测机构信息。

8.5.4 茶产业联盟组建

联盟成员由有机茶种植和加工企业以及有规模的合作社组成，联盟成员共同执行统一标准（包括农残标准统一、等级标准统一、理化标准统一）、统一服务（包括统一提供茶园管理技术辅导、茶园专用有机肥以及茶园植保产品）、统一市场服务机制（统一产品标准、统一订单收购模式、统一溢价定价模式），从而达到信息透明（种植者透明、供应量公开、交易价格公开）和产品质量整体提升、经济效益整体提升以及生态效益整体提升的产业长足发展。

8.5.5 产销对接

建立茶叶标准体系、茶产业联盟、茶叶产品销地企业联盟是茶叶产业化服务平台运营工作中的重点。通过基于产地的有效产地组织管理，形成产地规模化、标准化体系，根据"以产带销"的思路，激活平台供应链的各个环节。茶业产业互联网平台定位为 B2B（Business-to-Business）模式的服务平台，服务销地的客户为企业级客户。根据企业级别客户的类型和规模，将企业客户分类为大 B、中 B、小 B 和小小 B。大 B 类客户包括茶叶销售企业、经销商、一级批发商、电商；中 B 类客户包括大型茶楼、连锁超市、二三级经销商；小 B 类客户包括小茶馆、餐饮、小超市；小小 B 类客户包括小型烟酒茶专卖店、小餐饮店。根据客户类型的划分，在项目运作初期阶段平台的目标客户以大 B 类客户和中 B 类客户为主，即以茶叶销售企业、电商平台、大型茶楼、连锁超市、经销商等作为主要目标客户。

8.6　种业产业互联网

　　某县域种业从业人员占全县农业人口的80%以上，杂交水稻种植量占到全国的10%，达到3 000万公斤。从业人员8万人，占整个县域总人口的50%以上。从种业产业来看，存在以下问题。

　　首先，生产信息化程度低、智能化低，政府缺少行业管控的手段。因为没有整个全流程的信息化管控，每年投入大量的资金去管控，效率却比较低。

　　其次，种业产业链很长，产业链上的服务需求很多，但是这些服务企业，没有统一的标准、统一的管理，基本处于市场自由竞争的态势，而且大多数服务性企业都是外地企业来本县提供服务的，政府也没有管控的手段。

　　再次，供应链资金短缺问题突出，但是由于从业人员多是农民，个人信用比较弱，银行融资非常困难，成本非常高。

　　政府每年有不少的农业补贴，但是往往治标不治本，只能解决短缺和局部的问题，不能解决长远发展和跨越式发展的问题。因此，我们从研发、采购、生产、物流、营销、服务等多个角度提出了一系列解决方案，将这些服务整合在一个产业互联网平台上，实现政府对产业管控、在线服务，也满足了农民的线上采购以及按照市场化方式来实现在线交易、供应链金融以及仓储物流的智能化等需求。从种业全产业链入手进行分析，找准核心环节和关键要素，围绕全产业链服务，构建农机农资农产品等在线交易、生产管理、生产服务和电子政务等应用体系，形成种业产业互联网服务体系。

8.7 产业互联网集聚区发展模式

从中央到地方都在大力部署推进"新基建",加快5G网络、数据中心、人工智能、工业互联网、产业互联网等新型基础设施建设进度。当前,农业产业正处在转型升级时期,大多数龙头企业正在开展企业数字化革新改造。各地也在积极规划,在"政府引导、产业规划、资源整合、联盟协同、产业链创新"总体思路下,快速部署开展产业互联网平台建设。通过产业互联网集聚,建设产业互联网创新集聚示范区,紧密对接国家发改委、工信部等部门,积极开展项目立项工作,探索集群与区域融合发展的新模式。

2018年7月,杨浦产业互联网集聚区建设正式启动,通过在杨浦打造"产业互联网集聚区",打造大中小企业融通发展特色载体,以基于互联网的"产技融"结合"双创"升级模式实现产业集聚,吸引和发展产业互联网平台型"独角兽"企业,实现工业杨浦、知识杨浦、创新杨浦、产业杨浦的转变。

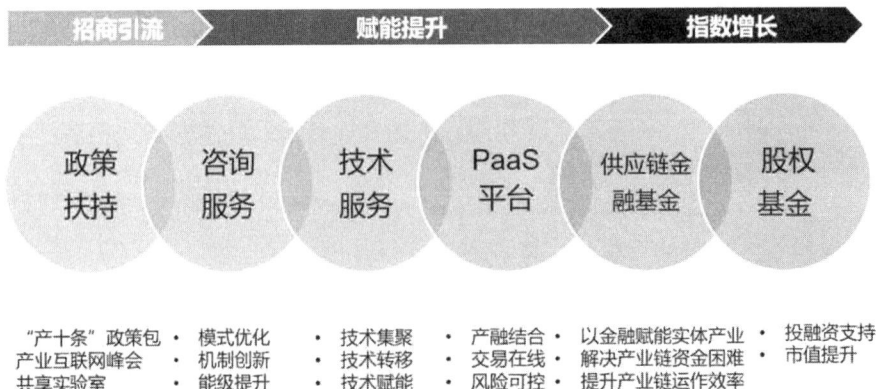

招商引流		赋能提升		指数增长	
政策扶持	咨询服务	技术服务	PaaS平台	供应链金融基金	股权基金
· "产十条"政策包 · 产业互联网峰会 · 共享实验室	· 模式优化 · 机制创新 · 能级提升	· 技术集聚 · 技术转移 · 技术赋能	· 产融结合 · 交易在线 · 风险可控	· 以金融赋能实体产业 · 解决产业链资金困难 · 提升产业链运作效率	· 投融资支持 · 市值提升

图8-3 六要素赋能产业互联网平台型公司成长

　　杨浦产业互联网集聚区将通过"政策扶持、咨询服务、技术服务、PaaS平台、供应链金融结算基金、股权基金"6个关键要素（如图8-3所示）来实现对产业互联网平台型企业的"招商引流－赋能提升－指数增长"，从而吸引其他地区的产业互联网龙头企业在沪设立双总部，以及培育发展产业互联网平台型"独角兽"企业。

　　（1）政策扶持：在现有杨浦区政策基础上综合应用创新发布"产十条"，从"开办有奖、入驻有奖、经营有奖、人才有奖、科研有奖、创新有奖、专利有奖、融资有奖、上市有奖、联盟有奖"等10个方面吸引平台型企业落户集聚区。以年度的产业互联网峰会和展示产业互联网前沿研究、最佳实践和关键技术的共享实验室实现资源聚集和引流。

　　（2）咨询服务：通过咨询服务平台助力产业互联网平台企业商业模式优化和机制创新，实现从信息撮合为主的1.0阶段到3.0阶段产业链集成服务平台和4.0阶段的产业链创新与治理平台的能级提升，推动整个产业链的资源配置优化和转型升级。

　　（3）技术服务：通过技术交易功能型平台集聚全球领先技术，结合垂直产业互联网平台实现产业技术转移和技术赋能，实现技术和产业的紧密结合，降低技术使用门槛，提升产业链整体技术水平，促进产业技术创新。

　　（4）PaaS平台：通过PaaS平台连接资产侧和资金侧，在资产侧为产业互联网平台企业提供交易保障、物流追踪、金融服务、信用体系等功能支撑，在资金侧为金融机构提供风控管理，通过基于真实交易的供应链金融服务，为资金进入实体经济提供安全通道。

　　（5）供应链金融基金：以稳定低成本的供应链金融结算资金有效解决产业链中小企业的融资难和资金成本高问题。

　　（6）股权基金：产业互联网平台型企业在成长阶段，需要大量的技术开发和平台推广的成本投入，通过专项的股权基金为产业互联网平台型企业提供投融资服务，帮助其提升市值。

农业产业互联网集聚区建设，也可借鉴工业互联网集聚区建设经验，工业互联网创新集聚示范园区已经有诸多的成功示范案例，如中国（杭州）工业互联网产业园、中关村工业互联网产业园、广州琶洲工业互联网创新集聚区、上海智慧工业互联网园区、上海工业互联网安全产业示范区、重庆两江数字经济产业园、中国智谷（重庆）科技园等。

9 国际农业产业发展路径借鉴

国外一些发达国家农业现代化起步较早，如日本、以色列、美国、荷兰等，其农业发展已初步形成现代农业产业发展模式，学术界对欧美发达国家以及东亚国家和地区的农业发展进行了大量的研究工作，部分学者认为，中国实施乡村振兴战略所处的背景与美国 20 世纪 70—80 年代的情况类似。发达国家的农业产业集聚性、规模性发展是中国农业发展可借鉴、可参考的发展路径。通过对农业发达国家的分析，推导出现代农业产业发展的落地方式，遵循产业聚集化、融合化发展的成功路线，将避免我国农业产业发展少走弯路，更快速、更有效地推动我国农业产业升级。

9.1 日本现代农业发展

日本与我国不仅在土地资源情况、气候条件等自然资源方面存在诸多相似之处，而且都是以家庭经营为主的小农国家，这一特点与我国小农户经营相似。日本农业发展存在人多地少、自然资源匮乏的劣势，日本大力发展精品农业、品牌农业，提高农产品加工的农副产品品质。实施"六次产业"，提升农业的增值空间，通过"一改三化"，即土地改良、化学化、良种化、机械化的路径，以农协组织提供全产业链的服务，实现了农业现代化。日本政府在 20 世纪 50 年代开始了大规模的乡村工业化运动，通过法律法规的完善，驱动乡村工业的发展，合理适度的乡村工业成为驱动日本乡村经济发展的主要动力之一，进而推动城乡互补融合发展。

日本在农业产业化发展上的经验主要体现在如下几个方面。

9.1.1 寻求适度规模经营的经济优势

日本农业主要是以农户小规模家庭经营为主的土地制度，但是为了降低成本一直在寻找规模经济模式。而受人多地少、地貌和经营的土地过于分散等因素影响，它通过不断的制度创新推动农业经营规模适度扩大，以提高农业生产效率、土地利用率和产出率为提升收益。日本根据各地各自的自然条件和经济条件，安排农业生产，实行区域专业化生产。例如山梨县的葡萄和爱媛县的柑橘，而日本农业之所以具有较强的竞争力，也主要得益于以优势农产品为重点的各具特色农业区划布局，并形成了产业集群在这个过程中发挥了适度规模优势，从而形成了一批有竞争力的产业链。就是这种因地制宜、区域分工、适度规模方式使日本各个地方都能发挥各自的比较优势，有利于降低成本，提高农业生产效率。

9.1.2 以组织化、集约化管理与服务提高农业竞争力

从国家、地方、基层三级组织农业协会协助组成各种合作经济组织，帮助解决小农户与大市场的矛盾，组织农户开展农产品销售、农业生产资料和物资采购、农业金融服务、农业保险服务等，这样不仅提高了农业经营效率，增加了农民收入，为日本农业走向专业化、社会化、规模化提供了有力保障，极大地提高了农业竞争力。日本农协作为农业产业化经营的桥梁和纽带，使产、供、销完全实现一体化，农业生产者从中获得相对稳定的供、销渠道和理想收入。如日本"农产品中央批发市场联合会"的市场销售服务系统，将国内80多个农产品中央批发市场、560多个地区批发市场的销售及海关每天各种农产品进出口通关量情况实时联网发布，由农协组织农产品的统一销售，使农户在市场需求的引导下，根据国内、国际市场需要自主决定生产，优化配置资源，获取合理收益，并带动农业关联产业发展。

9.1.3 以发展生物技术为主要手段推动农业发展

人多地少的资源禀赋特征决定了日本农业发展必须把科技进步放在重要位置，通过改良农作物品种，发展农业工业，提高化肥与农药施用水平，同时因为土地资源限制，因地制宜广泛采用小型农用机械，实现提高单位面积产量和

土地生产率的目的。所以日本在生物、化学科技进步的推动下，通过小型农业机械对土地精耕细作，走出了一条小农背景下的劳动密集型的现代农业之路。

9.1.4 一二三产业融合互动发展重塑了农业产业价值

通过优化调整第一、第二、第三产业布局使工业生产农村化、农村生活城市化，加速了农业现代化，实现了第一、第二、第三产业互动发展，形成一种新的业态"产业园区"，城乡互补融合发展，具备了生产、实践、旅游等多项功能，发挥综合农业的示范效应。此外，全国统一开放的商品市场、劳动力市场、金融市场、完备的市场体系以及持续发展的农业科技创新和信息支撑体系为日本农业发展提供了发展动力源泉。最终，农业产业发展主体农户首先依靠市场的引领进行适度规模化、机械化、专业化、组织化，发挥适度规模比较经营优势提高农业科技含量，使农业生产效率得到显著提高，为农业产业价值最大化奠定了扎实的科技基础。另一方面，农协通过农业产业化运作机制将农业产、供、销各个环节一体化起来，实现农业整体价值的最大化。最后在第一、第二、第三产业相互供给、相互制约的关系中不断自行根据市场优化和调整，实现了农业现代化以及农业产业链价值的重新分配。

9.2 法国现代农业发展

素有"欧洲的中国"之称的法国，是世界上的超级农业大国，其机械化水平极高。"二战"时期中国与法国农业基本没有太大区别，法国农业和中国农业一样，突出矛盾是人多地少，土地分散和农场经营规模小，属于小农经济，即小块耕作，而且法国农业初期也属于传统农业。但是 20 世纪 50 年代以后，特别在 60 年代开始，法国制定了一系列的经济复兴及现代化计划包括莫内计划、伊尔斯计划，而且制定了许多支持农业发展的政策，包括促进土地适当集中、促进农业机械化、推广农业专业化和商品化等，而农业现代化内涵就是土地集约化、农业机械化。一是鼓励土地集中和联合经营；二是对耕地进行整合出售；三是通过提供优惠信贷，鼓励土地适度集中；四是减少农村富余劳动力提高教育水平。这样法国农业有了突破性发展，到 70 年代一举实现了农业现代化。

法国的农业现代化集中体现在以下几个方面。

9.2.1 适度规模为主的家庭农场经营，以此提高农业生产率

法国推出一系列措施，在政府参与引导下大大加快了土地集中的速度，促进了农场经营规模的扩大，对土地适度集中，促进农业规模经营起到了关键作用。

9.2.2 农业机械化、标准化、专业化和集约化管理，以此提高农业生产率

政府通过发放资金补贴，组织机械共享协会，加大农机研发力度并注重质量和标准体系建设，同时推进农场专业化和作业专业化推进农业专业化生

产，这样使高的生产力水平带来了高附加值高收益的农副产品，促使工商企业广泛参与到产业结构中，促进了集约化经营，使农业产业表现出了很强的竞争能力。

9.2.3　实现农业产业聚集、二三产业聚集及融合

法国根据自然条件、历史习惯、技术水平和生产结构变化，以优势农产品为重点对农业产业空间分布进行统一规划，形成了各具特色的农业产业区划布局，这样的产业区域容易做到单产高、劳动效率高、费用低。这种农业生产区域化空间布局又影响农产品加工业的区划空间布局，从而带动农业劳动力市场持续流入，这就必然推动本地区农业生产持续发展，产业融合加快，并在区域内形成了一批有竞争力和国际知名的产业带，极大地推动了农业产业发展。

9.2.4　农工商一体化模式，解决小农户与大市对接矛盾，实现产业价值最大化

全国统一开放的商品市场、劳动力市场、发达金融市场，再加上法国具有世界先进水平的农业科研教育与技术推广体系的推动，为农业发展提供了发展动力源泉。尤其是通过工商一体化农业产业化模式，实现专业化农业生产与市场对接，较好地解决了小农生产与大市场的矛盾。在实现一定的规模化、机械化、专业化、工厂化后农业规模经济优势明显体现出来，农业生产效率得到显著提高，实现了农业产业价值最大化。

9.3 美国现代农业发展

美国农业经济发展处于世界农业发展的较高阶段。在农业现代化发展过程中，美国通过农业立法来高度保护农业现代化发展，政府制定相关的农业政策，发挥对农业的干预和调控作用，同时，重视农业科技成果的推广和应用。在农业生产过程中，合理开发和利用自然资源，重视农业劳动力素质提升。美国作为典型的市场经济国家，在现代农业发展方面也充分尊重市场机制作用，进行全金融服务，政策性、商业性和合作性金融机构分别发挥各自的引导、核心与扶持农业发展的作用。

美国的农业产业发展经验主要有如下几个方面。

9.3.1 专业化生产是农业发展的重要推动因素

美国各种各样的高度集成化专业化农业服务公司，承担了农业生产产前、产中、产后各个环节工作。

9.3.2 高度发达的机械化，大大提高农业生产效率

美国农业生产主体是家庭农场，主要靠机械化作业完成大面积耕作管理，标准化生产，生产效率极高。

9.3.3 企业化、工厂化、集约化管理与服务提高竞争力

美国家庭农场普遍采用工业理念经营农业，实行企业化、工厂化、集约化管理与服务，这样农业产业竞争力大大提高。

9.3.4 规模经营体现规模经济优势

农业机械化技术采用和集约化经营，使农业劳动生产率和土地产出率大大提高，生产要素逐步向优势农户集中，规模逐步扩大，专业化水平越来越高，农业产业规模经营就明显体现出优势经济了。

9.3.5 发达的金融市场体系

多层次的农业金融体系，建立起了支持农业、农村建设资金循环的长效机制，金融机构为农业发展提供了多渠道的贷款支持，满足了不同层次的生产主体对农业资金的需求，有效支持了农村农业发展。

9.3.6 特色鲜明的科技、信息支撑体系

美国政府一直非常重视农业教育、研究和技术推广体系建设，并对推广技术进行评估、监督、指导，有效提高了农业技术在促进农业发展中的作用，为了增强本国农产品的市场竞争力，促进本国农产品顺利进入国际市场，建立了庞大的全球农产品信息网络，系统、连续地跟踪收集国外食品安全最新市场信息，并及时将这些信息反馈给生产者，及时采取应变措施，在市场竞争中赢得主动。

9.3.7 供需连接紧密，实现产加销一体化

由于对农产品进行精选、加工、包装后销售，价值能提高2~10倍，所以为了提高农业产业效益，美国基本不销售初级农产品。而它的价格体系非常强大，农产品生产、加工、营销各环节紧密相连，产业化水平非常高，实现了"从田间到餐桌"的产加销一体化。

9.3.8 农牧产品市场化

农民有自己的农协和各种生产者协会，帮助销售产品保护自身利益，美国的市场化销售非常发达，这种机制能刺激种养者降低成本，生产更多优质、适销对路的产品，以获取更大利益。

9.4 以色列现代农业发展

以色列位于亚洲西部地区，三分之二的土地是沙漠荒山，农业区域主要集中在南部，人均水资源仅为世界平均水平的3%，为严重缺水的国家。以色列属于干旱半干旱的气候类型，导致了该国降水量的稀少和水资源的匮乏，全国降水量少且分布不均匀，在以色列水甚至比牛奶还要贵。结合本国的风土特点，通过开发温室大棚设备，高科技节水设备，自动化控制设备以及培育良种和家畜，生产化肥与农药，以色列农业在水源缺乏、土壤贫瘠的条件下蓬勃发展起来。以色列农业主要有以下几方面特点。

（1）发展节水农业，以色列政府致力于在开源节流方面解决水资源供需矛盾。力争以少量的水生产出更多的农产品。在以色列南部缺水的农田地，推广普及使用喷灌和滴灌方式。

（2）农业发展受益于科技，农业投入也主要用于农业科研，政府鼓励农民采用新技术。从种子、育苗、栽培、灌溉、施肥、收割、加工、储藏、温室等每个环节，都努力追求最佳效益，发展成高度专业分工的科技密集型产业。在基布兹，有很多农民本身就是农业方面的专家，他们和政府下设的试验站有紧密的联系，负责基布兹的农业生产，指导并接受农民咨询。根据市场价格和需求来制定种植计划，精准进行农业施肥，每到生产季节开始时候，农民便会自发地请当地政府下设的试验站工作人员到其农田里采样，进行土壤肥力分析，严格按照肥料的需要程度进行施肥。

（3）重视国际合作，以色列把国际合作放在一个十分重要位置，这些合作包括培训、研究项目合作、技术传授以及专家交流等。

通过对比发现对旱区农业的启示：我国是严重缺水的国家之一，因此结合当地情况，借鉴以色列农业的一些好的做法非常必要。此外，我国目前 1/3 以上的工业废水和 9/10 以上的生活污水，未经处理就排入河湖，致水环境严重恶化，加剧了可利用水资源的不足。可采用污水灌溉，一方面减轻环境污染，另外一方面可以节约化肥，因污水富含植物生长所需的大量元素和营养元素。应重视农业生态保护，继续推广基本农田建设、合理施肥、地膜覆盖、雨水集流等传统技术，对其作进一步改进和完善，通过与现代技术结合，发挥更大的效应。

9.5　发达国家现代农业发展经验借鉴

由于各国的自然资源、技术、经济、社会、政治及体制等因素的不同，上述各国发展农业产业的发展道路不尽相同，发展农业产业的方式也不完全一样，但还是可以看出上述国家的农业产业发展过程中具有一些共同规律特征，并对中国的农业产业发展具有重要的借鉴作用。以日本、法国、美国、以色列等国分别以适度规模小农经营、中等规模家庭农场经营、大规模农场经营以及科技经营模式为启示。实现因地制宜，一产一带、一城一策、一县一特、一乡（村）一品，适度规模化、专业化、机械化、标准化、科技化的方式通过企业化、工厂化、集约化管理与服务提高农业生产效率和产业竞争力，这是一条可行的基本农业产业发展之路。

国外农业产业发展的经验及启示，对我国可归纳为以下四个重点方面。

9.5.1　重点发展培育农业产业化市场主体

要创新发展培育适度规模化、专业化和企业化的农业产业化市场主体，同时要根据我国自然资源、经济、社会、政治及体质等因素，在充分考虑发展适度规模的家庭农场这一农业产业市场主体，并将其纳入到规模化、专业化、企业化、科学化、组织化、社会化、市场化生产之中，实现我国传统农业向现代农业的转变。

9.5.2　重点促进农业产业一体化发展

借鉴国外经验，在推进我国农业由传统向现代农业转变过程中，要建立统一、开放、有序的市场系统，进行一系列政府职能的创新，充分发挥市场对农业资源配置的基础作用，促进农业生产要素的自由流动，以加快农业产业的发展；要为解决我国小农家庭生产与大市场的矛盾，创新以新型合作体为主体的农业产业一体化模式，将产供销各个环节一体化起来，以实现农业产业与市场与生活体验销售的良好对接。

9.5.3 重点实施农业产业区划化布局，发展农业产业融合

要根据我国各个地区的资源禀赋、自然环境、技术、经济状况以及种植传统和耕作习惯等情况，按照优势农产品生产和市场地域性，科学合理地规划区域农业产业布局，逐步形成优势农产品的区域产业聚集，以提高农业生产效率；要围绕该区优势农产品生产，发展该优势农产品加工工业聚集，使区域优势农产品的生产、加工、流通诸环节协调发展，以提高农产品附加值，提高产、加、销一体化水平。另一方面，要通过产、加、销一体化的纵向融合延长我国的农业产业链，还要通过高新技术与农业产业融合形成高科技型农业产业横向融合，实现拓宽农产产业链，以促进和推动我国传统农业产业转型升级，加快实现农业现代化进程。

9.5.4 重点实现农业产业整体价值增值

将我国农业锁定在产业链的中游后端相对附加值增加空间较大、保值增值效益较高的农产品加工环节，特别是以农产品加工为代表的乡镇企业以推动农业产业一体化和农村工业化发展，大力发展以农产品加工为代表的乡镇企业，以推动农业产业链中产加销各环节价值的最优化，尤其是涵盖第一、第二、第三产业在内的产、加、销整条产业链价值最优化，才能达成农业农村经济发展效益最优化的目标。

综上，我国在农业现代化实现过程中，将积极探寻世界其他国家在农业产业化方面具有的共性，借鉴、学习其成功经验，推进我国特色农业现代化的

发展，同时我们要充分认识到各国各地区的产业布局并不是固定不变的，而是一个动态的过程，产业空间布局随着产业空间分布影响因素，特别是社会生产力发展和产业结构变动而不断地发生变化。因此，通过农业六大支撑体系、农业技术体系、农业标准体系、农业产业体系、农业经营体系、农业政策体系和农业数字体系，完成我国农业产业数字化、产业数字化，就是利用现代信息技术对传统产业进行全方位、全角度、全链条的改造，通过数字链改造产业链，更加合理配置资源加快农业产业结构调整的进程。产业结构优化升级，是提高我国经济综合竞争力的关键举措。现代信息技术对经济发展具有独特的放大、叠加、倍增作用，通过推动互联网、大数据、人工智能和实体经济深度融合，提高全要素生产率。

10 我国农业产业升级路径研究

10.1 现代农业产业融合发展路径分析

从农业现代化到现代农业的发展过程中，农业产业的升级和产业结构的调整优化需要持续推进。农业产业结构从广义来描述，包括横向和纵向结构。其中，横向结构是指农林牧渔业及其内部的组合比例和相互关系；纵向结构是指农产品生产和加工、流通之间的比例关系。产业是生产具有高度替代性或同类产品或服务的企业群。根据不同的目的，产生了不同的产业分类，大体可分为纵向和横向两种产业分类方法。纵向产业的典型代表是"三次产业"分类，指代广义的第一产业农业、第二产业工业和第三产业服务业。横向产业分类基于全球价值链理论，产业划分可以按照生产要素进行，产业升级可被理解为一个经济组织提高其进入更具技术能力、获利能力的经济领域的提升过程。

目前，我国农产品加工业与农业总产值的比重为 2.3:1，远低于发达国家的 3.5:1 的水平。农产品加工转化率为 67.5%，比发达国家低近 18 个百分点。由此可见，我国农业产业创新能力总体不强，发展方式较为粗放。产业链条短，延伸不充分，农村一二三产业融合度低，利益联结机制不健全，小而散、小而低、小而弱问题突出。要推动我国现代农业的进程，实现高质量发展的目标需要提升农业产业的整体竞争能力。现代农业产业融合是由于市场需求的升级和技术进步，农业作为第一产与第二产和第三产通过技术、产品或服务、市场、数字科技相互渗透，从横向和纵向两个角度构建现代农业产业体系的作用。横向拓宽了农业产业链，使得单一农业提升增值空间；纵向延长了农业产业链，使得农业产业向第二产业和第三产业进行延伸以此提升增值空间。递增报酬来源于专业化程度不断加深、分工链条不断加长、不同专业化分工之间相互协调所带来的最终产品生产效率的提高。农业产业的升级是产业链的发展升级，产业链的价值是通过农业产业价值链的拓展实现。现代农业产业融合发展结构如图 10-1 所示。

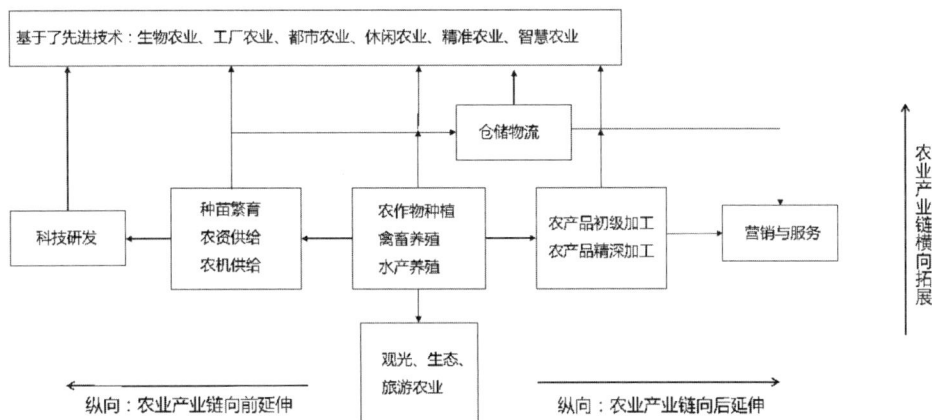

图 10-1　现代农业产业融合发展结构

产业链中的商品形成过程可以为三个过程：规划设计、生产制造和营销与专业服务。从横向划分一个产业也可以分为研发、制造和营销三个子产业，由于在产业中的高级生产要素知识在三个子产业中分布不均衡，导致产业存在利润分配的"微笑曲线"。在微笑曲线上，产业链上的各个环节的价值创造会随着要素密度的变化而变化。通常情况，产业链中价值相对高的环节是上游和下游，价值低的环节是中游，也就是产品研发和流通环节价值高，生产制造环节价值低，因此，产业升级是产业由低技术、低附加值向高技术、高附加值转变的过程，是产业向"微笑曲线"两端发展的过程。农业产业价值链中，科技研发和农产品的营销环节价值相对高，其次农产品的加工具有一定的附加值，价值最低的农作物的种植和禽畜的饲养环节。在知识经济和数字经济时代，由于技术发展、全球化等趋势，对于产业本身和产业链上的企业来说，需要应对变化更加迅速、更加不可感知的外部环境影响，产业链的发展升级过程中，充分利用数字科技和互联网技术，有利于农业的全产业链经营模式的形成，推动农业现代化的发展，还可以高质量发展绿色农业、品牌农业和生态农业。

综合来看，结合产业互联网的背景，横向划分农业产业为研发环节（包括科研和研发）、生产环节（包括种植、养殖和加工）和营销环节（销售和服务）

三个过程。农业升级包含三个方面：第一个方面是单一产业的升级，表现为围绕某主导产业，农产品的品质提升、品类样式增加、农产品工艺提升提高附加值。在升级过程中，产业中的经营主体获取更高的收益，产业从劳动密集型向技术知识密集型转化，此为横向产业升级视角。横向产业结构调整源于产业价值链理论，呈现出在产业链中的局部技术提升或产品优化。第二个方面是产业结构的升级优化，也称为产业转型。国民经济中不同产业之间的相互关系及比重为产业结构，表现为由低生产率向高生产率部分转变，由第一产业到第二产业主导再到第三产业主导的过程，农村的一二三产业融合即是产业结构调整的过程，以此不断提高产业价值，此为纵向产业升级视角。第三方面是产业网状升级。在单一产业升级和产业结构转型的基础上，构建产业链的网状结构，通过数字化技术、产业组织改变产业链的线性结构，使产业中的各个主体（包括用户）形成网络架构，进而形成集群效应，从低协同效率到高协同效率，从封闭竞争状态到开放合作状态，产业中聚合更多资源提升价值创造能力，此为网状产业升级视角，网状产业结构调整源于价值网络理论，呈现出多产业中多主体的相互协同，用户参与到价值创造的过程中。产业转型升级路径如图10-2所示。

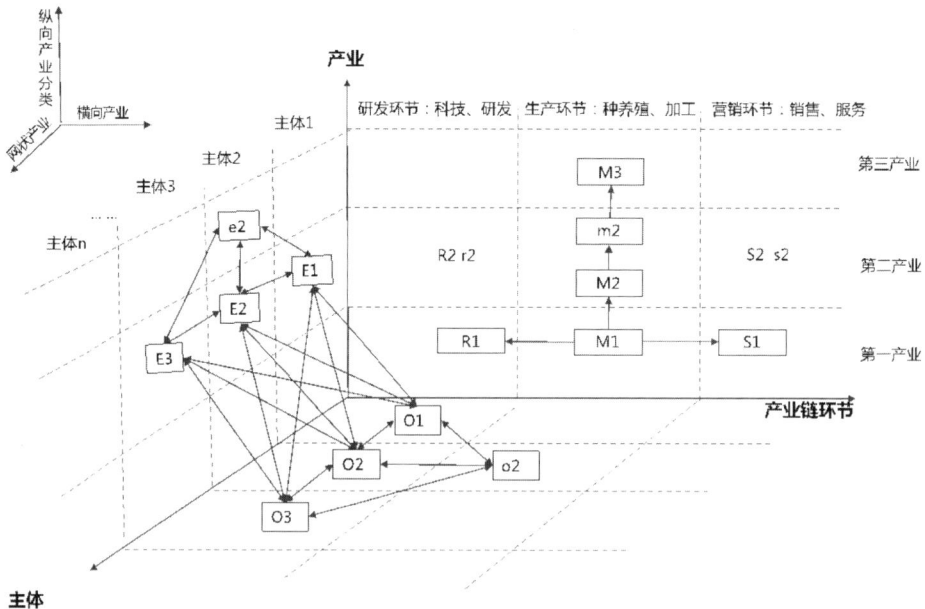

图10-2　产业转型升级路径示意

约定研发环节用 R 代表，生产环节用 M 代表，营销环节用 S 代表，产业间连接的主体用 E 代表，产业内（产业链不同环节）的主体用 O 代表，由此表述，产业升级过程中存在 5 条转型和升级路径。

从横向产业升级视角，单一产业的升级路径为：路径①在产业链某环节中升级，$R2 \rightarrow r2$、$S2 \rightarrow s2$；路径②在产业链中的不同环节移动，$M1 \rightarrow R1$ 和 $M1 \rightarrow S1$。

从纵向产业升级视角，路径③产业内转型，在相同产业中进行移动，$M2 \rightarrow m2$；路径④产业间转型，在不同产业之间进行移动，$M1 \rightarrow M2 \rightarrow M3$。

从网状产业升级视角，路径⑤基于横向升级和纵向转型的多主体连接，从同一产业中连接多主体到不同产业中连接多主体或从不同产业中到同一产业中连接多主体，$O1+O2+O3+o2 \leftrightarrow E1+E2+E3+e2$；网状产业升级多主体连接复杂，不同产业环节和不同产业之间的主体可能相互连接，O 与 E 可能重叠，在同一产业中，多主体可能位于不同的产业链环节。

横向、纵向和网状产业升级的路径之间彼此相互联系，推动产业向高附加值状态移动。网状产业升级是在横向和纵向产业升级的基础上，以价值网络理论为核心的产业升级状态，价值网关注网络的整体绩效，从价值分配转向价值创造，从竞争转向合作。价值网相对价值链的线性思维强调的是网状结构，顾客地位是价值网络的中心，网络存在的基础和发展全部要围绕顾客需求展开，价值网络中的多主体之间要具备互补性，以此给整个网络带来增值效应。网状产业升级通过多主体融合，推动产业价值从原来的价值分配过程到价值创造过程，提升产业的整体产值。由此可见，网状产业升级应为农业产业发展升级目标状态。

10.2 基于农业产业价值链的产业升级研究——以册亨糯米蕉为例

随着经济社会、数字科技和全球化等外部环境的持续变化，县域农业产业的发展水平直接影响着区域经济的发展，县域特色农业产业如何升级引发了广泛的关注。特色农业产业是县域经济发展的重要组成部分，在产业发展过程中，具备实体价值链与虚拟价值链结合特点的产业价值链，是县域特色农业产业升级领域研究的重点。贵州省册亨县糯米蕉产业为当地特色产业和农民增收的重要支柱产业，在助力当地脱贫攻坚与区域经济发展中发挥重要作用。为促进该县糯米蕉产业发展并向国内县域特色农业产业升级提供借鉴，从种植面积、产量、产值、覆盖蕉农数量和蕉农收入水平等方面分析该县糯米蕉产业发展现状；基于产业价值链理论，对糯米蕉种植、初加工、深加工、经营销售、品牌建设等环节存在的主要问题和价值创造活动进行分析，并提出糯米蕉产业升级路径。

我们认为，2015年以来，该县糯米蕉种植面积、产量、产值、覆盖蕉农数量和蕉农收入水平均呈增长趋势，但存在品种杂乱、种植分散、缺乏品控体系和知名品牌、销售渠道不畅、销售方式单一、产业链延伸不充分、产业链价值开发不足、科技支撑和标准化建设不足等问题。应围绕产业链的重点环节对其进行横向拓展，实现增链式升级；重点通过全产业链标准体系和围绕产业链各环节的联盟体系进行延链式升级；在增链式和延链式升级基础上，构建网状结构的产业链，改变产业链的线性结构，聚合更多资源提升糯米蕉产业的价值创造能力。

10.2.1 基于价值链理论的产业升级研究

价值链理论由美国经济学家波特（Michael E.Porter）提出，其将价值创造活动分成基本活动和辅助活动两类。基本活动与产品的制造和分销直接相关，辅助活动帮助企业完成基本活动。基本活动包括：对内后勤、对外后勤、营销、生产经营、服务；辅助活动包括：采购、基础设施、人力资源、研发设计。这些相互关联作用但又差异化的活动，是企业完成价值的创造过程，构成了企业的"价值链"。哈佛大学的雷鲍特（Rayport）和斯维奥科拉（Sviokla）提出虚拟价值链（Virtual Value Chain）认为，信息时代企业的竞争环境包括实体的市场场所和虚拟的市场空间。市场空间以信息作为核心资源、以互联网平台作为主要承载体，通过虚拟信息对实体价值链的映射，利用信息可快速复制、灵活和精准等特点，为客户提供具有针对性的服务，以此创造更优的价值绩效。随着经济社会、数字科技和全球化等外部环境的持续变化，产业发展过程中，具备实体价值链与虚拟价值链结合特点的产业价值链，是县域特色农业产业升级领域研究的重点。随着市场化农业的发展，将产业链理论应用于农业领域，产生了农业价值链 (Agricultural Value Chain) 理论，基于该理论进行农业产业升级，成为增加农民收入、提高农产品竞争力的有效途径。当前，县域农业产业存在产业链各环节信息不对称导致的"双柠檬市场""弱农户"以及市场失灵等问题，出现农产品质量安全、农民增收困难、农产品卖难价低等现象，制约其自身发展水平的提升，进而影响县域经济发展。而将实体价值链与虚拟价值链结合，有效指导产业链各环节实现低效到高效的调整，提升农业产业价值链效率，构建具有更优价值创造能力和更低价值活动成本的产业价值链，可提升县域农业产业的整体绩效水平，实现产业升级。册亨县曾为贵州省 14 个深度贫困县之一，糯米蕉产业是其地方特色产业，并在当地实现脱贫攻坚过程中发挥了重要作用。以该县糯米蕉产业为例，对其发展现状和存在的主要问题进行分析，基于产业价值链理论，分析其产业价值链各环节的价值创造活动，提出产业链升级路径，以期为该县糯米蕉产业进一步发展和县域特色农业产业升级提供借鉴。

10.2.2 册亨糯米蕉产业发展现状与问题分析

10.2.2.1 发展现状

册亨县位于贵州省西南部，黔西南布依族苗族自治州东南端，地处珠江上游两大支流南、北盘江交汇的夹角地带，于 105°27′~106°12′E、24°38′~25°19′N；平均海拔 500 余米，年均气温 18~19.2℃，年降雨量 1 350~1 450 mm，无霜期 320~340 天。优越的地理条件和气候资源特别适宜发展糯米蕉产业助推脱贫攻坚。糯米蕉是当地对香蕉、大蕉、粉焦、本地芭蕉等的统称，为该县特色产业之一。当地种植糯米蕉历史悠久，主要以农户自发种植为主，面积零星分散，管理技术落后，加之无龙头企业带动，发展较缓慢。据《册亨县志》记载，当地于 1988 年从福建引"天宝""吨地雷"香蕉种苗 2.1 万株在岩架镇建苗圃繁育基地，1998 年全县推广香蕉种植面积 533.3 公顷；1999 年芭（香）蕉种植面积 860 公顷，产量 2 194 吨。2015 年，岩架、双江等乡镇从广西引种示范成功后，该县香蕉产业得到迅速发展，以西贡蕉、威尼斯为主栽品种，主要分布在南北盘江的岩架镇、双江、百口、八渡、巧马 5 个乡镇海拔 375~700 米的地区。2016 年以来种植面积逐年增大，初具规模，在种植面积、产量、产值和增加蕉农收入等方面取得一定发展成效，成为册亨县农民增产增收的一大支柱产业。

（1）种植面积。2016 年前该县糯米蕉累计种植面积约 667 公顷。2016 年推广种植 1 000 公顷，累计推广种植 1 667 公顷。2017 年推广种植 1 667 公顷，累计推广种植 3 333 公顷。2018 年推广种植 1 200 公顷，累计推广种植 4 533 公顷。2019 年推广种植 1 000 公顷，累计推广种植 5 533 公顷。2020 年规划种植 1 333 公顷，累计推广种植 6 667 公顷。从图 10-3 看出，2015 — 2020 年，糯米蕉推广种植面积呈先升后降再升趋势，而累计种植面积呈持续上升趋势。

（2）产量。2016 年前，全县糯米蕉累计挂果面积 20 公顷，产量 300 吨；2016 年，累计挂果面积 200 公顷，产量 4 500 吨；2017 年，累计挂果面积

1 000公顷，产量22 500吨。2018年，累计挂果面积1 667公顷，产量37 500吨。2019年，预计挂果面积2 000公顷，产量45 000吨。从图10-3看出，2016-2019年，糯米蕉累计挂果面积和产量呈持续增长趋势，累计挂果面积从2017年起大幅增加。

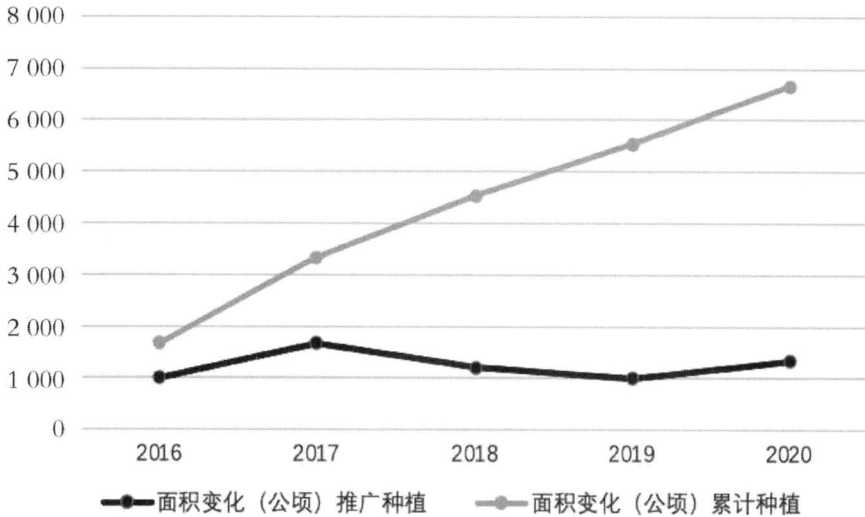

图 10-3　2015—2020年册亨糯米蕉种植面积变化

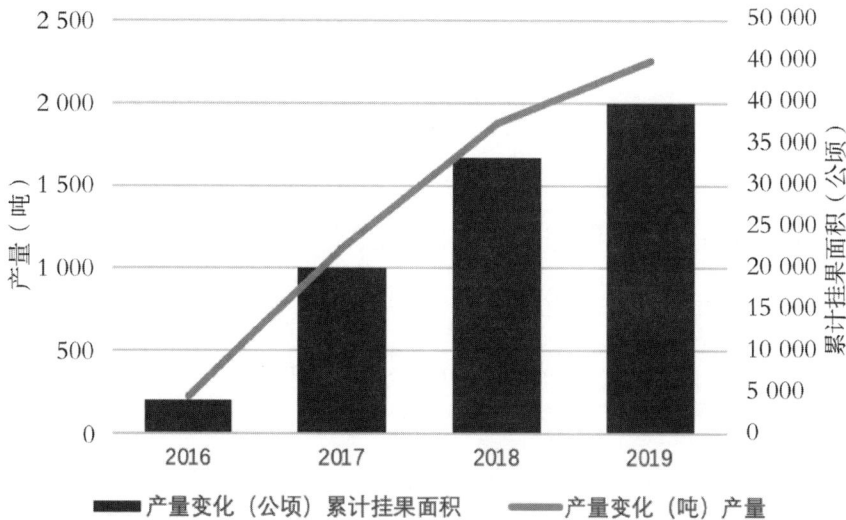

图 10-4　2016—2019年册亨糯米蕉累计挂果面积和产量变化

（3）产值变化。2016年前，糯米蕉产业产值为30万元；2016年，糯米蕉产品平均售价2元/kg，产值900万元；2017年，平均售价2.4元/kg，产值5 400万元；2018年，平均售价2.6元/kg，产值9 750万元；2019年，糯米蕉平均售价3元/kg，产值13 500万元。从图10-5看出，2016 — 2019年，糯米蕉产值呈持续增长趋势，且从2018年开始大幅增加。

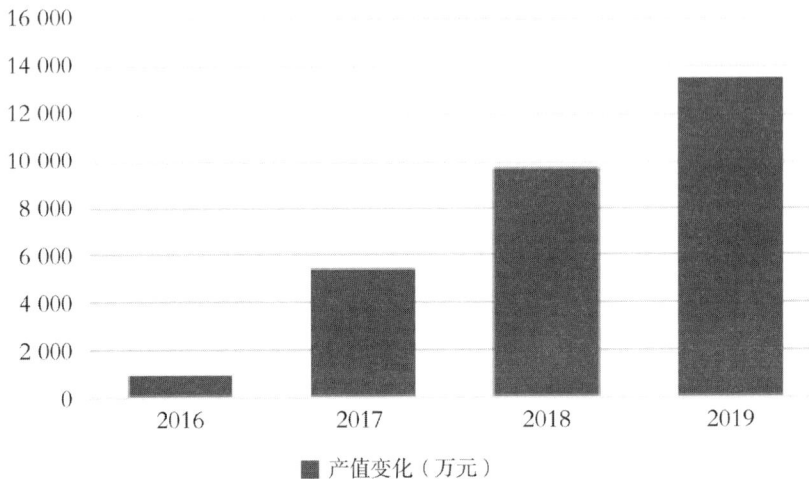

图10-5　2016-2019年册亨糯米蕉产值变化

（4）蕉农收入。2016年前，册亨糯米蕉种植覆盖蕉农500余户，户均收入600元；2016年，覆盖蕉农1 200余户，户均收入7 000元以上；2017年，覆盖蕉农2 500余户，户均收入21 000元以上；2018年，覆盖蕉农3 400余户，户均收入28 000元以上；2019年，预计覆盖蕉农4 500余户，户均收入30 000元以上。从图10-6看出，2016 — 2019年，糯米蕉种植覆盖的蕉农数量及其收入呈持续增长趋势，蕉农数量从2017年开始大幅增加。

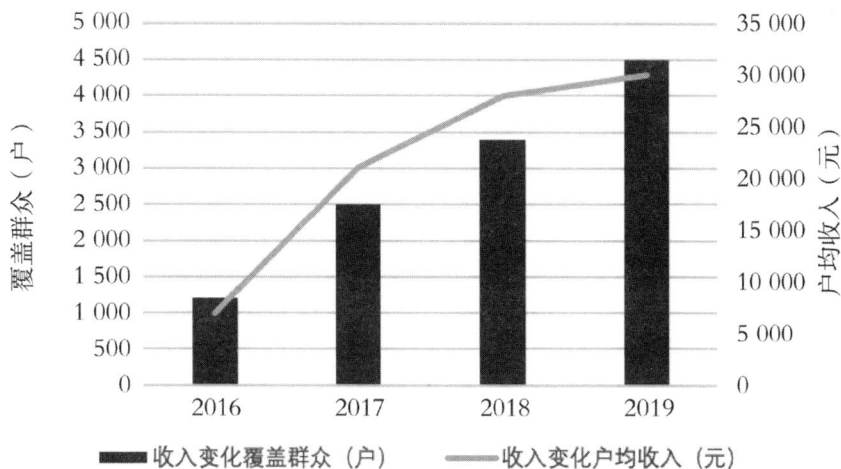

图 10-6 2016—2019 年册亨糯米蕉产业覆盖农户数量及其收入变化

10.2.2.2 存在的问题

（1）品种杂乱，种植分散。册亨县香蕉栽培品种主要有西贡蕉、威廉斯、小米蕉、本地芭蕉等，种植密度为每亩 100~110 株，单产每亩 1 000~1 500 千克，一般在 15~16 个月可采收。西贡蕉种植面积较大，占总面积的 60%，小米蕉占 20%，其余占 20%。糯米蕉的主导品种依旧缺乏，多种品种共存的情况导致生产管理过程难度大，不同品种的产量和品质差异大且相对低下，对糯米蕉的商品化影响较大。由于地理条件的原因，糯米蕉的种植区域分散，同时存在种植配套基础设施差的情况，如交通运输、信息传播、水利灌溉等能力不足。

（2）缺乏品控体系，品牌尚未建立。册亨糯米蕉经过近几年发展，具有"三品一标"的产品基础，但在化肥农药使用量及管控，以及优质、安全、高效及产品可追溯建设方面仍然存在问题，质量安全品控体系需要持续提升。册亨糯米蕉虽已经通过国家地理标志认证，但我国水果类区域品牌众多，相比巨峰葡萄、赣南脐橙、烟台苹果、库尔勒香梨等，册亨糯米蕉的品牌暂未在市场形成影响力，缺少知名产品品牌和区域品牌，直接影响糯米蕉的市场售价。

（3）销售渠道不畅，多数交易仍在地头。糯米蕉销售集中在田间地头，多由产地经纪人进行转介销售，与大宗采购商、大型商超、新零售等销售渠道的对接不畅通，没有稳定的销售渠道网络，对市场信息的获取有限，需要进一步扩大销售渠道覆盖面。

（4）产业链延伸不充分，产业链价值开发不足。册亨糯米蕉产业具备产业基础，有种植基地、分拣中心、加工厂等，但是各个产业环节相对孤立，相互融合度弱，仍然存在产业链环节能力不足、信息不对称、产业链延伸不够的问题。糯米蕉对市场销售以初级农产品为主，精深加工产品少，影响产业价值的提升。糯米蕉对运输要求较高，如运输过程中损耗、糯米蕉保鲜防腐烂等；季节性运输保障能力差，如冬季保温的运输能力差等，需要进一步增强产业链环节的能力和协同，提高产业链价值。

10.2.3 册亨糯米蕉产业价值链重点环节的价值创造活动

10.2.3.1 种植环节

香蕉在册亨县已有上百年的栽培历史，主要以农户自发种植为主，面积零星分散，管理技术落后，加上无龙头企业带动，发展较缓慢。通过招商引进糯米蕉企业在双江镇建设香蕉示范基地，提升册亨香蕉产业种植规模。册亨糯米蕉产业以公司流转土地建立基地，种植大户租地种植，农户土地入股和自己种植等种植模式为主，逐步形成了"公司＋基地＋合作社＋农户"等生产经营方式。

（1）糯米蕉育苗基地。2018年在糯米蕉龙头企业的带动下，于双江镇打朋村建设占地2公顷的糯米蕉育苗大棚，年育苗200万株以上，解决20余人就业，年人均增收2万元以上；在高洛街道办羊场村建设占地3.3公顷的育苗智能温室大棚，年育苗300万株以上，解决50余人就业，年人均增收2万元以上；在丫他镇者骂村建设占地2.3公顷育苗大棚，年育苗200万株以上，解决20余人就业，年人均增收2万元以上。同时，为册亨县和周边县市糯米蕉产业的发展提供优质苗木供应。

（2）标准化种植基地。投资 2 100 万元在岩架镇洛凡村和双江镇坝布村建设糯米蕉标准化种植基地 186.7 公顷，解决 60 余人的长期就业和 100 余人的临时务工，人均年增收 3 万元以上；投资 900 万元在高洛街道办羊场村建设糯米蕉标准化种植基地 54 公顷，解决 30 余人的长期就业和 50 余人的临时务工，人均年增收 3 万元以上。通过企业的示范带动周边群众通过发展糯米蕉产业脱贫。

10.2.3.2 初加工环节

糯米蕉交易分拣中心位于岩架镇板弄村，占地面积 29 332.25 米^2，约 44 亩，项目建设总投资 2 750.84 万元。建设内容主要包括厂房、冷藏室等，其基本功能包括收购交易、分级包装、冷链物流、销售（电子商务）、质量控制（含检验检疫、溯源追溯系统）、展示中心、科研（建立实验室、化验室）、办公、生活配套设施等。日分拣包装、销售量可达 350 吨，覆盖"两江一河"（北盘江、南盘江、者楼河），惠及三县（册亨县、贞丰县、望谟县）群众，创造技术人员、管理人员、包装工人等就业岗位 600 个以上，人均年增收 3 万元以上。

10.2.3.3 深加工环节

糯米蕉加工厂建设于岩架镇板弄村，占地总面积 3.1 公顷，建设内容主要包括加工生产流水线和冷藏库，其中加工生产线 3 条，分别是高温油炸、真空低温油炸、真空膨化，主要生产高温油炸香蕉片、香蕉粉、果蔬片等，可加工糯米蕉 6 000 吨 / 年。冷藏库建筑面积 883.06 米^2，可存储香蕉 120 吨。年产值 5 000 万元以上，具有较好的发展前景和脱贫效益，每年可带动贫困群众长期就业 50 人以上，实现人均年增收 3 万元以上。

10.2.3.4 经营销售环节

（1）生产经营模式。册亨县按照"上规模、强龙头、创品牌、带农户"

的思路，依托南北盘江低热河谷地区自然条件优势，大力发展糯米蕉产业，采取"公司＋基地＋合作社＋农户"模式，建立利益联结机制，明确企业、合作社、村集体、农民在产业链、利益链中的环节和份额，帮助农户稳定获得订单生产、劳动务工等收益，充分激活农村资源要素，探索出绿色生态的产业扶贫新路。按照"6223"机制进行生产经营，即种管销实现六统一：统一组织规划，统一品种种苗，统一物资供应，统一技术指导病害防控，统一产品质量标准，统一品牌销售；品牌打造把握两个重点：始终坚持以品质提升管控为重点、始终注重品牌打造孵化为重点；着力打响两张名牌：打好绿色生态牌，打好热带精品水果特色牌；利益联结实现三方式：公司流转土地自行经营、农户以土地（劳动力）入股合作经营、组织农户自行种植经营。着力带领农户走出一条产业路、脱贫路、致富路，助力脱贫攻坚、全面同步小康。已组建香蕉专业合作社 38 个，3 047 户贫困户入股专业合作社，带动贫困户种植香蕉 1 066.7 公顷，实现 2 240 户 8 960 人脱贫。

（2）电子商务。册亨县在东西部扶贫、中国联通帮扶的机遇下，运用电子商务进行糯米蕉销售，通过黔邮乡情、电商到村里、京东、网易考拉等平台上线销售香蕉 326 万单。通过"黔邮乡情"电商平台，年销售糯米蕉 3 万余吨，销售金额 9 000 万元，电商销售比常规销售单价每千克增加 2 元以上。产品主要销往北京、上海、广州、重庆、贵阳等城市，并将在北京、重庆、贵阳等地设销售网点，以进一步扩大销售量。

（3）品牌建设。选优品种，通过多方考察、对比试种，确定独具特色的糯米蕉，并邀请中国热带农业科学院、贵州省农业科学院、贵州省和黔西南州农业部门技术专家对糯米蕉种植户全覆盖培训指导，不断提升种植管理水平采取统一品种、统一经营、统一管理、统一收购、统一销售方式，坚持绿色生态理念，确保产品质量，提升品质。在此基础上，申报"册亨糯米蕉之乡"地理标识产品，注册"册亨县南北盘江金爪蕉""册亨县南北盘江糯米蕉"品牌。

10.2.4 册亨糯米蕉产业升级路径

产业价值链的结构由产业链内各个企业的价值链整合而成，各企业的价值链由联结点衔接。农业经营主体（农业企业、农民专业合作社、家庭农场、种养殖大户和农户、产业服务机构和组织等）的价值链和产业价值链相互依存，企业价值链是产业价值链的基础。价值链管理的核心是价值增值，其前提是掌握关键的价值活动，将农业产业价值链的主要组成部分，即研究开发、供应、种植养殖、生长过程护理、采收、加工、仓储与物流、营销等主要环节（如图 10-7 所示），围绕各环节的价值增值，构建产业升级路径。

册亨糯米蕉产业升级过程是在能够保证糯米蕉产品品质的基础上进行的，通过农业产业价值链理论的指导分析，将产业的实体价值链和虚拟价值链结合，产业链纵向、横向延伸拓展后，形成产业链的网状结构，使得产业链进行增链、延链和强链，以此构建出更加完善的产业价值链条，使得册亨糯米蕉产业链的各个环节逐步从低效到高价值水平调整，形成更优的价值增值，达到产业升级的目的。

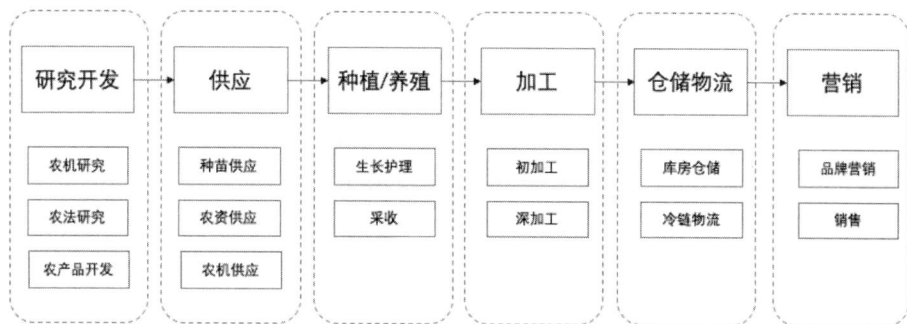

图 10-7　农业产业价值链组成

10.2.4.1 增链式升级

增链式升级是围绕产业链的重点环节对产业链进行横向的升级拓展。供应环节上，对不同种苗进行培育和筛选，寻找最优种质，从源头进行品质提升；种植环节上，结合不同种苗进行相应的生长护理、采收等生产实践，进一步提高糯米蕉品质；加工环节上，通过分拣进行初步的分等分级，提高糯米蕉初级农产品的价值，同时，拓展多品类的糯米蕉深加工品，如糯米蕉片、糯米蕉粉、糯米蕉饮料等，进一步提升糯米蕉深加工产品的价值。糯米蕉增链式产链升级方法见图 10-8。

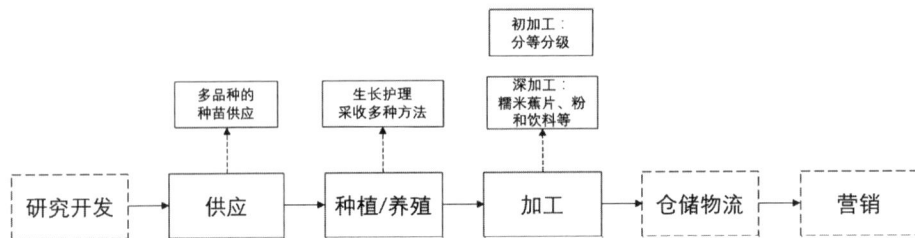

图 10-8　糯米蕉增链式产业链升级方法

10.2.4.2 延链式升级

延链式升级是对产业链进行纵向升级拓展，在现有产业链环节基础上，延展产业链环节的关键价值创造活动。重点通过全产业链标准体系和围绕产业链各环节的联盟体系进行产业价值链能力的升级。册亨县委县政府组织农业农村局、科研院所及企业成立标准建设联合体共同编制糯米蕉全产业链标准化体系建设方案，制定了册亨县糯米蕉产业"6-6333"标准化体系。结合糯米蕉产业的特点，将该标准化体系作为糯米蕉产业链纵向延伸的基础，包括全产业链种植生产标准体系、检验检测检疫标准体系、产品包装标准体系、分等分级标准体系、分拣加工标准体系及仓储物流标准体系。各项标准体系再逐一细化，种植生产标准体系又细化出整地建园等 6 项标准、产品分等分级 3 项标准、检验检测检疫 3 项标准以及产品包装、分拣加工和仓储物流 3 项标准（如图 10-9 所示）。以该标准体系为重点通过产业标准化将产业链链条上的各个环节进行融合和联动，在横向增链式拓展的基础上，把产业链的研究开发、仓储物流、营销等环节进一步进行纵向拓展。在标准体系的牵引下，打造糯米蕉全产业链"四个联盟"，分别是产地联盟、检测联盟、仓储物流联盟以及销地联盟。目前以"农业产业化联合体"为基础成立册亨糯米蕉产地联盟，包括产业链上的 3 家大型龙头企业、15 个规模合作社以及 8 个专业大户，共同执行"6-6333"糯米蕉产业标准体系，保证糯米蕉产品质量和数量恒定，同时将产业链各环节进行延伸。

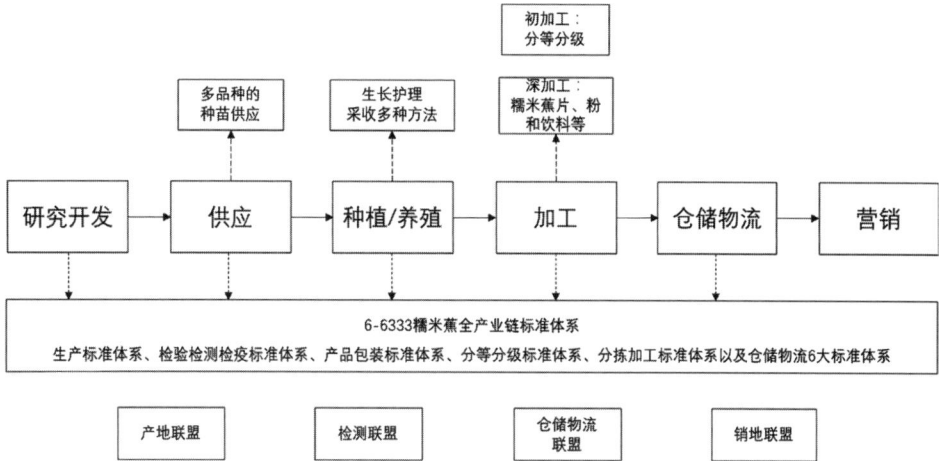

图 10-9 糯米蕉延链式产业升级方法

10.2.4.3 强链式升级

强链式升级是在增链式和延链式基础上，构建网状结构的产业链，改变产业链的线性结构，聚合更多资源提升产业的价值创造能力。册亨县政府已建设"册亨糯米蕉产业一体化服务平台"，通过数字科技为糯米蕉产业链各主体提供数字化互联互通的载体和工具，聚合全产业链要素资源，对糯米蕉产业"6-6333"标准体系进行信息化、结构化，并固化到平台数据库，形成糯米蕉标准化管理和应用系统，将产业标准贯穿在产业链的各个环节，同时，全产业链各主体通过平台一系列信息化工具完成糯米蕉科学规范种植、分拣包装、加工及产销对接工作，逐步积累各环节数据，最终形成有效的糯米蕉产业大数据，助力"6-6333"标准体系进一步完善、促进糯米蕉精准科学种植、反向指导品控管理、提升市场精准对接能力、形成糯米蕉全产业链安全大数据及追溯大数据，将实体产业价值链和虚拟产业价值链结合（如图 10-10 所示）。基于该平台，通过糯米蕉种植生产、分拣包装、加工、产销对接、品控追溯等各环节业务及数据的贯通，构建糯米蕉全产业链生态体系，从源头种苗培育、地头基地建设、种植生产、分拣包装、加工和仓储物流标准体系建设、产销对接多渠道开发、专家团队建设、文化旅游观光宣传、就业多元引入、扶贫利益联结、全产业链要素的闭环管理各个方面助力糯米蕉产业升级，通过册亨糯米蕉产业一体化平台，将糯米蕉产品交易的入口和出口进行统一，以服务大宗采购商的 B2B 模式对接全国的大型销地市场，做到"黔货出黔"，向品质要效果，向品牌要效益，形成绿色农业、农旅结合、品牌农业，助力一二三产业融合发展，使册亨糯米蕉产业生态体系更具生命力。

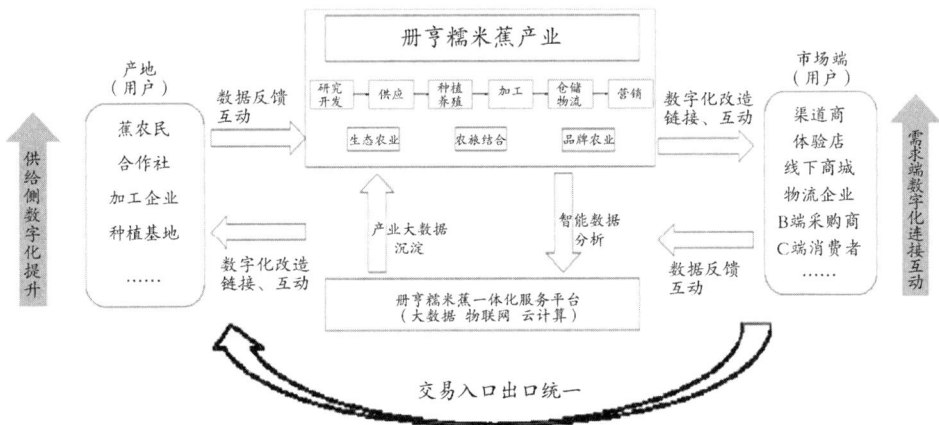

图 10-10　产业链的网络结构拓展

10.2.5　结语

近年来，册亨糯米蕉产业发展取得一定成效，种植面积、产量、产值、覆盖蕉农数量和蕉农收入水平均呈增长趋势，在基地建设和品牌建设上也形成一定基础，但存在品种杂乱、种植分散、缺乏品控体系和知名品牌、销售渠道不畅、销售方式单一、产业链延伸不充分、产业链价值开发不足、科技支撑和标准化建设不足等问题，制约产业的进一步发展。为推进册亨糯米蕉产业升级，基于农业产业价值链理论，针对册亨糯米蕉产业发展特点和存在的主要问题，提出了横向延展的增链式、纵向延展的延链式、网状拓展的强链式三种产业链升级路径，构建出更优的产业价值链条，促进形成更优的价值增值，也在一定程度上可为探索县域特色农业产业升级方法提供借鉴。

　　产业升级是对产业结构的改善和产业素质与效率的提升。从农业产业价值链的角度看，农业产业升级面临以下主要问题：一是农业产业价值链受传统农业经营理念影响，部分区域的农业企业不重视新型技术在农业发展过程中的重要地位，仍采用传统低效的农业生产方式，导致区域农业产业的价值水平较低。二是农业产业价值链和上、中、下游的关联度高，具有较强的依赖关系，是一种串行的链条结构，链条冗长导致供应链环节效率低下，信息流、物流、资金流的传递效率差，资金周转时间长。三是农业产业价值链中的高价值环节实力薄弱，受外部环境制约，农业产业中的经营主体与工业和服务业相比，多处于产业价值链的低价值区域，经营规模较小、实力较弱，难以主动发展，对价值增值的贡献小。四是农业产业价值链的数字化渗透率低，未充分利用数字科技手段和信息化技术，导致产业链条中的信息反馈路径长、效率低，不利于产业中各主体进行协同。虽然增链式、延链式和强链式的产业链升级路径可作为破解上述问题的方法借鉴，但考虑到不同区域的自然禀赋和农业产业特点等因素的差异会影响产业升级路径的效果，今后需持续跟踪产业链不同环节的发展情况和产业自身的发展态势，研究不同产业升级路径和方法的不同效果，进一步探索适宜不同区域农业产业升级的路径和方法，更好地指导区域特色农业产业升级的实践。

10.3　农业产业升级顶层设计思路

农业产业升级发展要贯彻落实党的十九大提出的"乡村振兴"战略，必须强化规划引领，形成上下一盘棋，按照国家描绘的发展蓝图，因地制宜、科学有效地推动乡村产业发展。为落实国家和地方乡村振兴和农业产业发展的相关战略部署，需要统筹规划，系统布局，研究和编制适应区域经济发展特点的产业发展规划报告，用于指导区域农业产业升级，推动乡村振兴落地。

2021年中央1号文件《中共中央 国务院关于全面推进乡村振兴 加快农业农村现代化的意见》（以下简称《意见》）是"十四五"开局之年国家推进实施乡村振兴战略的顶层设计纲领。《意见》描绘了实施乡村振兴战略过程中要把农业农村现代化作为重要任务，坚持一体化设计、一并推进。2018年中央1号文件《中共中央 国务院关于实施乡村振兴战略的意见》中明确了乡村振兴总要求，即产业兴旺、生态宜居、乡风文明、治理有效、生活富裕，同时提出了2020年、2035年和2050年三阶段目标。在"十四五"新阶段、新格局、新理念的高质量发展为主题的明确思路下，应围绕实施乡村振兴战略，综合考虑农村的政治、经济、社会、文化、生态文明和党建等方面，统筹以"产业兴旺"为抓手，全面推动乡村振兴的实施，紧抓乡村产业主脉络，深化供给侧结构性改革，构建现代化乡村产业体系，依托乡村特色优势资源，打造农业全产业链，把产业链主体留在县域，让农民更多分享产业增值收益。

由此可见，产业发展规划要紧密跟随国家乡村振兴的大政方针，自上而下推动乡村产业发展规划体系构建。从国家战略层面，要构建农业产业规划体系；从省域贯彻层面，要实施农业产业发展行动计划；从县域落地层面，要制定全产业链发展规划。县域是农业的基本单位，因此，本研究探讨乡村产业发展顶层设计规划的思路。乡村的本质属性是空间，乡村产业的发展思路和发展内容的填充，直接决定乡村发展的效率和效果。

乡村产业的转型升级，从以下几点进行规划思考。

（1）农业系统战略转换。农业高质量发展目标的达成，需要生产体系、产业体系和经营体系协同发展，农业的问题是复杂的，因此，农业产业升级需要通过系统化方法进行推动。以农业发展战略为根本，将二三产融合、打造特色农业的区域品牌，以乡村产业振兴为带动，牵引人才振兴、文化振兴、生态振兴和组织振兴，探索乡村振兴之路。

（2）产业结构优化调整。乡村产业的发展要充分考虑供给侧结构性改革、新旧动能转化及乡村振兴战略之间的互动关系，农业供给侧结构性改革要通过新旧动能转换实现，也是乡村振兴战略的实现抓手之一。农业产业结构调整要发展新动能，推动调整和转化农村一二三产业融合的比例，提高二产工业和三产服务业在农业产值中比重，推动产业结构由低附加值环节向高附加值环节调整，通过主导产业作为增长极带动产业整体升级，实现新县域农村经济的发展。

（3）园区带动场景升级。产业发展要找抓手、搭载体、建平台、用工具、创机制。乡村振兴是"三农"领域的抓手，县域是产业发展的载体，园区等场景是平台，农业产业互联网数字经济模型是工具，乡村产业生态是机制。以园区带动的场景是农业产业资源的集聚区，通过园区承载国家级农业现代产业园区等项目，打造从企业集中、集聚到产业集群的区域经济发展模式。

（4）全产业链模式打造。未来的市场是农业产业链与产业链之间的竞争。乡村产业的发展要尽可能地嵌入到市场当中，以此形成有效的产销对接，通过需求激活产业升级。因此，农业全产业链模式的打造显得更加重要，通过全产业链各个环节的聚合，形成农业产业要素机制的系统与健全，不仅生产、经营和产业体系融合，还要加强农业金融、保险等服务体系与农业产业的融合深度，增强资金、人力资源等要素的双向流动，通过全产业链发展模式构建出产业经济业态，把能力留在县域。

结合以上思考，围绕乡村产业发展顶层设计思路，农业全产业链发展顶层设计框架如图 10-11 所示。

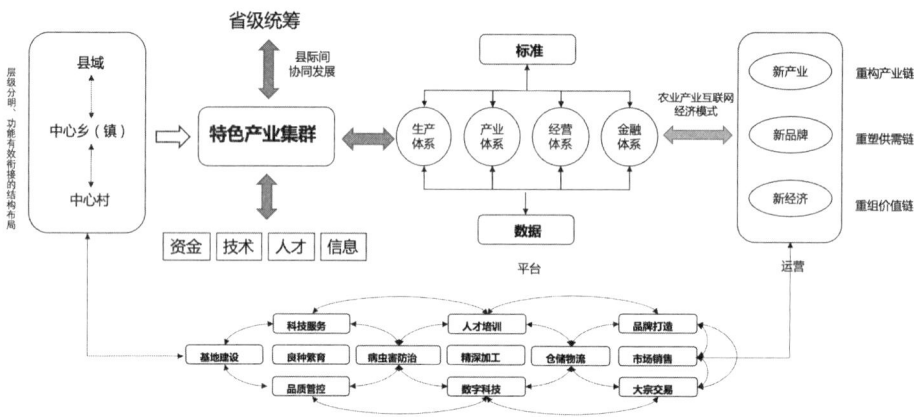

图 10-11　乡村产业发展顶层设计框架图

乡村产业发展顶层设计是一个系统工程，需要充分结合"十四五"规划阶段乡村特色产业发展规划需求，优化产业布局，推动形成县城、中心乡（镇）、中心村层级分明、功能有效衔接的结构布局，促进产镇融合、产村一体。要充分统筹考虑科技、资本、人才和产业融合发展，资源、资金、资本向县域聚集，结合区域特色培育、壮大主导产业，发展"一村一品""一镇一特""一县一业"的多圈层乡村经济体系。顶层设计需要层层推进，要评估产业现状，升级产业结构，优化产业布局，基于乡村县域空间，推动形成县城、中心乡（镇）、中心村层级分明、功能有效衔接的结构布局，促进产镇融合、产村一体。强化省级统筹，促进县际间协同发展，打造集中连片的特色产业集群，提升乡村产业生态经济水平，增加农民收入，为乡村带来"新农经济"。

基于乡村发展顶层设计思路，确定发力方向后，通过构建农业全产业链发展"九大法宝"，坚持规划引领，主导产业引领乡村经济发展，加快发展现代农业，大力推进乡村工业，协同发展第三产业，推动乡村产业升级，助力乡村振兴落地。农业全产业链发展"九大法宝"体系（如图 10-12 所示）如下：

（1）一个模型：农业产业互联网数字经济模型；

（2）二大战略：乡村振兴、数字乡村；

（3）三个统筹：统筹规划（顶层设计）、统筹产业（资源、资金、资本）、统筹融合（6次产业）；

（4）四大举措：找抓手、搭载体、建平台、创机制；

（5）五个路径：延伸产业链（延链）、融合创新链（融链）、优化供应链（优链）、提升价值链（提链）、畅通资金链（畅链）；

（6）六大主体：农户为主、政府引领、企业主导、社会参与、科技支撑、资本助力；

（7）七个步骤：跟政策、找方向、定模式、设机制、搭平台、创品牌、实运营；

（8）八大重点：聚焦主导产业、构建标准体系、发展精深加工、夯实冷链物流、打造品牌体系、全程社会服务、坚持绿色发展、推动产业数字化转型升级；

（9）九流融合：政策流、资源流、人才流、资金流、税收流、资本流、商品流、产业流、信息流。

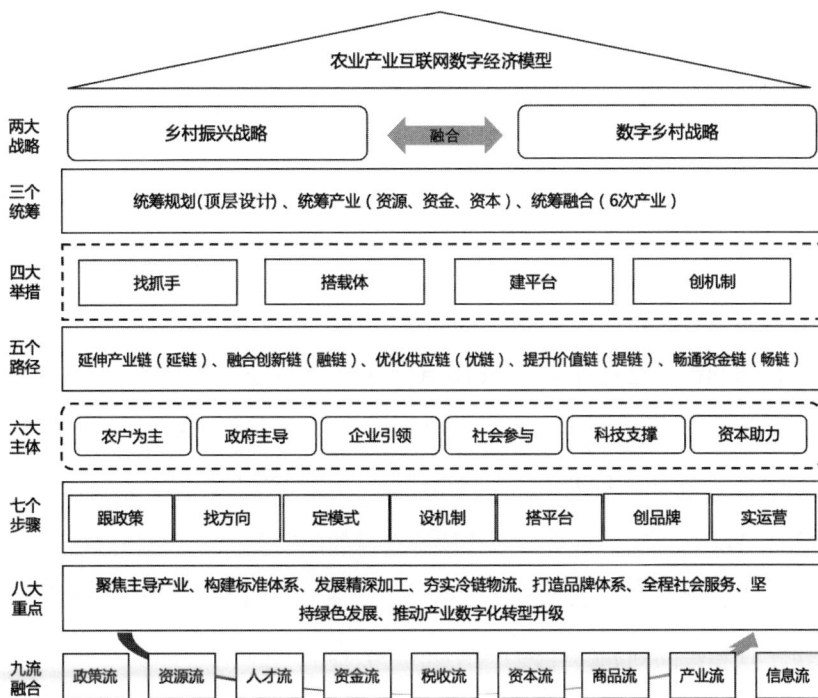

图 10-12　农业全产业链发展"九大法宝"体系

10.4 从平台视角看农业产业发展对策建议

围绕着农业产业的发展升级，我国各级政府已经出台了大量政策促进产业转型升级，不可否认，农业产业结构调整与升级仍然存在大量问题，需要持续优化。数字经济时代背景下，农业产业的数字经济发展是一片蓝海，农业产业中的劳动力、土地、资本、技术要素的市场化虽不完善，但是相对于数据要素的市场化，已经远远走在前列，农业产业的数字化渗透率极低，农业产业是数据要素市场化过程中势必突破的关卡。经过研究表明，农业产业发展依赖于宏观调整政策解决产业结构的问题，往往适得其反，事倍功半，导致农业生产体系产能过剩、跟风生产、菜贱伤农等问题。产业结构的调整优化主体不应该是政府，尤其是在数字时代，技术手段让信息更加对称，产业结构的调整升级应通过政府的行政调控和市场协调机制共同完成。在农业领域，政策是以往推动产业发展的第一动力，但是不难发现，政策调控解决部分问题的同时往往会带来新的问题，市场协调机制通过市场资源配置效率和市场竞争激活农业企业的活力和创新能力。因此，我国农业产业结构调整方式应该从政府行政调控转化到市场机制调控，通过农业产业链上的龙头企业带动相关经营主体的发展，进而推动产业的发展。

如何通过数字科技助力市场协调机制，如何为农业龙头企业赋能，提升对于产业升级的作用，是未来需要持续探讨的问题方向。数据要素的市场化配置是数字时代背景下的新命题。现阶段，农业数字化进程在持续发展，但是，只解决了点和线的问题，并没有解决更为关键的"面"和"体"的问题。农业的信息化只是一部分农业企业或政府主体进行了自身的信息化，是"点"；数字化农业围绕农业企业的价值链及上下游进行信息化，是"线"；要持续发展，就要解决"面"的问题；通过农业产业数字化，围绕县域特色农业产业，将产业链打通，进而朝着将产业链上的主体数据化贯通发展，形成农业数字化生态，是"体"。农业产业中的中小微企业，完全依靠自身力量去完成点、线的数字化是有难度的，需要面和体的赋能对农业数据要素市场化进一步完善。

推动农业产业中的数据要素市场化配置是体制机制完善的有效抓手：构建立体化的农业产业互联网平台体系，为农业中小微企业赋能。农业产业互联网是产业互联网在农业领域的深度应用。农业产业互联网平台通过数字化技术，将科研、种养殖、品控、加工、仓储物流、市场、金融等产业环节贯通，形成产销融互见。推动供应链要素数据化和数据要素供应链化，通过"平台＋运营"的模式构建一种机制，形成立体化的农业产业互联网平台体系，推动发展基于农业全产业链数据要素的新型生产关系，进一步推动农业产业数据要素市场化进程。

综上，结合农业产业互联网数字经济模型，我们尝试提出农业产业升级的实操推动建议对策思路。

（1）政府主导搭建农业产业互联网平台。农业高质量发展需要生产体系、产业体系和经营体系协同发展，目前，农业高质量发展三大体系发展失衡的主要原因之一是信息不对称。信息越对称，三者结构匹配度越高，越有利于农业高质量发展。因此，搭建农业产业互联网平台体系是重要的动作，在平台体系搭建初期，不能单一依靠市场，需要政府通过行政调控进行干预，在平台推动产业的中后期，更多地依靠市场协调机制进行产业升级带动。政府牵引构建立体化农业产业互联网平台体系，开放共享给农业产业链上的各个主体使用，进而形成政府牵引、企业主导、农民为主、科技支撑、社会力量参与多位一体的产业发展生态系统。

（2）推动平台市场化运营体系。农业产业互联网平台通过市场化运营，形成商业模式。可由政府进行社会招募，以政府采购、专项补贴等方式，确定平台运营公司，平台运营权交由市场化企业。通过平台的服务模式和能力实现盈利模式，将平台投入回收。

（3）支持平台体系与第三方服务载体合作。支持与为农业产业互联网平台体系提供数字化转型咨询、数字化建设和区域数字化服务载体的深入合作，通过专业化第三方服务，增强农业产业互联网平台体系的实操落地能力。

（4）培育良好的产业生态系统。产业升级需要企业带动，企业的发展一方面依赖自身核心竞争力的塑造，另一方面与所处的产业生态环境息息相关。政府有责任支持和培育农业龙头企业在市场中通过竞争不断发展，协调政策和市场机制，让龙头企业能够配置到更多的优质资源，在龙头企业培育过程中，会产生连锁效应，带动产业链上各个环节企业共同发展，推动产业升级，带动农民增收。

（5）龙头企业带动平台聚合能力。先聚合农业龙头企业，整合、开放资源，产业发展要培育出一批在农业产业链能起到主导作用的龙头企业，共同构建农业产业互联网平台体系，形成平台的赋能资源体系及服务能力，为中小微农业企业数字化转型赋能。

（6）平台体系自下而上推动。以县域为单位，通过1~2类主导农业产业切入，平台体系逐渐形成全产业链大数据及全产业链服务能力，再逐步复制到更多品类，县域农业产业互联网平台体系形成后，通过市、省牵引打通各个县域的平台体系。

（7）数字技术要从技术化转型农业场景化。继续在农业产业大力推动5G、人工智能、区块链、大数据等数字技术应用创新，结合农业产业发展的实际需求，将数字化技术深入到细化场景，通过平台技术体系让技术与产业深度融合，以数据驱动产业发展，以产业发展带动技术演进。

（8）农业数字化发展进程中做好保障机制。政府通过专项政策扶持农业数据要素市场化完善，同时，政府引导、农业龙头企业带动，提前做好数据人才储备，全面推动"三农"领域数据人才素养提升，做好数据安全体系提前搭建等工作。

11 总结与展望

11.1 研究结论

本研究通过梳理国内外学者对农业产业发展的相关研究参考，根据对我国农业产业升级的实践积累，探索性地用"跳出来"的思路，在产业互联网视域下，跳出"三农"看"三农"，又聚焦"三农"分析"三农"，将农业产业的一二三产业融合形成的大产业链作为分析的整体，结合"三农"领域的实际情况寻找产业升级的方法，分析了农业产业互联的内涵，在此基础上，提出农业产业互联网数字经济模型，通过对其中产业组织、商业模式、技术架构、金融资本、创新生态、全链标准和产融数据7个模块的研究，探讨了横向升级、纵向升级和网状升级的农业产业升级路径，主要得出一下几个结论。

从解决农业产业问题思路的宏观角度看，我国就"三农"问题解决"三农"问题已有一定的成效，但是，"三农"问题无疑是复杂的，复杂的问题要系统化地去解决，特别是围绕农业产业升级的相关问题，要通过"跳出来"的思路去解决问题。随着全球经济变革对中国的影响，在"十四五"规划、乡村振兴战略牵引下，加快发展产业互联网是我国经济高质量发展的必由之路，也是农业产业升级发展的有效抓手。乡村的本质属性是空间，如何填充内容直接决定了农业产业发展的状态，现阶段来看，农业产业具有复杂性，依然面临如产业结构松散、产业环节多、产业协同效率低下、供需两端衔接不畅通、流通环节风险大、成本高、农民收益低等诸多问题，政府要起到对行政机制和市场机制协调共同推动农业产业升级的培育作用，需要结合数字经济时代的背景，充分利用数字科技手段，将农业放入一二三产业融合和高质量发展的大系统中，用系统化方式去思考问题解决的方法。

从产业互联网在农业领域应用中观角度看，产业互联网是互联网、大数据、人工智能等先进数字技术与实体经济深度融合的产物，是数字经济发展的高级阶段，不仅是技术更是技术与产业的深度应用融合。我国将产业互联网放在新一轮科技革命和产业变革的历史大潮中来谋划，近年来虽然产业互联网已经成为社会各界关注的热点，但是国内外学者对其仍没有统一的概念界定，特别是产业互联网在农业领域的深度应用更是缺乏研究。本研究基于此背景提出农业产业互联网的内涵：通过云计算、物联网、人工智能等先进数字技术将特色农业全产业链各要素大数据贯通，包含种植养殖、农资农机服务、初精加工、仓储冷链物流、大宗采购批发商、终端零售等，使产业链上的各个环节和要素全部数字化，推动产业链重构，进而更加高效地协同，以此提升产业链的协作和资产配置效率，实现价值增值，达到产业升级的状态。

从农业产业升级路径的微观角度看，生产体系、产业体系和经营体系协同发展是推动农业高质量发展的需求，产业中的问题很大程度是因为产业发展过程中的信息不对称带来的效率低下导致的，要解决农业产业发展的诸多问题，需要在产业互联网的视域下，充分利用农业产业互联网数字经济模型作为指导，进而实践农业产业升级路径的应用，通过纵向产业升级、横向产业升级和网状产业升级路径，有效地指导产业升级发展，助力农业现代化进程，向农业高质量发展目标推进。

11.2　创新之处

第一，本研究探索性地首次对农业产业互联网概念进行梳理。虽然产业互联网已经成为近年来各界关注的热点，但诸多学者对其仍没有统一的概念界定，特别是产业互联网在农业领域的深度应用更是缺乏有效的研究。基于系统化的视角，尝试首次对农业产业互联网的概念进行描述和界定，为今后从产业互联网在农业领域深度应用的角度进行研究提供基础。从顶层设计、平台建设和运营实践的全新视角对农业产业互联网模型范式进行研究，为农业产业互联网理论研究和实践的完善奠定理论基础。

第二，结合对产业互联网的发展研究，本研究分析了农业产业互联网模型范式的内涵与构建路径，探索性地建立农业产业互联网数字经济模型，根据不同区域的自然禀赋、产业基础、资源条件等，农业产业互联网数字经济模型的构建路径有两条，基于农业、产业和互联网三大核心要素，第一条路径从数字链接到线上互动再到线下重构，最后到农业产业互联网的价值共创；第二条路径为从数字链接到线下运营再到线上互动，最后到农业产业互联网的产业重构与价值共创。基于此，进一步提出由产业组织、商业模式、技术架构、创新生态、全链标准和产融数据7个要素组成的农业产业互联网"钻石"模型，农业产业互联网钻石模型中的各个模块之间相互关联、相互影响，形成一个动态的运行系统，以此模型指导对农业产业互联网体系搭建设计、建设和运营。

第三，农业产业互联网数字经济模型是将"中观"的产业组织视角与"微观"的企业经营视角结合，横跨产业经济学、微观经济学和管理学的相关知识，总结国内外农业产业发展的经验，结合具体案例的深度分析，理论与实践相结合，尝试将农业产业互联网数字经模型应用在农业产业升级实践中，提出我国农业产业三种不同的升级路径：纵向产业升级、横向产业升级和网状产业升级。特别是深入研究了基于价值网络的网状跃迁升级路径，为找到符合我国农业产业升级的有效驱动力和产业发展的竞争力做出探索性建议。

11.3 研究展望

结合本研究目前的成果，农业产业互联网数字经济模型是"上云用数赋智""乡村振兴战略""数字农业农村发展规划"等国家政策在农业农村领域落地的有效抓手，能够助力推动产业供应链要素数据化和数据要素供应链化，通过"顶层设计＋平台＋运营"形成立体化的农业产业互联网体系，发展构建基于农业全产业链数据要素的新型生产关系，进一步推动农业产业中数据要素市场化的进程，为农业中小微企业赋能，助力我国农业产业升级。利用数字化技术，将特色农业产业中的科研、种养殖、品控、加工、仓储物流、市场、金融等环节贯通，形成能够产销融互见的全产业链大数据体系，使数字技术与农业产业体系、生产体系、经营体系加快融合，农业生产经营数字化转型取得明显进展。

本研究成果可作为乡村产业顶层设计指导，通过农业产业互联网数字经济模型牵引，结合案例分析成果提出的农业产业升级路径作为实证依据，让乡村、县域、产地受益最大，引导金融回归服务实体经济，促进农产品研发，聚集行业专业人才，完善与主导产业链配套的社会化服务体系，有效增加政府税收，通过产业链延伸效益，拉动地方经济增长，引领特色农业产业升级发展，构建产业生态，形成新农业农村经济。

本研究对国内外学者针对农业产业升级等相关研究成果做了研究分析，但是，由于能力、精力和篇幅限制等原因，虽然在宏观层次对我国农业产业升级进行了研究，但是对农业产业发展的中观和微观层次的理论研究与实证分析仍然不够，对农村一二三产业融合、产业服务型组织牵引下的产业生态圈机制、通过农业产业互联网数字经济模型的指导进行的产业升级实践等方面研究还显不足，我们接下来的研究工作，需要围绕以上不足做进一步思考与分析。

参考文献

［1］李国英，2015."互联网 +"背景下我国现代农业产业链及商业模式解构 [J].农村经济 ,(9):29–33.

［2］王世民，2013.农村信息化建设中的问题与对策研究 [J].农业网络信息 (08).

［3］葛雯斐，2014.产业互联网时代正无限靠近 [J].信息化建设 (12).

［4］任兴洲，2015.产业互联网的发展与创新 [J].中国发展观察 (8).

［5］王山 ,奉公 ,2016.产业互联网模式下农业从产业融合及其产业链优化研究 [J].现代经济探讨 (3).

［6］李鹏飞，刘先根，彭培成，2019.智慧报业产业互联网平台的构建 [J].新闻战线（23）.

［7］王国才，2003.供应链管理与农业产业链关系初探 [J].科学与科学技术管理 (4).

［8］赵绪福 ,王雅鹏 ,2004.农业产业链、产业化、产业体系的区别与联系 [J].农村经济 (6):44–45.

［9］赵绪福 ,2006.农业产业链优化的内涵、途径和原则 [J].中南民族大学学报 (人文社会科学版)(26–06):119.

［10］王凯等著 ,2004.中国农业产业链管理的理论与实践研究 [M].北京 :中国农业出版社 .

［11］王凯，韩纪琴 ,2002.农业产业链管理的初探[J].中国农村经济 (5):9–12.

［12］张利庠，张喜才 ,2007.我国现代农业产业链整合研究 [J].教学与研究

(10):14–18.

　　［13］吴彦艳,2007.产业链的构建整合及升级研究 [D].天津大学博士论文:70–71.

　　［14］翟慧卿,吕萍,2010.农业产业链理论研究综述 [J].甘肃农业 (11).

　　［15］樊一麟,2020.基于虚拟价值链和价值网的农业产业价值链构建研究 [J].科技和产业 (12).

　　［16］王颂吉,白永秀,2013.城乡要素错配与中国二元经济结构转化滞后:理论与实证研究 [J].中国工业经济 .7（304）31–43.

　　［17］李冰,2014.城乡一体化:二元经济结构理论在中国的延续 [J].人文杂志 (2)45–49.

　　［18］谢安世,2017.经济增长:理论、特征与本质 [J].科学·经济·社会（2）：43–50.

　　［19］刘东,1998.微观经济学新论 [M].南京：南京大学出版社 .

　　［20］马士华,华勇,陈志祥,2000.供应链管理 [M].北京：机械工业出版社 .

　　［21］原小能,唐成伟,2015.劳动力成本、交易成本与产业结构升级 [J].浙江大学学报（人文社会科学版），2015（5）：134–143.

　　［22］鄢章华,刘蕾劳,2017.零交易成本趋势下产业链的解构与平台化商业模式研究 [J].中国科技论坛，2017（2）：72–82.

　　［23］何坪华,杨名元,1999.农户经营市场交易成本构成与现状的实证分析 [J].中国农村经济（6）.40–44.

　　［24］张静,2018.中国特色经济合作理论研究 [D].吉林大学 .

　　［25］王乐君,赵海,2016.日本韩国发展六次产业的启示与借鉴示 [J].农村经营管理（161）:9–14.

　　［26］程郁,2015.日本发展"六次产业"的主要做法与启示 [J].中国产业经济动态（18）:13–18.

［27］罗良文，雷鹏飞,2015.基于要素投入的我国三次产业发展分析 [J].福建论坛·人文社会科学版 (2).

［28］崔振东,2010.日本农业的六次产业化及启示 [J].农业经济 (12): 6-8.

［29］赵霞，韩一军，姜楠,2017.农村三产融合：内涵界定、现实意义及驱动因素分析 [J].农业经济问题,38(04):49-57， 111.

［30］迈克尔·波特，夏忠华，译.1988.竞争优势 [M].北京：中国财政经济出版社 :354-359.

［31］杜义飞，李仕明,2004.产业价值链：价值战略的创新形式 [J].科学学研究 (10):52-56.

［32］尹美群,2006.价值链的价值剖析及其解构 [J].科研管理 (1):152-155.

［33］顾丽琴,2007.论农业产业价值链的拓展 [J].商业研究 (358):141-143.

［34］吴彦艳，丁志卿,2009.基于产业价值链视角的产业升级研究 [J].科技管理研究 (6):376-378.

［35］袁政，2004.产业生态圈理论论纲 [J]学术探索（3）：36-37.

［36］俞国方，娄美珍，2008.回顾与前瞻：产业生态系统理论研究 [J].四川大学学报（哲学社会科学版）2008（3）：73-77.

［37］刘则渊，代锦,1994.产业生态化与我国经济的可持续发展道路 [J].自然辩证法研究 (12):40-42.

［38］樊海林等,2004.产业生态：一个企业竞争的视角 [J].中国工业经济 (3):34-35.

［39］芮明杰，2018.平台经济趋势与战略 [M].上海：上海财经大学出版社 .10.

［40］陈威如，2013.平台战略 [M].北京：中信出版社 .

［41］戴孝悌，2013.中国农业产业空间布局演变进程分析 [J].湖北农业科学 2013（18）:4534-4542.

［42］张军,2014.发展现代农业要处理好六大关系 [J].学习与探索 (9):126-

130.

［43］芮明杰，2019.产业创新理论与实践 [M].上海：上海财经大学出版社 .4.

［44］傅国华，1996.运转农产品产业链提高农业系统效益 [J].中国农垦经济（11）：24–25.

［45］寇光涛，卢凤君，刘晴 ,2016.东北稻米全产业链的增值模式研究 [J].农业现代化研究 (2):214–220.

［46］魏晓蓓，王淼，2018."互联网 +"背景下全产业链模式助推农业产业升级 [J].山东社会科学（10）:167–172.

［47］赵绪福，王雅鹏，2004.农业产业链的增值效应和拓展优化 [J].中南民族大学学报 (人文社会科学版)(4):107–109.

［48］杰伊 B.巴尼，2013.战略管理——获取持续竞争优势（原书第 4 版）[M].周建等译 .北京 : 机械工业出版 :96–97.

［49］杨学成，陶晓波 ,2015.从实体价值链、价值矩阵到柔性价值网——以小米公司的社会化价值共创为例 [J].管理评论 ,27（7）:233–240.

［50］尹美群，王悦，孙曼莉 ,2005.虚拟价值链及虚拟企业 [J].哈尔滨商业大学学报（社会科学版），（2）:85–86.

［51］梁运文，谭力文 ,2005.商业生态系统价值结构、企业角色和战略选择 [J].南开管理评论 ,8（1）:57–63.

［52］王雅楠，张心灵，2018.农业产业价值链研究文献综述 [J].农村经济与科技 ,29（9）：48–49.

［53］王瑜 ,2013.农业产业链研究综述 [J].东方企业文化·产业经济（1）:264–265.

［54］蔡荣，虢佳花，祁春节 ,2007.农业产业化组织治理机制及其效率特征——基于纵横一体化的理论与实证分析 [J].管理现代化（3）:8–10.

［55］魏炜，朱武祥 ,2009.发现商业模式 [M].北京 : 机械工业出版社 .

［56］李龙,2017. 中国金融发展对产业结构升级的支持 [J]. 投资与创业 （10）：24，27.

［57］宁小军,2017. 自金融 [M]. 北京 : 中信出版集团 .

［58］W.R. 艾什比，张理京，译 .1965. 控制论导论 [M]. 北京 : 科学出版社 .

［59］农业社会化服务组织年底预计超 90 万个 . 农业农村部网站 ,http://www. moa.gov.cn/ztzl/nyncfzcj/202012/t20201218_6359099.htm.2020–12–18.

［60］蔡彬，2019. 面向 "深化农业供给侧结构性改革" 目标的农业标准体系建设解析 [N]. 中国市场监管报 (08).

［61］茹蕾 , 杨光 ,2019. 日本乡村振兴战略借鉴及政策建议 [J]. 世界农业 (3):90–93.

［62］黄璜，杨贵庆，米塞尔维茨 , 等 ,2017. "后乡村城镇化" 与乡村振兴：当代德国乡村规划探索及对中国的启示 [J]. 城市规划 (11):111–119.

［63］芦千文 , 姜长云 ,2018. 欧盟农业农村政策的演变及其对中国实施乡村振兴战略的启示 [J] 中国农村经济 （10）:119–135.

［64］宗会来，2016. 以色列农业生产特点和农业政策介绍 [J]. 中国畜牧业 (13):55–58.

［65］李林杰 ,2001. 关于建立农业产业结构评价体系的思考 [J]. 农业技术经济 (4):7–10.

［66］夏飞龙 ,2016. 产业升级研究综述及展望 [J]. 科技和产业 （3）：13–18.

［67］肖小虹，2013. 农业产业链成长要素研究 [J]. 东北师范大学学报 （1）:44–47.

［68］鲁开垠 ,2002. 解析产业链 [J]. 珠江经济 （5）:81–83.

［69］迟晓英 , 宣国良 ,2000. 价值链研究发展综述 [J]. 外国经济与管理 (1):25–30.

［70］谷永芬，吴倩，2011. 我国农业产业链升级路径选择 [J]. 江西社会科学 (8):88–93.

［71］王琴,2011.基于价值网络重构的企业商业模式创新[J].中国工业经济 (1):79-88.

［72］王瑜,2013.农业产业链研究综述[J].东方企业文化 (1):264-265.

［73］倪冰莉,2020."互联网+"时代农业全产业链发展模式创新[J].商业经济研究（21）:85-88.

［74］贵州省册亨县地方志编纂委员会,2002.册亨县志[M].贵阳：贵州人民出版社:240.